Nº 199 (1)

ABREGÉ

DE

L'HISTOIRE

UNIVERSELLE,

DEPUIS

CHARLEMAGNE,

JUSQUES A'

CHARLEQUINT.

PAR

Mr. de VOLTAIRE.

TOME PREMIER.

A LA HAYE,

Chez JEAN NEAULMÉ,

MDCCLIII.

AVERTISSEMENT

DU

LIBRAIRE.

*J'Ai lieu de croire que
Mr. de Voltaire ne se-
ra pas fâché de voir
que son Manuscrit,
qu'il a intitulé* Abré-
gé de l'Histoire Universelle depuis Charlemagne jusqu'à Charles-
Quint, *& qu'il dit être entre les
mains de trente Particuliers, soit
tombé entre les miennes. Il sait
qu'il m'en avoit flatté dès l'année 1742, à l'occasion de son Siécle de Louis XIV. auquel je ne
renonçai en 1750, que parce qu'il
me dit alors à Potsdam, où j'étois,
qu'il l'imprimoit lui-même à ses*

pro-

propres dépens. Ainsi il ne s'agit ici que de dire comment cet Abrégé m'est tombé entre les mains, le voici.

A mon retour de Paris, en Juin de cette année 1753, je m'arrêtai à Bruxelles, où j'eus l'honneur de voir une Personne de mérite, qui en étant le possesseur me le fit voir, & m'en fit aussi tout l'éloge imaginable, de même que l'histoire du Manuscrit, & de tout ce qui s'étoit passé à l'occasion d'un Avertissement qui se trouve inséré dans le second Volume du mois de Juin 1752 du Mercure de France, & répété dans l'Epilogueur du 31 Juillet de la même année, avec la Réponse que l'on y a faite, & qui se trouve dans le même E-pilogueur du 7 Août suivant : toutes choses inutiles à relever ici, mais qui m'ont ensuite déterminé à acheter des mains de ce Galant-Homme le Manuscrit après

avoir

avoir été offert à l'Auteur, bien persuadé d'ailleurs qu'il étoit effectivement de Mr. de Voltaire; son génie, son stile, & surtout son orthographe s'y trouvant partout. J'ai changé cette derniére, parce qu'il est notoire que le Public a toutes les peines du monde à s'y accoutumer; & c'est ce que l'Auteur est prié de vouloir bien excuser.

Je dois encore faire remarquer que par la derniére période de ce Livre, il paroît qu'elle fait la clôture de cet Abrégé, qui finit à Charles VII. Roi de France, au-lieu que l'Auteur la promet par son Titre jusqu'à l'Empereur Charles-Quint. Ainsi il est à présumer que ce qui devroit suivre, est cette partie différente d'Histoire qui concerne les Arts, qu'il seroit à souhaiter que Mr. de Voltaire retrouvât, ou, pour mieux dire, qu'il voulût bien refaire, & la pousser jusqu'au Siécle

cle

cle de Louis XIV. *afin de remplir son plan, & de nous donner ainsi une suite d'Histoire qui feroit grand plaisir au Public & aux Libraires.*

TABLE

Des Articles contenus dans cet Ouvrage.

TOME I.

De

TABLE

Des Articles contenus dans cet Ouvrage.

TOME II.

*j

Du

IN-

INTRODUCTION.

Lusieurs Esprits infatigables ayant débrouillé autant qu'on le peut, le cahos de l'Antiquité, & quelques Génies éloquens ayant écrit l'Histoire Universelle jusqu'à Charlemagne, j'ai regretté qu'ils n'ayent pas fourni une carriére plus longue. J'ai voulu pour m'instruire de ce qu'ils ne disent pas, mettre sous mes yeux un précis de l'Histoire, laquelle nous intéresse, à mesure qu'elle devient plus moderne.

* 6   Ma

INTRODUCTION.

Ma principale idée eſt de connoître autant que je pourrai, les mœurs des Peuples, & d'étudier l'Eſprit humain. Je regarderai l'ordre des Succeſſions des Rois & la Chronologie comme mes guides, mais non comme le but de mon travail. Ce travail ſeroit bien ingrat, ſi je me bornois à vouloir apprendre ſeulement en quelle année un Prince indigne d'être connu, ſuccéda à un Prince barbare.

Il ſemble en liſant les Hiſtoires, que la Terre n'ait été fai-

faite que pour quelques Souverains, & pour ceux qui ont servi leurs passions ; tout le reste est négligé. Les Historiens, semblables en cela aux Rois, sacrifient le Genre-Humain à un seul homme. N'y a-t-il donc eu sur la Terre que des Princes; & faut-il que presque tous les Inventeurs des Arts soient inconnus , tandis qu'on a des suites chronologiques de tant d'hommes qui n'ont fait aucun bien, ou qui ont fait beaucoup de mal? Autant il faut connoître les

gran-

grandes actions des Souverains qui ont changé la face de la Terre, & surtout de ceux qui ont rendu leurs Peuples meilleurs & plus heureux ; autant on doit ignorer le vulgaire des Rois , qui ne serviroit qu'à charger la mémoire.

Je me propose de diviser mon étude par Siécles ; mais je sens qu'en ne présentant à mon esprit que ce qui se fait précisément dans le Siécle que j'aurai sous les yeux , je serai obligé de trop partager mon attention, de séparer en

trop

trop de parties les idées sui-
vies que je veux me faire,
d'abandonner la recherche d'u-
ne Nation, ou d'un Art, ou
d'une Révolution, que pour
ne la reprendre que long-tems
après. Je remonterai donc
quelquefois à la source éloignée
d'un Art, d'une Coutume im-
portante, d'une Loi, d'une Révolution. J'anticiperai quelquefois, mais le moins que je pourrai, & en évitant, autant que
ma foiblesse me le permettra,
la confusion & la dispersion
des idées. Je tâcherai de pré-
sen-

fenter à mon efprit une peintu-
re fidéle de ce qui mérite d'être
connu dans l'Univers.

Avant de confidérer l'état
où étoit l'Europe vers le tems
de Charlemagne, & les débris
de l'Empire Romain, j'examine d'abord s'il n'y a rien qui
foit digne de mon attention
dans le refte de notre Hémisphére. Ce refte eft douze fois
plus étendu que la Domination
Romaine, & m'apprend d'abord
que ces monumens des Em-
pereurs de Rome , chargés des
titres de Maîtres & de Reftau-

ra-

rateurs de l'Univers , font des témoignages immortels de vanité & d'ignorance , non moins que de grandeur.

Frappés de l'éclat de cet Empire , de fes accroiſſemens & de fa chute , nous avons dans la plupart de nos Hiſtoires Univerſelles traité les autres hommes comme s'ils n'exiſtoient pas. La Province de la Judée , la Gréce , les Romains fe font emparés de toute notre attention ; & quand le célébre Boſſuet dit un mot des Mahométans , il

n'en

n'en parle que comme d'un déluge de Barbares. Cependant beaucoup de ces Nations possédoient des Arts utiles, que nous tenons d'elles: leurs Pays nous fournissoient des commodités & des choses précieuses, que la Nature nous a refusées; & vêtus de leurs étoffes, nourris des productions de leurs terres, instruits par leurs inventions, amusés même par les jeux qui sont le fruit de leur industrie, nous nous sommes fait avec trop d'injustice une loi de les ignorer.

ABRE-

ABREGÉ

DE

L'HISTOIRE

UNIVERSELLE.

DE LA CHINE.

EN portant ma vue aux extrémités de l'Orient, je considére en premier lieu l'Empire de la Chine, qui dès lors étoit plus vaste que celui de Charlemagne, sur-tout en joignant la Corée & le Tonquin, Provinces alors tributaires des Chinois; environ 29 degrés de longitude & 24

Tom. I.   A   en

en latitude, forment fon étendue.
Le corps de cet Etat fubfifte avec
fplendeur depuis plus de 4000 ans,
fans que les loix, les mœurs, le
langage, la maniére même de s'ha-
biller ayent fouffert d'altération
fenfible.

Son Hiftoire inconteftable & la
feule qui foit fondée fur des obfervations céleftes, remonte par la
Chronologie la plus fure, jufqu'à
une Eclipfe calculée 2155 ans a-
vant notre Ere vulgaire, & vérifiée
par les Mathématiciens miffionaires, qui envoyés dans les derniers
fiécles chez cette Nation inconnue, l'ont admirée & l'ont inftrui-
te. Le Pére Gaubil a examiné une
fuite de 36 Eclipfes de Soleil, rap-
portées dans les Livres de Confucius, & il n'en a trouvé que deux
douteufes & deux fauffes.

Il eft vrai qu'Alexandre avoit
envoyé de Babilone en Gréce les
obfervations des Caldéens, qui re-
montoient à 400 années plus haut
que

que les Chinois, & c'eſt ſans con-
tredit le plus beau monument de
l'Antiquité : mais ces Ephémérides
de Babilone n'étoient point liées à
l'Hiſtoire des faits : les Chinois au
contraire ont joint l'Hiſtoire du
Ciel à celle de la Terre, & ont
ainſi juſtifié l'une par l'autre.

Deux cens trente ans au-delà du
jour de l'Eclipſe (calculée 2155 ans
avant notre Ere vulgaire) leur Chronologie atteint ſans interruption &
par les témoignages les plus autentiques, juſqu'à l'Empereur Hiao,
habile Mathématicien pour ſon
tems, qui travailla lui-même à réformer l'Aſtronomie, & qui dans
un régne d'environ 80 ans, cher-
cha à rendre les hommes éclairés
& heureux. Son nom eſt encore
en vénération en la Chine, comme l'eſt en Europe celui des Titus, des Trajans, & des Antonins.

Avant ce Grand-homme, on
trouve encore ſix Rois ſes prédé-

ceſ-

cesseurs; mais la durée de leur régne est incertaine. Je crois qu'on ne peut mieux faire dans ce silence de la Chronologie, que de recourir à la régle de Newton, qui ayant composé une année commune des années qu'ont régné les Rois de différens Pays, réduit chaque régne à 22 ans ou environ. Suivant ce calcul, d'autant plus raisonnable qu'il est plus modéré, ces six Rois auront régné à peu près 130 ans; ce qui est bien plus conforme à l'ordre de la nature, que les 250 ans qu'on donne, par exemple, aux sept Rois de Rome; & que tant d'autres calculs démentis par l'expérience de tous les tems.

Le premier de ces Rois, nommé Fohi, régnoit donc 25 siécles au moins avant l'Ere vulgaire, au tems que les Babiloniens avoient déjà une suite d'observations astronomiques : & dès lors la Chine obéissoit à un Souverain. Ses 15 Royaumes réunis sous un seul homme, ne, prouvent que longtems auparavant cet Etat étoit très peuplé, policé, partagé en beaucoup de Souverainetés ; car jamais un grand Etat ne s'est formé que de plusieurs petits ; c'est l'ouvrage du tems, de la politique & du courage.

La Chine étoit au tems de Charlemagne comme longtems auparavant, & sur-tout aujourd'hui, plus peuplée encore que vaste. Le dernier dénombrement dont nous avons connoissance, fait seulement dans les 15 Provinces qui composent la Chine proprement dite, monte jusqu'à près de 60 millions d'hommes capables d'aller à la guerre ; en ne comptant ni les soldats vétérans, ni les vieillards au-dessus de 60 ans, ni la jeunesse au-dessous de 20 ans, ni les Mandarins, ni la multitude des Lettrés, ni les Bonzes, encore moins les Femmes qui sont par-tout en pareil nombre que les hommes à un 13

ou

ou 14 près, selon les observations de ceux qui ont calculé avec le plus d'exactitude ce qui concerne le Genre-humain. A ce compte il paroît impossible qu'il y ait moins de 130 millions d'habitans à la Chine : notre Europe n'en a pas probablement beaucoup davantage, à compter (en exagérant) 20 millions en France, 25 en Allemagne, & le reste à proportion.

On ne doit donc pas être surpris, si les Villes Chinoises sont immenses ; si Pequin, la nouvelle Capitale de l'Empire, a près de six de nos grandes lieues de circonférence, & renferme environ quatre millions de Citoyens : si Nanquin, l'ancienne Métropole, en avoit autrefois davantage : si une simple Bourgade nommée Quientzeng, où l'on fabrique la Porcelaine, contient environ un million d'habitans.

Les Forces de cet Etat consistent selon les relations des hommes

les

les plus intelligens qui ayent jamais voyagé, dans une Milice d'environ 800000 foldats bien entre-
tenus; cinq cens foixante & dix
mille chevaux font nourris ou dans
les écuries ou dans les pâturages
de l'Empereur, pour monter les
gens de guerre, pour les voyages
de la Cour, & pour les courriers
publics. Plufieurs Miffionaires, que
que l'Empereur Cang-hi dans ces
derniers tems approcha de fa perfonne par amour pour les Sciences, rapportent qu'ils l'ont fuivi
dans ces chaffes magnifiques vers
la grande Tartarie, où 100000 cavaliers & 60000 hommes de pied
marchoient en ordre de bataille.

Les Villes Chinoifes n'ont jamais eu d'autres fortifications, que
celles que le bon-fens a infpiré
à toutes les Nations, avant l'ufage
de l'Artillerie. Un foffé, un rempart, une forte muraille & des
tours; depuis même que les Chinois fe fervent de canons, ils n'ont

point

point fuivi le modéle de nos Places de guerre ; mais au-lieu qu'ailleurs on fortifie des Places, les
Chinois ont fortifié leur Empire.
La grande muraille qui féparoit &
défendoit la Chine des Tartares,
bâtie cent trente-fept ans avant notre Ere, fubfifte encore dans un
contour de 500 lieues, s'éléve fur
des montagnes, defcend dans des
précipices, ayant prefque par-tout
20 de nos pieds de largeur fur
plus de 30 de hauteur. Monument
fupérieur aux Pyramides d'Egypte
par fon utilité, comme par fon
immenfité.

Ce rempart n'a pu empêcher les
Tartares de profiter dans la fuite
des tems des divifions de la Chine, & de la fubjuguer; mais la
conftitution de l'Etat n'en a été ni
affoiblie ni changée. Le Pays des
Conquérans eft devenu une partie
de l'Etat conquis, & les Tartares
Mantchoux, maîtres aujourd'hui
de la Chine, n'ont fait autre chose

se que se soumettre les armes à la main aux Loix du Pays dont ils ont envahi le Trône.

Le revenu ordinaire de l'Empereur se monte, selon les supputations les plus vraisemblables, à deux cens millions d'onces d'argent. Il est à remarquer que l'once d'argent ne vaut pas cent de nos sous valeur intrinséque, comme le dit l'Histoire de la Chine; car il n'y a point de valeur intrinséque numéraire; mais à prendre le marc de notre argent à 50 de nos livres de compte, cette somme revient à 1250 millions de notre monnoie en 1740. Je dis en ce tems; car cette valeur arbitraire n'a que trop changé parmi nous, & changera peut-être encore: c'est à quoi ne prennent pas assez garde les Ecrivains plus instruits des livres que des affaires, qui évaluent souvent l'argent étranger d'une maniére fort fautive.

Ils ont eu des Monnoies d'or &

 d'ar-

d'argent frappées avec le coing,
longtems avant que les Dariques
fuſſent frappés en Perſe. L'Empereur Cang-hi avoit raſſemblé une
ſuite de 3000 de ces monnoies,
parmi lesquelles il y en avoit beaucoup des Indes ; autre preuve de
l'ancienneté des Arts dans l'Aſie ;
mais depuis longtems l'or n'eſt plus
une meſure commune à la Chine,
il y eſt marchandiſe comme en
Hollande , l'argent n'y eſt plus
monnoie : le poids & le titre en
font le prix ; on n'y frappe plus
que du cuivre, qui ſeul dans ce
Pays a une valeur arbitraire. Le
Gouvernement dans des tems difficiles a paſſé en papier, comme on
a fait depuis dans plus d'un Etat
de l'Europe ; mais jamais la Chine
n'a eu l'uſage des Banques publiques, qui augmentent les richeſſes
d'une Nation, en multipliant ſon
crédit.

Ce Pays favoriſé de la Nature
poſſéde preſque tous les fruits de

notre Europe, & beaucoup d'autres qui nous manquent. Le Bled, le Ris, la Vigne, les Légumes, les Arbres de toutes espéces y couvrent la terre; mais les Peuples n'ont jamais fait de Vin, satisfaits d'une liqueur assez forte qu'ils savent tirer du ris.

L'Insecte précieux qui produit la Soye, est originaire de la Chine; c'est de-là qu'il passa en Perse assez tard avec l'Art de faire des étoffes, du duvet qui les couvre; & ces étoffes étoient si rares du tems même de Justinien, que la Soye se vendoit en Europe au poids de l'or.

Le Papier fin & d'un blanc éclatant étoit fabriqué chez les Chinois de tems immémorial, on en faisoit avec les filets de bois de Bambou bouilli. On ne connoît pas la premiére époque de la Porcelaine & de ce beau Vernis qu'on commence à imiter & à égaler en Europe.

Ils favent depuis 2000 ans fabriquer le Verre, mais moins beau & moins transparent que le nôtre.

L'Imprimerie y fut inventée par eux du tems de Jules Céfar. On fait que cette Imprimerie eft une gravure fur des planches de bois, telle que Guttenberg la pratiqua le premier à Mayence au XIV. Siécle. L'Art de graver les caractéres fur le bois, eft plus perfectionné à la Chine; notre méthode d'employer les caractéres mobiles & de fonte, beaucoup fupérieure à la leur, n'a point encore été adoptée par eux, tant ils font attachés à leurs anciens ufages.

Ils avoient un peu de Mufique, mais fi informe & fi groffiére, qu'ils ignoroient les femi-tons.

L'ufage des Cloches eft chez eux de la plus haute antiquité. Ils ont cultivé la Chimie, & fans devenir jamais bons Phyficiens, ils ont inventé la poudre; mais ils ne s'en fervoient que dans des Fêtes, dans

l'Art

l'Art des Feux d'artifice, où ils ont furpaffé les autres Nations. Ce furent les Portugais qui dans ces derniers fiécles leur ont enfeigné l'ufage de l'Artillerie, & ce font les Jéfuites qui leur ont appris à fondre le Canon. Si les Chinois ne s'appliquent pas à inventer ces inftrumens deftructeurs, il ne faut pas en louer leur vertu, puifqu'ils n'en ont pas moins fait la guerre.

Jamais leur Géométrie n'alla audelà des fimples élémens. Ils pousférent plus loin l'Aftronomie, entant qu'elle eft la fcience des yeux & le fruit de la patience. Ils obfervérent le Ciel affidûment, remarquérent tous les phénoménes, & les transmirent à la poftérité. Ils diviférent, comme nous, le cours du Soleil en 365¼ parties. Ils connurent, mais confufément, la précifion des Equinoxes & des Solftices. Ce qui mérite peut-être le plus d'attention, c'eft que de tems immémorial ils partagent le

A 7

mois

mois en semaines de sept jours.

On montre encore les Instrumens dont se servit un de leurs fameux Astronômes mille ans avant notre Ere, dans une Ville qui n'est que du troisiéme ordre.

Nanquin, l'ancienne Capitale, conserve un Globe de bronze, que trois hommes ne peuvent embrasser, porté sur un cube de cuivre qui s'ouvre, & dans lequel on fait entrer un homme pour tourner ce Globe, sur lequel sont tracés les méridiens & les paralléles.

Peckin a un Observatoire rempli d'Astrolabes & de Sphéres armillaires; instrumens à-la-vérité inférieurs aux nôtres pour l'exactitude, mais témoignages célébres de la supériorité des Chinois sur les autres Peuples d'Asie.

La Boussole qu'ils connoissoient, ne servoit pas à son véritable usage de guider la route des Vaisseaux. Ils ne navigeoient que près des côtes; possesseurs d'une terre qui four-

fournit tout , ils n'avoient pas befoin d'aller, comme nous, au bout
du Monde. La Bouſſole, ainſi que
la Poudre à tirer , étoit pour eux
une ſimple curioſité, & ils n'en é-
toient pas plus à plaindre.

Il eſt étrange que leur Aſtronomie & leurs autres Sciences ſoient
en même tems ſi anciennes chez
eux & ſi bornées : ce qui eſt moins
étonnant , c'eſt la crédulité avec
laquelle ces Peuples ont toujours
joint leurs erreurs de l'Aſtrologie
judiciaire aux vraies Connoiſſances
céleſtes.

Cette ſuperſtition a été celle de
tous les hommes , & il n'y a pas
longtems que nous en ſommes guéris., tant l'erreur ſemble faite pour
le Genre-humain.

Si on cherche pourquoi tant
d'Arts & de Sciences cultivées ſans
interruption depuis ſi longtems à
la Chine, ont cependant fait ſi peu
de progrès , il y en a peut-être
deux raiſons ; l'une eſt le reſpect
pro-

prodigieux que ces Peuples ont
pour ce qui leur a été transmis par
leurs Péres, & qui rend parfait à
leurs yeux tout ce qui est ancien;
l'autre est la nature de leur Langue, premier principe de toutes les
connoissances.

L'Art de faire connoître ses idées
par l'écriture, qui devroit n'être
qu'une méthode très-simple, est
chez eux ce qu'ils ont de plus difficile. Chaque mot a des caractéres différens : un Savant à la Chine est celui qui connoît le plus de
ces caractéres, quelques-uns sont
arrivés à la vieillesse avant de savoir bien écrire.

Ce qu'ils ont le plus connu, le
plus cultivé, le plus perfectioné,
c'est la Morale & les Loix. Le respect des enfans pour les Péres est
le fondement du Gouvernement
Chinois. L'autorité paternelle n'y
est jamais affoiblie. Un fils ne peut
plaider contre son Pére qu'avec le
consentement de tous les parens,

des

des amis, & des Magiſtrats. Les
Mandarins lettrés y ſont regardés
comme les Péres des Villes & des
Provinces, & le Roi comme le Pére de l'Empire. Cette idée enraci-
née dans les cœurs, forme une famille de cet Etat immenſe.

Tous les vices y exiſtent comme
ailleurs, mais plus reprimés par le
frein des Loix.

Les cérémonies continuelles qui
y gênent la ſociété, & dont l'amitié ſeule ſe défait dans l'intérieur
des maiſons, ont établi dans toutes les Nations une retenue & une
honnêteté qui donne à la fois aux
mœurs de la gravité & de la dou-
ceur. Ces qualités s'étendent jufqu'au dernier du peuple. Des Miſ-
ſionaires racontent que ſouvent dans
des Marchés publics, au milieu de
ces embarras & de ces confuſions
qui excitent dans nos Contrées des
clameurs ſi barbares & des emportemens ſi fréquens & ſi odieux,
ils ont vu les Payſans ſe mettre à
ge-

genoux les uns devant les autres
selon la coutume du Pays , se demander pardon de l'embarras dont
chacun s'accusoit , s'aider l'un l'autre , & débarasser tout avec tran-
quilité.

Dans les autres Pays les Loix
punissent les Crimes ; à la Chine
elles font plus , elles récompensent
la Vertu. Le bruit d'une action gé-
néreuse & rare se répand-il dans
une Province , le Mandarin est
obligé d'en avertir l'Empereur, &
l'Empereur envoye une marque
d'honneur à celui qui l'a si bien
mérité. Cette Morale, cette obéissance aux Loix , jointe à l'adoration d'un Etre suprême , forment
la Religion de la Chine, celle des
Empereurs & des Lettrés. L'Empereur est de tems immémorial le
premier Pontife , c'est lui qui sa-
crifie au *Tien* , au Souverain du Ciel
& de la Terre. Il doit être le premier Philosophe , le premier Prédicateur de l'Empire ; ses Edits sont
pres-

presque toujours des instructions qui animent à la vertu.

Congfutsée que nous appellons *Confucius*, qui vivoit il y a 2300 ans, un peu avant Pithagore, rétablit cette Religion, laquelle consiste à être juste. Il l'enseigna & la pratiqua dans la grandeur, dans l'abaissement, tantôt premier Ministre du Roi tributaire de l'Empereur, tantôt exilé, fugitif & pauvre. Il eut de son vivant 5000 disciples, & après sa mort ses disciples furent les Empereurs, les *Colao*, c'est-à-dire les Mandarins, les Lettrés, & tout ce qui n'est pas peuple.

Sa famille subsiste encore, & dans un Pays où il n'y a d'autre Noblesse que celle des services actuels, elle est distinguée des autres familles en mémoire de son Fondateur: pour lui, il a tous les honneurs, non pas les honneurs divins qu'on ne doit à aucun homme; mais ceux que mérite un homme,

qui

qui a donné de la Divinité les idées les plus faines que puiffe former l'efprit humain fans Révélation.

Quelque tems avant lui, Lao-Kum avoit introduit une Secte, qui croit aux Efprits malins, aux Enchantemens, aux Preftiges. Une Secte femblable à celle d'Epicure fut reçue & combattue à la Chine 500 ans avant JESUS-CHRIST: mais dans le premier fiécle de notre Ere, ce Pays fut inondé de la fuperftition des Bonzes. Ils apportérent des Indes l'idole de *Fo* ou de *Foé*, adoré fous différens noms par les Japonois & les Tartares, prétendu Dieu defcendu fur la Terre, à qui on rend le culte le plus ridicule, & par conféquent le plus fait pour le Vulgaire. Cette Religion née dans les Indes près de mille ans avant JESUS-CHRIST, a infecté l'Afie orientale; c'eft ce Dieu que prêchent les *Bonzes* à la Chine, les *Talapoins* à Siam, les *Lamas* en Tartarie. C'eft en fon nom

qu'ils

qu'ils promettent une vie éternelle, & que des milliers de Bonzes consacrent leurs jours à des exercices de pénitence, qui effrayent la nature. Quelques-uns passent leur vie nuds & enchaînés; d'autres portent un carcan de fer, qui plie leurs corps en deux & tient leur front toujours baissé à terre. Leur fanatisme se subdivise à l'infini. Ils passent pour chasser des Démons, pour opérer des miracles; ils vendent aux peuples la remission des péchés. Cette Secte séduit quelquefois des Mandarins, & par une fatalité qui montre que la même superstition est de tous les Pays, quelques Mandarins se font fait tondre en Bonzes par piété.

Ce sont eux qui dans la Tartarie ont à leur tête le *Dailama*, Idole vivante qu'on adore, & c'est-là peut-être le triomphe de la Superstition humaine.

Ce *Dailama*, successeur & vicaire du Dieu *Fo*, passe pour immormortel. Les Prêtres nouriſſent toujours un jeune *Lama* déſigné ſucceſſeur ſecret du Souverain Pontife, qui prend ſa place dès que celui-ci, qu'on croit immortel, eſt mort. Les Princes Tartares ne lui parlent qu'à genoux. Il décide ſouverainement tous les points de Foi ſur leſquels les Lamas ſont diviſés. Enfin il s'eſt depuis quelque tems fait Souverain du Tibet à l'occident de la Chine. L'Empereur reçoit ſes Ambaſſadeurs, & lui en envoie avec des préſens conſidérables.

Ces Sectes ſont tolérées à la Chine pour l'uſage du Vulgaire, comme des alimens groſſiers faits pour le nourir ; tandis que les Magiſtrats & les Lettrés ſéparés en tout du peuple, ſe nouriſſent d'une ſubſtance plus pure. Confucius gémiſſoit pourtant de cette foule d'erreurs : *Pourquoi*, dit-il dans un de ſes Livres, *y a-t-il plus de crimes chez la populace ignorante que par-*

parmi les Lettrés ? C'est que le peuple est gouverné par les Bonzes.

Beaucoup de Lettrés font à-la-vérité tombés dans le Matérialisme, mais leur Morale n'en a point été altérée. Ils penfent que la vertu eft fi néceffaire aux hommes, & fi aimable par elle-même, qu'on n'a pas même befoin de la connoiffance d'un Dieu pour la fuivre.

On prétend que vers le VIII. Siécle, du tems de Charlemagne, la Religion Chrétienne étoit connue à la Chine. On affure que nos Miffionaires ônt trouvé dans la Province de Kinski une infcription en caractéres Syriaques & Chinois. Ce monument qu'on voit tout au long dans Kirker, attefte qu'un Evêque nommé Olopuen, partit de Judée l'an de Notre Seigneur 636 pour annoncer l'Evangile ; qu'auffi-tôt qu'il fut arrivé au fauxbourg de la Ville Impériale, l'Empereur envoya un Colao au devant

vant

vant de lui, & lui fit bâtir une Eglise Chrétienne, &c. La date de l'inscription est de l'année 782.

Ce monument est peut-être une de ces fraudes pieuses, qu'on s'est toujours trop aisément permises. Ce nom d'*Olopuen*, qui est Espagnol, rend déjà le monument bien suspect. Cet empressement d'un Empereur de la Chine à envoyer à cet Olopuen un Grand de sa Cour, est plus suspect encore dans un Pays où il étoit défendu sous peine de mort aux Etrangers de passer les frontiéres. La date de l'inscription ne porte-t-elle pas encore le caractére du mensonge? Les Prêtres & les Evêques de Jérusalem ne comptoient point leurs années au VII. Siécle, comme on les compte dans ce monument. L'Ere Vulgaire de Denys le Petit n'est point reçue chez les Nations Orientales, & on ne commença même à s'en servir en Occident que vers le tems de Charlemagne. De plus,

plus, comment cet Olopuen au-
roit-il pu, en arrivant, se faire entendre dans une Langue qu'on peut
à peine aprendre en dix années;
& comment un Empereur eut-il
fait tout d'un coup bâtir une Eglise Chrétienne en faveur d'un E-
tranger qui auroit bégayé par interpréte une Religion si nouvelle?

Il est donc probable qu'au tems
de Charlemagne, la Religion Chrétienne étoit absolument inconnue à
la Chine.

Je me réserve à jetter les yeux
sur Siam, sur le Japon, & sur tout
ce qui est situé vers l'Orient & le
Midi, lorsque je serai parvenu au
tems où l'industrie des Européans
s'est ouvert un chemin facile à ces
extrémités de notre Hémisphére.

DES INDES,

DE LA

PERSE, DE L'ARABIE

ET DU

MAHOMÉTISME.

EN me ramenant vers l'Europe, je trouve d'abord l'Inde ou l'Indouſtan, Contrée un peu moins vaſte que la Chine, & plus connue par les denrées précieuſes que l'induſtrie des Négotians en a tiré dans tous les tems, que par des relations exactes.

Une chaîne de montagnes peu interrompues, ſemble en avoir fixé les limites entre la Chine, la Tartarie & la Perſe. Le reſte eſt entouré de mers. Cependant l'Inde en-deçà du Gange fut longtems ſou-

foumife aux Perfans, & voilà pourquoi Alexandre, vengeur de la
Gréce & vainqueur de Darius,
pouffa fes conquêtes jufqu'aux Indes tributaires de fon ennemi. Depuis Alexandre les Indiens avoient
vécu dans la liberté & dans la mo-
leffe qu'infpirent la valeur du climat & la richeffe de la terre.

Les Grecs y voyageoient avant
Alexandre pour y chercher la Science. C'eft-là que le célébre Pilpay
écrivit, il y a 2300 années, ces *Fables Morales*, traduites dans prefque toutes les Langues du Monde.
Le Jeu des Echecs y fut inventé.
Les Chifres dont nous nous fer-
vons, & que les Arabes nous ont
apporté vers le tems de Charlemagne, nous viennent de l'Inde.
Peut-être les anciennes Médailles,
dont les Curieux Chinois font tant
de cas, font une preuve que les
Arts furent cultivés aux Indes a-
vant d'être connus des Chinois.

On y a de tems immémorial di-

 vifé

visé la route annuelle du Soleil en douze parties. L'année des Bracmanes & des plus anciens Gymnosophistes commença toujours, quand le Soleil entroit dans la Constellation qu'ils nomment *Moscham*, & qui est pour nous le Bélier. Leurs Semaines furent toujours de sept jours : division que les Grecs ne connurent jamais. Leurs Jours portent les noms des sept Planétes. Le Jour du Soleil est appellé chez eux *Mitradinam*, reste à savoir si ce mot *Mitra*, qui chez les Perses signifie aussi le Soleil, est originairement un terme de la Langue des Mages, ou de celle des Sages de l'Inde. Il est bien difficile de dire, laquelle des deux Nations enseigna l'autre ; mais s'il s'agissoit de décider entre les Indes & l'Egypte, je croirois les Sciences bien plus anciennes dans les Indes. Ma conjecture est fondée sur ce que le terrain des Indes est bien plus aisément habitable que le terrain voisin

fin

fin du Nil, dont les débordemens dûrent longtems rebuter les premiers Colons, avant qu’ils euffent domté ce fleuve en creufant des canaux. Le fol des Indes eft d’ailleurs d’une fertilité bien plus variée, & qui a dû exciter davantage la curiofité & l’induftrie humaine : mais il ne paroît pas que la Science du Gouvernement & de la Morale y ait été perfectionnée autant que chez les Chinois.

La Superftition y a dès longtems étouffé les Sciences qu’on y venoit aprendre dans les tems reculés. Les Bonzes & les Bramins, fucceffeurs des Bracmanes, y foutiennent la doctrine de la Métempficofe. Ils y répandent d’ailleurs l’abrutiffement avec l’erreur : ils engagent, quand ils peuvent, les femmes à fe bruler fur le corps de leurs maris morts. Les vaftes Côtes de Coromandel font en proie à ces coutumes affreufes, que le Gou-

B 3

ver-

vernement Mahométan n'a pu encore détruire.

Ces Bramins, qui entretiennent dans le peuple la plus stupide idolâtrie, ont pourtant entre leurs mains un des plus anciens Livres du Monde, écrit par leurs premiers Sages, dans lequel on ne reconnoît qu'un seul Être suprême. Ils conservent précieusement ce témoignage qui les condamne. Ils prêchent des erreurs qui leur sont utiles, & cachent une vérité qui ne seroit que respectable.

Dans ce même Indoustan sur les Côtes de Malabar & de Coromandel, on est surpris de trouver des Chrétiens établis depuis environ 1200 ans. Ils se nomment les Chrétiens de St. Thomas. Un Marchand Chrétien de Syrie nommé *Mar Thomas* (*Mar* signifie *Monsieur*) y établit sa religion avec son commerce. Il y laissa une nombreuse famille, des Facteurs, des Ouvriers, qui s'étant un peu multipliés,

pliés, ont depuis douze siécles conservé la Religion de *Mar Thomas*, qu'on n'a pas manqué de prendre ensuite pour St. Thomas l'Apôtre.

Ces Chrétiens ne connoissoient ni la Suprématie de Rome, ni la Transubstantiation, ni plusieurs Sacremens, ni le Purgatoire, ni le Culte des Images. Nous verrons en son tems comment de nouveaux Missionaires leur ont apris ce qu'ils ignoroient.

En remontant vers la Perse, on y trouve un peu avant le tems qui me sert d'époque, la plus grande & la plus prompte révolution que nous connoissions sur la Terre.

Une nouvelle Domination, une Religion & des Mœurs jusqu'alors inconnues, avoient changé la face de ces Contrées; & ce changement s'étendoit déjà fort avant en Asie, en Afrique & en Europe.

Pour me faire une idée du Mahométisme qui a donné une nou-

B 4　　　velle

velle forme à tant d'Empires, je me rappellerai d'abord les parties du Monde qui lui furent les premiéres soumises.

La Perse avoit étendu sa domination avant Alexandre, de l'Egypte à la Bactriane au-delà du Pays où est aujourd'hui Samarcande, & de la Thrace jusqu'au Fleuve de l'Inde.

Divisée & resserrée sous les Séleucides, elle avoit repris des acroissemens sous Arsaces le Parthien 250 ans avant JESUS-CHRIST. Les Arsacides n'eurent ni la Syrie, ni les Contrées qui bordent le Pont-Euxin ; mais ils disputérent avec les Romains de l'Empire de l'Orient, & leur opposérent toujours des barriéres insurmontables.

Du tems d'Alexandre Sévére, vers l'an 226, Artaxare enleva ce Royaume & rétablit l'Empire des Perses, dont l'étendue ne différoit guéres alors de ce qu'elle est de nos jours.

Au

Au milieu de toutes ces révolutions, l'ancienne Religion des Mages s'étoit toujours soutenue en Perse, & ni les Dieux des Grecs, ni d'autres Divinités n'avoient prévalu.

Noushirvan ou Cofroés le Grand, fur la fin du VI. Siécle, avoit étendu fon empire dans une partie de l'Arabie pétrée & de celle qu'on nommoit heureufe. Il en avoit chaffé des Abiffins Chrétiens, qui l'avoient envahie. Il profcrivit autant qu'il le put le Chriftianifme de fes propres Etats, forcé à cette févérité par le crime d'un fils de fa femme, qui s'étant fait Chrétien, fe révolta contre lui.

La derniére année du régne de ce fameux Roi, nâquit Mahomet à la Mecque dans l'Arabie pétrée en 570. Son Pays défendoit alors fa liberté contre les Perfes & contre ces Princes de Conftantinople, qui retenoient toujours le nom d'Empereurs Romains.

B 5

Les

Les enfans du Grand Noushirvan, indignes d'un tel Pére, défoloient la Perfe par des guerres civiles & par des parricides. Les fuc-
cefleurs du fage Juftinien avilif-
foient le nom de l'Empire. Maurice venoit d'être détrôné par les
armes de Phocas, & par les intrigues du Patriarche Ciriaque & de
quelques Evêques, que Phocas punit enfuite de l'avoir fervi. Le fang
de Maurice & de fes cinq fils avoit
coulé fous la main du boureau; &
le Pape Grégoire le Grand, ennemi des Patriarches de Conftantinople, tâchoit d'attirer le Tyran
Phocas dans fon parti, en lui pro-
diguant des louanges, & en con-
damnant la mémoire de Maurice,
qu'il avoit loué pendant fa vie.

L'Empire de Rome en Occi-
dent étoit anéanti, un déluge de
Barbares, Goths, Hérules, Huns,
Vandales inondoient l'Europe,
quand Mahomet jettoit dans les
Déferts de l'Arabie les fondemens
de

de la Religion & de la Puissance Musulmane.

On sait que Mahomet étoit le cadet d'une famille pauvre, qu'il fut longtems au service d'une femme de la Mecque, nommée Cadit-scha, laquelle exerçoit le négoce; qu'il l'épousa, & qu'il vécut obscur jusqu'à l'âge de quarante ans. Il ne déploya qu'à cet âge les talens qui le rendoient supérieur à ses compatriotes. Il avoit une éloquence vive & forte, dépouillée d'art & de méthode, telle qu'il la falloit à des Arabes ; un air d'autorité & d'insinuation, animé par des yeux perçans & par une physionomie heureuse ; l'intrépidité d'Alexandre, sa libéralité, & la sobriété dont Alexandre auroit eû besoin pour être un grand-homme en tout.

L'amour, qu'un tempérament ardent lui rendoit nécessaire, & qui lui donna tant de femmes & de concubines, n'affoiblit ni son cou-

 ra-

rage, ni son application, ni sa santé. C'est ainsi qu'en parlent les Arabes contemporains, & ce portrait est justifié par ses actions.

Après avoir bien connu le caractére de ses concitoyens, leur ignorance, leur crédulité & leur disposition à l'enthousiasme, il vit qu'il pouvoit s'ériger en Prophéte. Il feignit des révélations, il parla, il se fit croire d'abord dans sa maison, ce qui étoit probablement le plus difficile. En trois ans il eut quarante-deux disciples persuadés; Omar, son persécuteur, devint son Apôtre; au bout de cinq ans il en eut 114.

Il enseignoit aux Arabes adorateurs des Étoiles, qu'il ne falloit adorer que le Dieu qui les a faites: que les Livres des Juifs & des Chrétiens s'étant corrompus & falsifiés, on devoit les avoir en horreur : qu'on étoit obligé sous peine de châtiment éternel de prier

cinq

cinq fois par jour, de donner l'aumône ; & furtout, en ne reconnoiffant qu'un feul Dieu, de croire en Mahomet fon dernier Prophéte ; enfin de hazarder fa vie pour fa foi.

Il défendit l'ufage du Vin, parce que l'abus en eft trop dangereux. Il conferva la Circoncifion pratiquée par les Arabes, ainfi que par les anciens Egyptiens, inftituée probablement pour prévenir ces abus de la premiére puberté, qui énervent fouvent la jeuneffe. Il permit aux hommes la pluralité des femmes, ufage immémorial de tout l'Orient. Il n'altéra en rien la Morale, qui a toujours été la même dans le fond chez tous les hommes, & qu'aucun Légiflateur n'a jamais corrompue.

Il propofoit pour récompenfe une Vie éternelle, où l'Ame feroit enivrée de tous les plaifirs fpirituels, & où le Corps reffufcité avec fes fens goûteroit par ces fens

mê-

même toutes les voluptés qui lui font propres.

Sa Religion s'appella *l'Ismamisme*, qui signifie *résignation à la volonté de Dieu*. Le Livre qui la contient, s'appella *Coran*, c'est-à-dire *le Livre*, ou *l'Ecriture*, ou *la Lecture par excellence*.

Tous les Interprétes de ce Livre conviennent que sa morale est contenue dans ces paroles : *Recherchez qui vous chasse ; donnez à qui vous ôte ; pardonnez à qui vous offense ; faites du bien à tous ; ne contestez point avec les Ignorans.*

Parmi les déclamations incohérentes, dont ce Livre est rempli selon le goût Oriental, on ne laisse pas de trouver des morceaux qui peuvent paroître sublimes. Mahomet, par exemple, en parlant de la cessation du Déluge, s'exprime ainsi. *Dieu dit, Terre engloutis tes eaux, Ciel puise les on-*

ondes que tu a versées : le Ciel &
la Terre obéirent.

Sa définition de Dieu est d'un
genre plus véritablement sublime.
On lui demandoit quel étoit cet
Alla qu'il annonçoit : *C'est celui,*
répondit-il, *qui tient l'être de soi-*
même, & de qui les autres le tien-
nent ; qui n'engendre point, & qui
n'est point engendré ; & à qui rien
n'est semblable dans toute l'éten-
due des Etres.

Il est vrai que les contradictions,
les absurdités, les anachronismes
font répandues en foule dans ce Livre. On y voit surtout une ignorance profonde de la Physique la
plus simple & la plus connue.
C'est-là la pierre de touche des Livres que les fausses Religions prétendent écrits par la Divinité ; car
Dieu n'est ni absurde ni ignorant ;
mais le Vulgaire qui ne voit point
ces fautes, les adore, & les Docteurs emploient un déluge de paroles pour les pallier.

Quel-

Quelques personnes ont cru sur un passage équivoque de l'Alcoran, que Mahomet ne savoit ni lire ni écrire; ce qui ajoûteroit encore aux prodiges de ses succès: mais il n'est pas vraisemblable qu'un homme qui avoit été négociant si longtems, ne sût pas ce qui est si nécessaire au négoce: encore moins est-il probable, qu'un homme si instruit des Histoires & des Fables de son Pays, ignorât ce que savoient tous les enfans de sa Patrie. D'ailleurs les Auteurs Arabes rapportent qu'en mourant, Mahomet demanda une plume & de l'encre.

Persécuté à la Mecque, sa fuite qu'on nomme *Egire*, devint l'époque de sa gloire & de la fondation de son Empire. De fugitif il devint conquérant; réfugié à Médine, il y persuada le peuple & l'asservit: il battit d'abord avec 113 hommes les Mecquois, qui étoient venus fondre sur lui au nom-

nombre de mille. Cette victoire, qui fut un miracle aux yeux de ses Sectateurs, les persuada que Dieu combattoit pour eux, comme eux pour lui. Dès la premiére victoire, ils espérérent la conquête du Monde. Mahomet prit la Mecque, vit ses persécuteurs à ses pieds, conquit en neuf ans par la parole & par les armes toute l'Arabie, Pays aussi grand que la Perse, & que les Perses ni les Romains n'avoient pû conquérir.

Dès ses premiers succès il avoit écrit au Roi de Perse Cosroès Second, à l'Empereur Héraclius, au Prince des Coptes Gouverneur d'Egypte, au Roi des Abissins, à un Roi nommé Mandar, qui régnoit dans une Province près du Golphe Persique.

Il ôsa leur proposer d'embrasser sa Religion; & ce qui est étrange, c'est que de ces Princes il y en eut deux qui se firent Mahométans. Ce furent le Roi d'Abissinie

&

& ce Mandar. Cofroès déchira la Lettre de Mahomet avec indignation. Héraclius répondit par des préfens. Le Prince des Coptes lui envoya une Fille qui paffoit pour un chef-d'œuvre de la Nature, & qu'on appelloit *La belle Marie*.

Mahomet au bout de neuf ans fe croyant affez fort pour étendre fa conquête & fa religion dans l'Empire Grec & Perfan, commença par attaquer la Syrie foumife alors à Héraclius, & lui prit quelques Villes. Cet Empereur entêté de difputes métaphyfiques de Religion, & qui avoit pris le parti des Monothélites, effuya en peu de tems deux propofitions bien finguliéres; l'une de la part de Cofroès Second, qui l'avoit longtems vaincu, & l'autre de la part de Mahomet. Cofroès vouloit qu'Héraclius embraffât la Religion des Mages, & Mahomet qu'il fe fît Mufulman.

Enfin Mahomet maître de l'Arabie,

rabie, & redoutable à tous ses voisins, attaqué d'une maladie mortelle à Médine à l'âge de 63½ ans,
voulut que ses derniers momens
parussent ceux d'un Héros & d'un
Juste : *Que celui à qui j'ai fait violence & injustice paroisse*, s'écria-
t-il, *& je suis prêt de lui faire
réparation.* Un homme se leva,
qui lui redemanda quelque argent ;
Mahomet le lui fit donner, & expira peu de tems après, regardé
comme un grand-homme par
ceux même qui savoient qu'il étoit
un imposteur, & révéré comme
un Prophéte par tout le reste.

Sa derniére volonté ne fut point
exécutée. Il avoit nommé Aly son
gendre & Fatime sa fille pour les
héritiers de son Empire. Mais
l'ambition qui l'emporte sur le fanatisme même, engagea les Chefs
de son Armée à déclarer Calife,
c'est-à-dire Vicaire du Prophéte,
le vieux Abubéker son beau-pére,
dans l'espérance qu'ils pourroient
bien-

bientôt eux-mêmes partager la succession. Aly resta dans l'Arabie, attendant le tems de se signaler.

Abubéker rassembla d'abord en un corps les feuilles éparses de l'Alcoran. On lut en présence de tous les Chefs les chapitres de ce Livre, & on établit son autenticité invariable.

Bientôt Abubéker mena ses Musulmans en Palestine, & y défit le frére d'Héraclius. Il mourut peu après avec la réputation du plus généreux de tous les hommes, n'ayant jamais pris pour lui qu'environ quarante sous de notre monnoie par jour de tout le butin qu'on partageoit, & ayant fait voir combien le mépris des petits intérêts peut s'accorder avec l'ambition que les grands intérêts inspirent.

Omar élu après lui fut un des plus rapides Conquérans qui ayent désolé la Terre. Il prend d'abord Damas, célébre par la fertilité de son territoire, par les ouvrages
d'a-

d'acier les meilleurs de l'Univers, par ces étoffes de foye qui portent encore fon nom. Il chaffe de la Syrie & de la Phénicie les Grecs qu'on appelloit Romains. Il reçoit à compofition après un long fiége, la Ville de Jérufalem toujours occupée par des étrangers, qui fe fuccédérent les uns aux autres, depuis que David l'eut enlevée à fes anciens citoyens.

Dans le même tems les Lieutenans d'Omar s'avançoient en Perfe. Le dernier des Rois Perfans, que nous appellons Hormisdas IV. livre bataille aux Arabes à quelques lieues de Madain, devenue la Capitale de cet Empire. Il perd la bataille & la vie. Les Perfes paffent fous la domination d'Omar, plus facilement qu'ils n'avoient fubi le jougi d'Alexandre.

Alors tomba cette ancienne Religion des Mages, que le Vainqueur de Darius avoit refpectée;

car

car il ne toucha jamais au culte des Peuples vaincus.

Les Mages fondés par Zoroaſtre & réformés enſuite par un autre Zoroaſtre du tems de Darius, fils d'Hydaſpes, adorateurs d'un ſeul Dieu, ennemis de tout ſimulacre, révéroient dans le Feu qui donne la vie à la Nature, l'emblême de la Divinité. Ils reconnoiſſoient de tout tems un mauvais Principe, à qui Dieu permettoit de faire le mal; ils le nommoient *Satan*; & c'eſt parmi eux que Manés avoit puiſé ſa Doctrine des deux Principes. Ils regardoient leur Religion comme la plus ancienne & la plus pure. La connoiſſance qu'ils avoient des Mathématiques, de l'Aſtronomie & de l'Hiſtoire, augmentoit leur mépris pour leurs vainqueurs alors ignorans. Ils ne purent abandonner une Religion conſacrée par tant de ſiécles pour une Secte ennemie qui venoit de naître.

Ils

Ils se retirérent aux extrémités de la Perse & de l'Inde. C'est-là qu'ils vivent aujourd'hui sous le nom de *Gavres* ou de *Guébres*, ne se mariant qu'entre eux, entretenant le Feu sacré, fidéles à ce qu'ils connoissent de leur ancien culte; mais ignorans, méprisés, &, à leur pauvreté près, semblables aux Juifs si longtems dispersés sans s'allier aux autres Nations, & plus encore aux Banians, qui ne sont établis & dispersés que dans l'Inde.

Tandis qu'un Lieutenant d'Omar subjuguë la Perse, un autre enléve l'Egypte entiére aux Romains & une grande partie de la Libie. C'est dans cette conquête qu'est brulée la fameuse Bibliothéque d'Alexandrie, monument des connoissances & des erreurs des hommes, commencée par Ptolomée Philadelphe, & augmentée par tant de Rois. Alors les Sarrazins ne vouloient de Science que l'Alcoran.

Après

Après Omar tué par un Esclave Perse, Aly ce gendre de Mahomet que les Persans révèrent aujourd'hui, & dont ils suivent les principes en opposition à ceux d'Omar, obtint enfin le Califat, & transféra le Siége des Califes dans la Ville de Médine, où Mahomet est enséveli dans la Ville de Couffa sur les bords de l'Euphrate : à peine en reste-t-il aujourd'hui des ruines. C'est le sort de Babylone, de Séleucie, & de toutes les anciennes Villes de la Caldée qui n'étoient bâties que de briques.

Après le régne de seize Califes de la Maison des Ommiades, régnérent les Califes Abassides. C'est Abougrafar Almanzor, second Calife Abasside, qui fixa le Siége de ce grand Empire à Bagdat au-delà de l'Euphrate dans la Caldée. Les Turcs disent qu'il en jetta les fondemens. Les Persans assurent qu'elle étoit très-ancienne, & qu'il ne fit que la réparer. C'est cette Ville qu'on

qu'on appelle quelquefois Babylone, & qui a été le sujet de tant
de guerres entre la Perse & la
Turquie.

La domination des Califes dura
655 ans, despotiques dans la Religion, comme dans le Gouvernement. Ils n'étoient point adorés,
ainsi que le grand Lama; mais ils
avoient une autorité plus réelle, &
dans les tems même de leur décadence, ils furent respectés des
Princes qui les persécutoient. Tous
ces Sultans Turcs, Arabes, Tartares, reçurent l'investiture des Califes, avec bien moins de contesta-
tion, que plusieurs Princes Chrétiens n'en ont reçu des Papes. On
ne baisoit point les pieds du Calife, mais on se prosternoit sur le
seuil de son Palais.

Si jamais Puissance a menacé
toute la Terre, c'est celle de ces
Califes; car ils avoient le droit
du Trône & de l'Autel, du Glaive
& de l'Enthousiasme. Leurs ordres

Tom. I. C   étoient

étoient autant d'oracles, & leurs soldats autant de fanatiques.

Dès l'an 671 ils assiégérent Constantinople, qui devoit un jour devenir Mahométane; les divisions presque inévitables parmi tant de Chefs féroces, n'arrêtérent pas leurs conquêtes. Ils ressemblérent en ce point aux anciens Romains, qui parmi leurs guerres civiles avoient subjugué l'Asie mineure.

On les voit en 711 passer d'Egypte en Espagne, soumise aisément tour à tour, par les Carthaginois, par les Romains, par les Goths & Vandales, & enfin par ces Arabes qu'on nommé Maures. Ils y établissent d'abord le Royaume de Cordoue. Le Sultan d'Egypte secoue à-la-vérité le joug du grand Calife de Bagdat, & Abdérame, Gouverneur de l'Espagne conquise, ne reconnoît plus le Sultan d'Egypte; cependant tout plie encore sous les Armes Musulmanes.

Cet

Cet Abdérame, petit-fils du Calife Hétham, prend les Royaumes de Castille, de Navarre, de Portugal, d'Arragon, il établit les siens en Languedoc, il s'empare de la Guyenne & du Poitou; & sans Charles Martel, qui lui ôta la victoire & la vie, la France étoit une Province Mahométane.

A mesure que les Mahométans devinrent puissans, ils se polirent. Ces Califes toujours reconnus pour Souverains de la Religion, & en apparence de l'Empire, par ceux qui ne reçoivent plus leurs ordres de si loin, tranquiles dans leur nouvelle Babylone, y font enfin renaître les Arts. Aaron Rachild contemporain de Charlemagne, plus respecté que ses prédécesseurs, & qui sut se faire obéir jusqu'en Espagne & aux Indes, ranima les Sciences, fit fleurir les Arts agréables & utiles, attira les Gens-de-Lettres, composa des vers, & fit succéder dans ses vastes Etats la

Politique à la Barbarie. Sous lui les Arabes qui adoptoient déjà les Chiffres Indiens, nous les apportèrent. Nous ne connûmes en Allemagne & en France le cours des Astres, que par le moyen de ces mêmes Arabes. Le mot seul d'*Almanach* en est encore un témoignage.

L'Almageste de Ptolomée fut alors traduit du Grec en Arabe par l'Astronôme Benhonain. Ce Calife Almanon fit mesurer géométriquement un degré du Méridien pour déterminer la grandeur de la Terre. Opération qui n'a été faite en France que plus de 900 ans après. Sous Louis XIV. ce même Astronôme Benhonain poussa les observations assez loin, reconnut ou que Ptolomée avoit fixé la plus grande déclinaison du Soleil trop au septentrion, ou que l'obliquité de l'Ecliptique avoit changé. Il vit même que le période de trente-six mille ans qu'on avoit assigné au

mou-

mouvement prétendu des Etoiles fixes d'Occident en Orient, devoit être beaucoup racourcie.

La Chimie & la Médecine étoient cultivées par les Arabes. La Chimie perfectionnée par nous, ne nous fut connue que par eux. Nous leur devons de nouveaux remédes, qu'on nomme les *minoritifs*, plus doux & plus falutaires que ceux qui étoient auparavant en ufage dans l'Ecole d'Hipocrate & de Galien. Enfin dès le fecond Siécle de Mahomet, il fallut que les Chrétiens d'Occident s'inftruififfent chez les Mufulmans.

ETAT

ETAT DE L'ITALIE

ET DE

L'EGLISE CHRETIENNE.

PLus l'Empire de Mahomet fleu-
rissoit, plus Constantinople
& Rome étoient avilies, Rome ne
s'étoit jamais relevée du coup fatal
que lui porta Constantin en trans-
férant le Siége de l'Empire. La
gloire, l'amour de la Patrie n'ani-
mérent plus les Romains. Il n'y
eut plus de fortune à espérer pour
les habitans de l'ancienne Capitale; le courage s'énerva, les Arts
tombérent; on ne connut plus dans
le séjour des Scipions & des Césars que des contestations entre les
Juges Séculiers & l'Evêque. Prise
& reprise, saccagée tant de fois
par les Barbares, elle obéissoit encore

core aux Empereurs. Depuis Justinien un Vice-Roi sous le nom
d'Exarque, la gouvernoit, mais ne
daignoit plus la regarder comme
la Capitale de l'Italie. Il demeuroit
à Ravenne, & delà il envoyoit ses
ordres aux Romains. L'Evêque
dans ces tems de Barbarie augmentoit de jour en jour son autorité
par l'avilissement même de la Ville.
Les richesses de son Eglise se mul-
tiplioient. Le Préfet de Rome ne
pouvoit pas s'opposer sans-cesse
aux prétentions de l'Evêque, toujours appuyées de la sainteté du
Ministére. Envain l'Eglise de Ravenne contestoit mille droits à celle de Rome. On reconnoissoit
l'Eglise de Rome dans tout l'Occident Chrétien comme la Mére
commune. On la consultoit, on lui
demandoit des Missionnaires, &
dans la servitude de la Ville l'E-
vêque dominoit au dehors.

Le reste de l'Italie citérieure
obéissoit aux Rois Lombards, qui
C 4 ré-

régnoient dans Pavie, ils se
frayoient toujours le chemin à la
conquête de Rome, & le Peuple
Romain auroit voulu n'être soumis
ni aux Lombards, ni aux Empereurs Grecs. Les Papes conçurent
dans ce VIII. Siécle le dessein de
se rendre eux-mêmes maîtres de
Rome; ils virent avec prudence,
que ce qui dans d'autres tems n'eût
été qu'une révolte & une sédition
impuissante, pouvoit devenir une
révolution excusable par la nécessité, & illustre par le succès.

ORIGINE

DE LA

PUISSANCE DES PAPES.

LE Pape Gregoire III. fut le premier qui imagina de se servir du bras des François pour ôter l'Italie aux Empereurs & aux Lombards. Son Successeur Zacharie reconnut Pepin usurpateur du Royaume de France pour Roi légitime. On a prétendu que Pepin, qui n'étoit que premier Ministre, fit demander d'abord au Pape, quel étoit le vrai Roi, ou de celui qui n'en avoit que le droit & le nom, ou de celui qui en avoit l'autorité & le mérite? Et que le Pape décida, que le Ministre devoit être Roi. Il n'a jamais été prouvé qu'on ait joué cette Comé-

die;

die ; mais ce qui eſt vrai, c'eſt que le Pape Etienne III. appella Pepin à ſon ſecours, qu'il feignit une Lettre de St. Pierre, adreſſée du Ciel à Pepin & à ſes fils, qu'il vint en France, qu'il donna dans St. Denis l'Onction Royale à Pepin, premier Roi ſacré en Europe. Non ſeulement ce premier uſurpateur reçut l'Onction Sacrée du Pape, après l'avoir reçue de St. Boniface, qu'on appelloit l'*Apôtre d'Allemagne* ; mais Etienne III. défendit ſous peine d'excommunication aux François de ſe donner jamais des Rois d'une autre race. Tandis que cet Evêque chaſſé de ſa patrie & ſuppliant dans une terre étrangére, avoit le courage de donner des loix, ſa politique prenoit une autorité qui aſſuroit celle de Pepin ; & ce Prince pour mieux jouir de ce qui ne lui étoit pas dû, laiſſoit au Pape des droits qui ne lui appartenoient pas.

Hugues Capet fit voir depuis ce que

que valoit une telle défense & une telle excommunication. Les fruits de cette union avec Pepin furent l'anéantiffement du pouvoir des Empereurs dans Rome, la révolution de l'Occident, & la puiffance de l'Eglife Romaine.

Les Lombards venoient de s'emparer de l'Exarcat de Ravenne. Pepin après les avoir vaincus & leur avoir ôté le refte du domaine des Empereurs, fit préfent au Pape d'une partie des biens qu'il avoit conquis. Il donna Ravenne, Boulogne, Incola, Fuenza, Forli, Ferrare, Rimini, Pezaro, Ancone, Urbin; Rome n'y fut pas comprife, & l'Evêque n'ofa pas s'emparer de la Capitale de fon Souverain. Le peuple alors ne l'eût pas foufert, tant le nom de Rome & fes débris imprimoient encore de refpect à fes citoyens.

Cet Evêque fut le premier Prêtre Chrétien qui devint Seigneur temporel, & qu'on pût mettre au

rang

rang des Princes; aucun ne le fut jamais en Orient. Sous les yeux du Maître les sujets restent sujets; mais loin du Souverain & dans le tems de trouble, il falloit bien que de nouvelles Puissances s'établissent dans un Pays abandonné; mais il ne faut pas croire que les Papes jouirent paisiblement de cette donation; non seulement les Terres furent bientôt reprises par les Lombards, mais lorsqu'ensuite Charlemagne eut confirmé cette Donation, & ajoûté encore tant de nouveaux domaines au Patrimoine de St. Pierre, les Seigneurs de ces Patrimoines, ou ceux qui les envahirent, ne regardérent pas la Donation de Charlemagne comme un droit incontestable. L'autorité spirituelle des Papes, déjà grande dans l'Occident qui tenoit d'eux la Religion Chrétienne, ne dominoit point ainsi en Orient. Les Papes ne convoquérent point les six premiers Conciles Oecuméniques,

&

& dès le VI. Siécle on voit que Jean le Jeûneur, Patriarche de Conſtantinople, reconnu pour Saint chez les Grecs, prenoit le titre d'Evêque univerſel; titre qui ſembloit permis au Paſteur de la Ville Impériale. On voit au VIII. Siécle ce Patriarche ſe nommer Pape dans un Acte public. Au II. Concile de Nicée on appelloit ce Patriarche *Très-Saint Pére*. Le Pape étoit toujours nommé le premier, excepté dans quelques Actes paſſés entre lui & le Patriarche à Conſtantinople; mais cette primauté purement ſpirituelle n'avoit rien de la Souveraineté; le Pape étoit le premier des Evêques, & n'étoit le maître d'aucun Evêque.

 ETAT

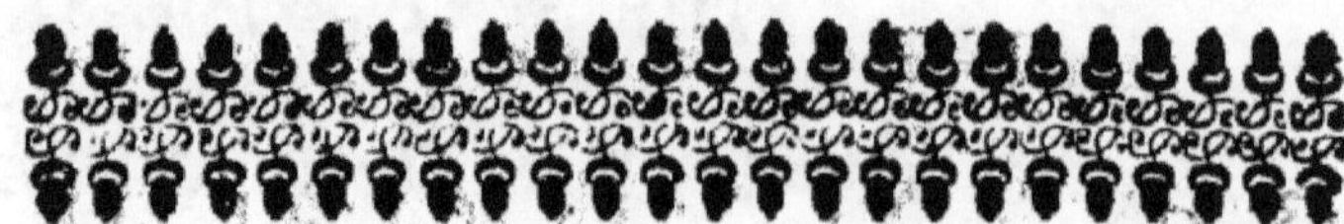

ETAT DE L'EGLISE

EN

ORIENT AVANT

CHARLEMAGNE.

EN Orient les Chefs de la Religion ne pouvant se faire une domination temporelle, y excitérent d'autres troubles par ces querelles interminables, fruit de l'esprit sophistique des Grecs & de leurs Disciples.

Depuis que Constantin eut donné une liberté entiére aux Chrétiens auxquels on ne pouvoit plus l'ôter, & dont le parti l'avoit mis sur le Trône, cette liberté étoit devenue une source intarissable de querelles; car le Fondateur de la Religion n'ayant rien écrit, & les hommes voulant tout savoir, chaque mystére fit naître des opinions,

&

& chaque opinion couta du sang.

Fallut-il décider si le Fils étoit consubstantiel au Pére ? le Monde Chrétien fut partagé, & la moitié persécuta l'autre. Voulut-on savoir si la Mére de JESUS-CHRIST étoit la Mére de Dieu, ou de Jésus ? si le Christ avoit deux natures & deux volontés dans une même personne, ou deux personnes & une volonté, ou une volonté & une personne ? Toutes ces disputes nées dans Constantinople, dans Antioche, dans Alexandrie, excitérent des séditions. Un parti anathématisoit l'autre, la faction dominante condamnoit à l'exil, à la prison, à la mort, & aux peines éternelles aprés la mort l'autre faction, qui se vengeoit à son tour par les mêmes armes.

De pareils troubles n'avoient point été connus dans le Paganisme ; la raison en est que les Payens dans leurs erreurs grossiéres, n'avoient point de dogmes, & que les

les Prêtres des Idoles, encore moins les Séculiers, ne s'assemblérent jamais juridiquement pour disputer.

Dans le VIII. Siécle on agita dans les Eglises d'Orient s'il falloit rendre un culte aux Images. La Loi de Moyse les avoit expressément défendues, cette Loi n'avoit jamais été révoquée, & les premiers Chrétiens pendant plus de 200 ans n'en avoient jamais soufert dans leurs assemblées.

Peu à peu la coutume s'introduisit par-tout d'avoir chez soi des Crucifix. Ensuite on eut les portraits vrais ou faux des Martirs ou des Confesseurs. Il n'y avoit point encore d'Autels érigés pour les Saints, point de Messes célébrées en leur nom seulement à la vue d'un Crucifix & de l'image d'un homme de bien. Le cœur qui surtout dans ces climats a besoin d'objets sensibles, s'excitoit à la vertu.

Cet usage s'introduisit dans les Egli-

Eglifes. Quelques Evêques ne l'a-doptérent pas. On voit qu'en 393 St. Epiphane arracha d'une Eglife de Syrie une Image devant laquelle on prioit. Il déclara que la Religion Chrétienne ne permettoit pas ce culte, & fa févérité ne caufa point de Schifme.

Enfin cette pratique pieufe dégénéra en abus, comme toutes les chofes humaines. Le Peuple toujours groffier ne diftingua point Dieu & les Images. Bientôt on en vint jufqu'à leur attribuer des vertus & des miracles. Chaque Image guériffoit une maladie. On les mêla même aux Sortiléges, qui ont prefque toujours féduit la crédulité du Vulgaire. Je dis non feulement le vulgaire du Peuple, mais celui des Princes & des Savans.

En 727 l'Empereur Léon l'Ifaurien voulut, à la perfuafion de quelques Evêques, déraciner l'abus; mais par un abus encore plus grand, il fit effacer toutes les peintures.

tures. Il abattit les statues & les représentations de JESUS-CHRIST & des Saints, en ôtant ainsi tout d'un coup aux Peuples les objets de leur culte; il les révolta, on desobéit, il persécuta, il devint Tyran; parce qu'il avoit été imprudent.

Son Fils Constantin Copronime fit passer en Loi Civile & Ecclésiastique l'abolition des Images. Il tint à Constantinople un Concile de 338 Evêques; ils proscrivirent d'une commune voix ce culte reçu dans plusieurs Eglises, & surtout à Rome.

Cet Empereur eût voulu abolir aussi aisément les Moines, qu'il avoit en horreur, & qu'il n'appelloit que les abominables; mais il ne put y réussir: ces Moines déjà fort riches défendirent plus habilement leurs biens, que les Images de leurs Saints.

Le Pape Gregoire III. & ses successeurs, ennemis secrets des

Em-

Empereurs, & opposés ouvertement à leur doctrine, ne lan-
cérent pourtant point ces sortes
d'excommunications, depuis si fré-
quemment & si légérement em-
ployées. Mais soit que ce vieux respect pour les successeurs des Césars
contînt encore les Métropolitains
de Rome, soit plutôt qu'ils vissent
combien ces excommunications, ces
interdits & dispenses du serment
de fidélité seroient méprisés dans
Constantinople, où l'Eglise Patriarchale s'égaloit au moins à celle de
Rome, les Papes se contentérent
d'un Concile en 732, où l'on décida que tout ennemi des Images
seroit excommunié, sans rien de
plus, & sans parler de l'Empereur.
Il paroît que les Papes songérent
plutôt à négocier qu'à disputer, &
qu'en agissant aux dehors en Evêques fermes, mais modérés, ils se
conduisirent en vrais politiques, &
préparérent la révolution d'Occident.

RE-

RENOUVELLEMENT

DE

L'EMPIRE EN OCCIDENT.

LE Royaume de Pepin s'étendoit du Rhin aux Pyrenées & aux Alpes. Charlemagne son fils aîné recueillit cette succession toute entiére ; car un de ses fréres étoit mort après le partage, & l'autre s'étoit fait Moine auparavant au Monastére de St. Sylvestre. Une espéce de piété qui se mêloit à la barbarie de ces tems, enferma plus d'un Prince dans le Cloître ; ainsi Rachis Roi des Lombards, Carloman frére de Pepin, un Duc d'Aquitaine, avoient pris l'habit de Bénédictin. Il n'y avoit presque alors que cet Ordre dans l'Occident. Les Couvens étoient riches, puissans, respectés. C'étoient des aziles honorables pour ceux

qui

qui cherchoient une vie paifible. Bientôt après ces aziles furent les prifons des Princes détrônés.

Pepin n'avoit pas à beaucoup près le domaine direct de tous ces Etats : l'Aquitaine, la Baviére, la Provence, la Bretagne Pays nouvellement conquis, rendoient hommage & payoient tribut.

Deux Voifins pouvoient être redoutables à ce vafte Etat, les Germains Septentrionaux & les Sarrazins. L'Angleterre conquife par les Anglo-Saxons partagée en fept dominations, toujours en guerre avec l'Albanie qu'on nomme Ecoffe, & avec les Danois, étoit fans politique & fans puiffance. L'Italie foible & déchirée n'attendoit qu'un nouveau Maître qui voulût s'en emparer.

Les Germains Septentrionaux étoient alors appellés Saxons. On connoiffoit fous ce nom tous ces Peuples qui habitoient les bords du Wéfer & ceux de l'Elbe, de

Ham-

Hambourg à la Moravie , & de Mayence à la Mer Baltique. Ils étoient
Payens , ainsi que tout le Septentrion. Leurs Mœurs & leurs Loix
étoient les mêmes que du tems des
Romains. Chaque Canton se gouvernoit en République , mais ils
élisoient un Chef pour la Guerre.
Leurs Loix étoient simples comme
leurs mœurs : leur Religion grossiére : ils sacrifioient dans les grands
dangers , des hommes à la Divinité , ainsi que tant d'autres Nations;
car c'est le caractére des Barbares,
de croire la Divinité malfaisante,
les hommes font Dieu à leur image. Les François , quoique déjà
Chrétiens , eurent sous Théodebert
cette superstition horrible , ils im-
molérent des victimes humaines en
Italie au rapport de Procope , &
les Juifs avoient commis quelquefois ces sacriléges par piété. D'ailleurs ces Peuples cultivoient la justice , ils mettoient leur gloire &
leur bonheur dans la liberté. Ce
font

font eux qui sous le nom de Cattes, de Chéruskes & de Bructéres avoient vaincu Varus, & que Germanicus avoit ensuite défait.

Une partie de ces Peuples vers le V. Siécle appellée par les Bretons insulaires contre les habitans de l'Ecosse, subjugua la Bretagne qui touche à l'Ecosse, & lui donna le nom d'Angleterre. Ils y avoient déjà passé au III. Siécle; car au tems de Constantin les côtes de cette Ile étoient appellées les Côtes Saxoniques.

Charlemagne, le plus ambitieux, le plus politique & le plus grand guerrier de son siécle, fit la guerre aux Saxons trente années avant de les assujettir pleinement. Leur Pays n'avoit point encore ce qui tente aujourd'hui la cupidité des Conquérans. Les riches Mines de Goslar, dont on a tiré tant d'argent, n'étoient point découvertes, elles ne le furent que sous Henri l'Oiseleur. Point de richesses ac-

cu-

cumulées par une longue induſtrie, nulle Ville digne de l'ambition d'un Uſurpateur. Il ne s'agiſſoit que d'avoir pour eſclaves des millions d'hommes qui cultivoient la terre ſous un climat triſte, qui nourriſſoient leurs troupeaux, & qui ne vouloient point de Maîtres.

Ils étoient mal armés; car je vois dans les Capitulaires de Charlemagne une défenſe rigoureuſe de vendre des cuiraſſes aux Saxons. Cette différence des armes, jointe à la diſcipline, avoit rendu les Romains vainqueurs de tant de Peuples, elle fit triompher enfin Charlemagne.

Le Général de la plupart de ces Peuples étoit ce fameux Vitiking, dont on fait aujourd'hui deſcendre les principales Maiſons de l'Empire; Homme tel qu'Arminius, mais qui eut enfin plus de foibleſſe. Charles prend d'abord la fameuſe Bourgade d'Eresbourg; car ce lieu
ne

ne méritoit ni le nom de Ville, ni celui de Forteresse. Il fait égorger les habitans. Il y pille & raze ensuite le principal Temple du Pays, élevé autrefois au Dieu *Tanfana*, Principe universel, & dédié alors au Dieu Irminful; Temple révéré en Saxe comme celui de Sion chez les Juifs. On y maffacra les Prêtres fur les débris de l'Idole renversée. On pénétra jufqu'au Wéfer avec l'armée victorieufe. Tous ces Cantons fe foumirent. Charlemagne voulut les lier à fon joug par le Chriftianifme, tandis qu'il court à l'autre bout de fes Etats à d'autres conquêtes; il leur laiffe des Miffionaires pour les perfuader, & des foldats pour les forcer. Prefque tous ceux qui habitoient vers le Wéfer, fe trouvérent en un an Chrétiens & efclaves.

Vitiking retiré chez les Danois qui trembloient déjà pour leur liberté & pour leurs Dieux, revient au bout de quelques années. Il

ranime fes compatriotes, il les raf-
femble. Il trouve dans Bréme, Capitale du Pays qui porte ce nom,
un Evêque, une Eglife, & fes Saxons défefpérés, qu'on traîne à
des autels nouveaux. Il chaffe l'E-
vêque, qui a le tems de fuir & de
s'embarquer. Il détruit le Chriftianifme, qu'on n'avoit embraffé que
par la force. Il vient jufqu'auprès
du Rhin fuivi d'une multitude de
Germains. Il bat les Lieutenans de
Charlemagne.

Ce Prince accourt. Il défait à
fon tour Vitiking, mais il traite
de révolte cet effort courageux de
liberté. Il demande aux Saxons
tremblans qu'on lui livre leur Général, & fur la nouvelle qu'ils
l'ont laiffé retourner en Dannemarc, il fait maffacrer 4500 prifonniers au bord de la petite Riviére d'Alre. Si ces prifonniers
avoient été des fujets rebelles, un
tel châtiment auroit été une févérité horrible; mais traiter ainfi

des

des hommes qui combattoient pour leur liberté & pour leurs Loix, c'est l'action d'un Brigand, que d'illustres succès & des qualités brillantes ont d'ailleurs fait Grand-homme.

Il fallut encore trois victoires avant d'accabler ces Peuples sous le joug. Enfin le sang cimenta le Christianisme & la Servitude. Vitiking lui-même lassé de ses malheurs, fut obligé de recevoir le batême, & de vivre desormais tributaire de son Vainqueur. Le Roi pour mieux s'assurer du Pays, transporta des Colonies Saxones jusqu'en Italie, & établit des Colonies de Francs dans les terres des vaincus, mais il joignit à cette politique sage la cruauté de faire poignarder par des espions les Saxons qui vouloient retourner à leur culte. Souvent les Conquérans ne font cruels que dans la guerre. La paix améne des mœurs & des loix plus douces. Charlemagne au con-

    trai-

traire fit des loix qui tenoient de l'inhumanité de ses conquêtes.

Ayant vu comment ce Conquérant traita les Allemans idolâtres, voyons comment il se conduisit avec les Mahométans d'Espagne. Il arrivoit déjà parmi eux ce qu'on vit bientôt après en Allemagne, en France & en Italie. Les Gouverneurs se rendoient indépendans. Les Emirs de Barcelone & ceux de Saragosse s'étoient mis sous la protection de Pepin. L'Emir de Saragosse en 778 vient jusqu'à Paderborne prier Charlemagne de le soutenir contre son Souverain. Le Prince François prit le parti de ce Musulman, mais il se donna bien garde de le faire Chrétien. D'autres intérêts, d'autres soins. Il s'allie avec des Sarrazins contre des Sarrazins; mais après quelques avantages sur les frontiéres d'Espagne, son arriére-garde est défaite à Roncevaux, vers les montagnes des Pirenées par les Chrétiens même

me

me de ces montagnes, mêlés aux Muſulmans. C'eſt là que périt Roland ſon neveu. Ce malheur eſt l'origine de ces fables qu'un Moine écrivit au II. Siécle, ſous le nom de l'Archevêque Turpin, & qu'enſuite l'imagination de l'Arioſte a embellies. On ne ſait point en quel tems Charles eſſuya cette diſgrace, & on ne voit point qu'il ait tiré vengeance de ſa défaite. Content d'aſſurer ſes frontiéres contre des ennemis trop aguerris, il n'embraſſe que ce qu'il peut retenir, & régle ſon ambition ſur les conjonctures qui la favoriſent.

C'eſt à Rome & à l'Empire d'Occident que cette ambition aſpiroit. La puiſſance des Rois de Lombardie étoit le ſeul obſtacle; l'Egliſe de Rome & toutes les Egliſes ſur leſquelles elle influoit, les Moines déjà puiſſans, les Peuples déjà gouvernés par eux, tout appelloit Charlemagne à l'Empire de Rome. Le Pape Adrien né Ro-

main,

main , homme d'un génie adroit & ferme , aplanit la route. D'abord il l'engage à répudier la fille du Roi Lombard Didier, & Charlemagne la répudie après un an de mariage , sans en donner d'autre raison , sinon qu'elle ne lui plaisoit pas. Didier qui voit cette union fatale du Roi & du Pape contre lui , prend un parti courageux. Il veut surprendre Rome & s'assurer de la personne du Pape, mais l'Evêque habile fait tourner la guerre en négociation. Charles envoye des Ambassadeurs pour gagner du tems. Enfin il passe les Alpes , une partie des troupes de Didier l'abandonne. Ce Roi malheureux s'enferme dans Pavie sa Capitale, Charlemagne l'y assiége au milieu de l'hiver. La Ville réduite à l'extrémité se rend après un siége de six mois. Didier pour toute condition obtient la vie. Ainsi finit ce Royaume des Lombards qui avoient détruit en Italie

la

la puissance Romaine, & qui avoient substitué leurs loix à celles des Empereurs. Didier le dernier de ces Rois fut conduit en France dans le Monastére de Corbie, où il vécut & mourut captif & Moine, tandis que son fils alloit inutilement demander des secours dans Constantinople à ce fantôme d'Empire Romain détruit en Occident par ses ancêtres. Il faut remarquer que Didier ne fut pas le seul Souverain que Charlemagne enferma, il traita ainsi un Duc de Baviére & ses enfans.

Charlemagne n'osoit pas encore se faire Souverain de Rome. Il ne prit que le titre de Roi d'Italie, tel que le portoient les Lombards. Il se fit couronner comme eux dans Pavie d'une couronne de fer qu'on garde encore dans la petite Ville de Monza. La justice s'administroit toujours à Rome au nom de l'Empereur Grec. Les Papes même recevoient de lui la confir-

ma-

mation de leur élection. Charlemagne prenoit feulement ainfi que
Pepin le titre de *Patrice*, que Théodoric & Attila avoient aufli daigné
prendre ; ainfi ce nom d'Empereur, qui dans fon origine ne dé-
fignoit qu'un Général d'armée,
fignifioit encore le Maître de l'O-
rient & de l'Occident. Tout vain
qu'il étoit, on le refpectoit, on
craignoit de l'ufurper, on n'affectoit que celui de *Patrice*, qui autrefois vouloit dire Sénateur Romain.

Les Papes déjà très-puiffans dans
l'Eglife, très-grands Seigneurs à
Rome & Princes temporels dans
un petit Pays, n'avoient dans Rome même qu'une autorité précaire
& chancelante. Le Préfet, le Peuple, le Sénat, dont l'ombre fub-
fiftoit, s'élevoient fouvent contre
eux. Les inimitiés des familles qui
prétendoient au Pontificat, rem-
pliffoient Rome de confufion.

Les deux neveux d'Adrien con-
fpi-

ſpirérent contre Léon III. ſon ſucceſſeur, élu Pape ſelon l'uſage par
le Peuple & le Clergé Romain. Ils
l'accuſent de beaucoup de crimes,
ils animent les Romains contre
lui : on traîne en priſon, on acca-
ble de coups à Rome celui qui
étoit ſi reſpecté par-tout ailleurs.
Il s'évade, il vient ſe jetter aux genoux du Patrice Charlemagne à
Paderborne. Ce Prince qui agiſſoit déjà en maître abſolu, le renvoya avec une eſcorte & des Com-
miſſaires pour le juger. Ils avoient
ordre de le trouver innocent. Enfin Charlemagne, maître de l'Italie comme de l'Allemagne & de la
France, juge du Pape, arbitre de
l'Europe vient à Rome en 801. Il
ſe fait reconnoître & couronner
Empereur d'Occident, titre qui
étoit éteint depuis près de 500 années.

Alors régnoit en Orient cette
Impératrice Iréne, fameuſe par
ſon courage & par ſes crimes, qui
avoit

D 5

avoit fait mourir son fils unique, après lui avoir arraché les yeux. Elle eût voulu prendre Charlemagne; mais trop foible pour lui faire la guerre, elle voulut l'épouser & réunir ainsi les deux Empires. Tandis qu'on ménageoit ce mariage, une révolution chassa Iréne d'un trône qui lui avoit tant couté. Charles n'eut donc que l'Empire d'Occident. Il ne posséda presque rien dans les Espagnes; car il ne faut pas compter pour domaine le vain hommage de quelques Sarrazins. Il n'avoit rien sur les côtes d'Afrique, tout le reste étoit sous sa domination.

S'il eût fait de Rome sa Capitale, si ses Successeurs y eussent fixé leur principal séjour, & surtout si l'usage de partager ses Etats à ses enfans n'eût point prévalu chez les Barbares, il est vraisemblable qu'on eût vu renaître l'Empire Romain. Tout concourut depuis à démembrer ce vaste corps,

que

que la valeur & la fortune de Charlemagne avoit formé, mais rien n'y contribua plus que fes defcendans.

Il n'avoit point de Capitale, feulement Aix-la-chapelle étoit le féjour qui lui plaîfoit le plus. Ce fut-là qu'il donna des audiences avec le fafte le plus impofant aux Ambaffadeurs des Califes & à ceux de Conftantinople. D'ailleurs il étoit toujours en guerre ou en voyage, ainfi que vécut Charlequint longtems après lui. Il partagea fes Etats & même de fon vivant, comme tous les Rois de ce temslà.

Mais enfin quand de fes fils qu'il avoit défignés pour régner, il n'y refta plus que ce Louis fi connu fous le nom de *Débonnaire*, auquel il avoit déjà donné le Royaume d'Aquitaine, il l'affocia à l'Empire dans Aix-la-chapelle, & lui commanda de prendre lui-même fur l'autel la Couronne Impériale,

 pour

pour faire voir au monde que cette Couronne n'étoit due qu'à la valeur du Pére & au mérite du fils, & comme s'il eût preſſenti qu'un jour les Miniſtres de l'autel voudroient diſpoſer de ce diadême.

Il avoit raiſon de déclarer ſon fils Empereur de ſon vivant ; car cette Dignité acquiſe par la fortune de Charlemagne, n'étoit point aſſurée au fils par le droit d'héritage ; mais en laiſſant l'Empire à Louis, & en donnant l'Italie à Bernard fils de ſon fils Pepin, ne déchiroit-il pas lui-même cet Empire qu'il vouloit conſerver à ſa poſtérité ? N'étoit-ce pas armer néceſſairement ſes ſucceſſeurs les uns contre les autres ? Etoit-il à préſumer que le neveu Roi d'Italie obéiroit à ſon oncle Empereur, ou que l'Empereur voudroit bien n'être pas le Maître en Italie ?

Il paroît que dans les diſpoſitions de ſa famille, il n'agit ni en Roi ni en Pére. Partager ſes Etats, eſt-

est-il d'un sage Conquérant ? Et puisqu'il les partageoit, laisser trois autres enfans sans aucun héritage, à la discrétion de Louis, étoit-il d'un Pére juste ?

Il est vrai qu'on a cru que ces trois enfans ainsi abandonnés, nommés Drogon, Thierri & Hugues, étoient bâtards ; mais on l'a cru sans preuve. D'ailleurs les enfans des concubines héritoient alors. Le grand Charles Martel étoit bâtard, & n'avoit point été deshérité.

Quoi qu'il en soit, Charlemagne mourut en 813, avec la réputation d'un Empereur aussi heureux qu'Auguste, aussi guerrier qu'Adrien, mais non tel que les Trajans & les Antonins, auxquels nul Souverain n'a été comparable.

Il y avoit alors en Orient un Prince qui l'égaloit en gloire comme en puissance ; c'étoit le célébre Calife Aaron Rachild, qui le surpassa beaucoup en justice, en science, en humanité.

D 7

J'ose

J'ose presque ajoûter à ces deux hommes illustres le Pape Adrien, qui dans un rang moins élevé, dans une fortune presque privée, & avec des vertus moins héroïques, montra une prudence à laquelle ses successeurs ont dû leur agrandissement.

La curiosité des hommes qui pénétre dans la vie privée des Princes, a voulu savoir jusqu'au détail de la vie de Charlemagne & au secret de ses plaisirs. On a écrit qu'il avoit poussé l'amour des femmes jusqu'à jouir de ses propres filles. On en a dit autant d'Auguste : mais qu'importe au Genre-humain le détail de ces foiblesses, qui n'ont influé en rien sur les affaires publiques !

J'envisage son régne par un endroit plus digne de l'attention d'un citoyen. Les Pays qui composent aujourd'hui la France & l'Allemagne jusqu'au Rhin, furent tranquiles pendant près de cinquante ans,

ans, & l'Italie pendant treize, depuis l'avénement à l'Empire. Point de révolution en France, point de calamité pendant ce demi-siécle, qui par-là est unique. Un bonheur si long ne suffit pas pourtant pour rendre aux hommes la Politesse & les Arts. La rouille de la Barbarie étoit trop forte, & les Ages suivans l'épaissirent encore.

DES USAGES

DU TEMS DE

CHARLEMAGNE.

JE m'arrête à cette célébre époque pour confidérer les Ufages, les Loix, la Religion, les Mœurs, l'Efprit qui régnoient alors.

J'examine d'abord l'Art de la guerre, par lequel Charlemagne établit cette puiffance que perdirent fes enfans.

Je trouve peu de nouveaux réglemens, mais une grande fermeté à faire exécuter les anciens. Voici à peu près les Loix en ufage, que fa valeur fit fervir à tant de fuccès, & que fa prudence perfectionna.

Des Ducs amovibles gouvernoient les Provinces, & levoient les troupes à peu près comme aujourd'hui les Beglierbeis des Turcs.
Ces

Ces Ducs avoient été institués en Italie par Dioclétien. Les Comtes dont l'origine me paroît du tems de Théodose, commandoient sous les Ducs, & assembloient les troupes, chacun dans son Canton. Les Métairies, les Bourgs, les Villages fournissoient un nombre de soldats proportionné à leurs forces. Douze Métairies donnoient un cavalier armé d'un casque & d'une cuirasse, les autres soldats n'en portoient point, mais tous avoient le bouclier quarré long, la hache d'armes, le javelot & l'épée. Ceux qui se servoient de fléches, étoient obligés d'en avoir au moins douze dans leur carquois. Leur habit me paroît ressembler à celui des troupes Prussiennes d'aujourd'hui. La Province qui fournissoit la milice, lui distribuoit du bled & les provisions nécessaires pour six mois, le Roi en fournissoit pour le reste de la campagne. On faisoit la revue au premier de Mars ou au premier

mier

mier de Mai. C'est d'ordinaire dans ces tems qu'on tenoit les Parlemens. Dans les siéges de Ville on employoit le bélier, la baliste, la tortue, & la plupart des machines des Romains. Les Seigneurs nommés Barons, leudes richeomes, composoient avec leurs suivans le peu de cavalerie qu'on voyoit alors dans les armées. Les Musulmans d'Afrique & d'Espagne avoient plus de cavaliers.

Charles avoit des forces navales aux embouchures de toutes les grandes Riviéres de son Empire; avant lui on ne les connoissoit pas chez les Barbares, après lui on les ignora longtems. Par ce moyen & par la police guerriére il arrêta ces inondations des peuples du Nord, il les contint dans leurs climats glacés, mais sous ses foibles descendans ils se répandirent dans l'Europe.

Les affaires générales se régloient dans des assemblées, qui représentoient

toient la Nation. Sous lui ſes Parlemens n'avoient d'autre volonté
que celle d'un Maître qui ſavoit
commander & perſuader.

Il fit fleurir le Commerce, parce qu'il étoit le Maître des Mers;
ainſi les Marchands des Côtes de
Toſcane & ceux de Marſeille alloient trafiquer à Conſtantinople
chez les Chrétiens & au Port d'A-
lexandrie chez les Muſulmans, qui
les recevoient, & dont ils tiroient
les richeſſes de l'Aſie.

Veniſe & Génes, ſi puiſſantes
depuis par le Négoce, n'attiroient
pas encore à elles les richeſſes des
Nations; mais Veniſe commençoit
à s'enrichir & à s'agrandir. Rome,
Ravenne, Milan, Lyon, Arles,
Tours, avoient beaucoup de Manufactures d'Etoffes de laine. On
damaſquinoit le Fer à l'exemple de
l'Aſie. On fabriquoit le Verre, mais
les Etoffes de ſoye n'étoient tiſſues
dans aucune Ville de l'Empire
d'Occident.

Les

Les Vénitiens commençoient à les tirer de Constantinople , mais ce ne fut que près de quatre cens ans après Charlemagne que les Princes Normans établirent à Palerme une Manufacture de Soye. Le Linge étoit peu commun. Saint Boniface dans une Lettre à un Evêque d'Allemagne , lui mande qu'il lui envoie du drap à longs poils pour se laver les pieds. Probablement ce manque de linge étoit la cause de toutes ces maladies de la peau, connues sous le nom de *lépre* , si générales alors ; car les Hôpitaux nommés *Léproseries* étoient déjà très nombreux.

La Monnoie avoit à peu près la même valeur que celle de l'Empire Romain depuis Constantin. Le Sou d'or étoit le *solidum romanum*. Ce sou d'or équivaloit à quarante deniers d'argent. Ces deniers tantôt plus forts , tantôt plus foibles , pesoient l'un portant l'autre trente grains.

Le

Le sou d'or vaudroit aujourd'hui 1740 environ quinze francs, le denier d'argent trente sous de compte.

Il faut toujours en lisant les Histoires, se ressouvenir qu'outre ces monnoies réelles d'or & d'argent, on se servoit dans le calcul d'une autre dénomination. On s'exprimoit souvent en monnoie de compte, monnoie fictice, qui n'étoit comme aujourd'hui qu'une maniére de compter.

Les Asiatiques & les Grecs comptoient par Mines & par Talens ; les Romains par grands Sesterces, sans qu'il y eût aucune monnoie qui valût un grand sesterce ou un talent.

La Livre numéraire du tems de Charlemagne, étoit réputée le poids d'une livre d'argent de douze onces. Cette livre se divisoit numériquement comme aujourd'hui en vingt parties. Il y avoit à-la-vérité des sous d'argent semblables

à

à nos écus, dont chacun pesoit la
20. ou 22. ou 24. partie d'une livre
de douze onces, & ce sou se divisoit comme le nôtre en douze
deniers. Mais Charlemagne ayant
ordonné que le sou d'argent seroit
précisément la 20. partie de douze
onces, on s'accoutuma à regarder
dans les comptes numéraires 20
sous pour une livre.

Pendant deux siécles les Monnoies restérent sur le pied où Charlemagne les avoit mis; mais petit
à petit les Rois dans leurs besoins
tantôt chargérent les sous d'allia-
ge, tantôt en diminuérent le poids;
de sorte que par un changement
qui est presque la honte des Gouvernemens de l'Europe, ce sou qui
étoit autrefois ce qu'est à peu près
un écu d'argent, n'est plus qu'une
légére piéce de cuivre avec un 11e.
d'argent tout au plus; & la livre
qui étoit le signe représentatif de
douze onces d'argent, n'est plus
en France que le signe représentatif

tif de 20 de nos sous de cuivre.
Le Denier qui étoit la 124. partie
d'une livre d'argent, n'est plus que
le tiers de cette vile monnoie
qu'on appelle un liard : supposé
donc qu'une Ville de France dût
à une autre 120 livres de rente,
c'est-à dire 1440 onces d'argent du
tems de Charlemagne, elle s'ac-
quitteroit aujourd'hui de sa dette
en payant ce que nous appellons
un écu de six francs.

La Livre de compte des Anglois,
celle des Hollandois, ont moins
varié. Une Livre sterling d'Angleterre vaut environ 22 francs de
France, & une Livre de compte
Hollandoise vaut environ 12 francs
de France; ainsi les Hollandois se
sont écartés moins que les François de la Loi primitive, & les
Anglois encore moins.

Toutes les fois donc que l'Histoire nous parle de Monnoie sous
le nom de livres, nous n'avons
qu'à examiner ce que valoit la livre

au tems & dans le Pays dont on parle, & la comparer à la valeur de la nôtre. Nous devons avoir la même attention en lifant l'Hif-toire Grecque & Romaine. C'eft par exemple un très-grand embar-ras pour le Lecteur, d'être obli-gé de réformer à chaque page les comptes qui fe trouvent dans l'Hiftoire ancienne d'un célébre Profeffeur de l'Univerfité de Paris, & dans tant d'autres Auteurs. Quand ils veulent exprimer en Monnoie de France les talens, les mines, les fefterces, ils fe fer-vent toujours de l'évaluation que quelques Savans ont fait avant la mort du grand Colbert. Mais le Marc de 8 onces, qui valoit fous ce Miniftre 26 francs & dix fous, vaut depuis longtems 49 francs, ce qui fait une différence de près de la moitié. Ces fautes donnent une idée des forces des anciens Gouvernemens, de leur Commer-ce, de la paye de leurs Soldats,

ex-

extrêmement contraire à la vérité.

Il paroît qu'il y avoit alors autant d'argent à peu près en France, en Italie & vers le Rhin, qu'il y en a aujourd'hui. On n'en peut juger que par le prix des denrées, & je le trouve presque le même; 24 livres de pain blanc valoient un denier d'argent par les Capitulaires de Charlemagne. Ce denier étoit la 40. partie d'un sou d'or, qui valoit environ 15 francs de notre Monnoye; ainsi la livre de pain revenoit à près de cinq liards, ce qui ne s'éloigne pas du prix ordinaire dans les bonnes années.

Dans les Pays Septentrionaux l'argent étoit beaucoup plus rare, le prix d'un bœuf fut fixé par exemple à un sou d'or. Nous verrons dans la suite comment le commerce & les richesses se sont étendues de proche en proche. En voilà déjà trop pour un abrégé.

Tom. I.　　　E　　　DE

DE LA RELIGION.

LA querelle des Images est ce qui s'offre de plus singulier en matiére de Religion. Je vois d'abord que l'Impératrice Iréne Tutrice de son malheureux fils Constantin Porphirogénéte, pour se frayer le chemin à l'Empire, flate le Peuple & les Moines, à qui le Culte des Images proscrit par tant d'Empereurs depuis Léon l'Isaurien plaisoit encore. Elle y étoit elle-même attachée, parce que son mari les avoit eu en horreur. On avoit persuadé à Iréne que pour gouverner son mari, il falloit mettre sur le chevet de son lit les Images de certaines Saintes. La plus ridicule crédulité entre dans les esprits politiques. L'Empereur son mari en avoit puni les auteurs. Iréne après la mort de son mari don-

donne un libre cours à son goût
& à son ambition. Voilà ce qui
assemble en 786 le second Concile de Nicée, septiéme Concile
Oecuménique, commencé d'abord
à Constantinople. Elle fait élire
pour Patriarche un Laïc Sécretaire
d'Etat, nommé Taraise. Il y avoit
eu autrefois quelques exemples de
Séculiers élevés ainsi à l'Evêché,
sans passer par les autres grades;
mais alors cette coutume ne subsistoit plus.

Ce Patriarche ouvrit le Concile.
La conduite du Pape Adrien est
très-remarquable. Il n'anathématise pas ce Sécretaire d'Etat qui se
fait Patriarche. Il proteste seulement avec modestie dans ses Lettres à Iréne contre le titre de Patriarche Universel, mais il insiste
qu'on lui rende les patrimoines de
la Sicile. Il redemande hautement
ce peu de bien, tandis qu'il arrachoit ainsi que ses prédécesseurs le
domaine utile de tant de belles

Ter-

Terres données par Pepin & par Charlemagne. Cependant le Concile Oecuménique de Nicée, auquel président les Légats du Pape & ce Ministre Patriarche, rétablit le Culte des Images.

C'est une chose avouée de tous les sages Critiques, que les Péres de ce Concile, qui étoient au nombre de 350, y rapportérent beaucoup de Piéces évidemment fausses; beaucoup de Miracles, dont le récit n'auroit que scandalisé dans d'autres tems; beaucoup de Livres apocriphes. Mais ces Piéces fausses ne firent point de tort aux vraies, sur lesquelles on décida.

Mais quand il fallut faire recevoir ce Concile par Charlemagne & par les Eglises de France, quel fut l'embarras du Pape? Charles s'étoit déclaré hautement contre les Images. Il venoit de faire écrire les Livres qu'on nomme *Carolins*, dans lesquels ce culte est anathématisé. Il assembloit en 794 un Con-

Concile à Francfort, composé de 300 Evêques ou Abbés tant d'Italie que de France, qui rejettoit d'un consentement unanime le service & l'adoration des Images. Ce mot équivoque d'adoration étoit la source de tous ces différends; car si les hommes définissoient les mots dont ils se servent, il y auroit moins de dispute, & plus d'un Royaume a été bouleversé pour un mal-entendu.

Tandis que le Pape Adrien envoyoit en France les Actes du second Concile de Nicée, il reçoit les Livres Carolins opposés à ce Concile, & on le presse au nom de Charles de déclarer hérétique l'Empereur de Constantinople & sa mére. On voit assez par cette conduite de Charles, qu'il vouloit se faire un nouveau droit de l'hérésie prétendue de l'Empereur, pour lui enlever Rome sous couleur de justice.

Le Pape partagé entre le Con-

cile

cile de Nicée qu'il adoptoit & Charlemagne qu'il ménageoit, prit, me semble, un tempérament politique qui devroit servir d'exemple dans toutes ces malheureuses disputes qui ont toujours divisé les Chrétiens. Il explique les Livres Carolins d'une maniére favorable au Concile de Nicée, & par-là réfute le Roi sans lui déplaîre; il permet qu'on ne rende point de culte aux Images; ce qui étoit très-raisonnable chez les Germains à peine sortis de l'Idolâtrie, & chez les François grossiers qui avoient peu des Sculpteurs & de Peintres. Il exhorte en même tems à ne point briser ces mêmes Images. Ainsi il satisfait tout le monde, & laisse au tems à confirmer ou à abolir un culte encore douteux. Attentif à ménager les hommes & à faire servir la Religion à ses intérêts, il écrit à Charlemagne. ,, Je ne peux ,, déclarer Iréne & son fils héré- ,, tiques après le Concile de Ni-

,, cée,,

,, cée, mais je les déclarerai tels
,, s'ils ne me rendent les biens de
,, Sicile ".

On voit la même prudence de
ce Pape dans une dispute encore
plus délicate, & qui seule eût suffi
en d'autres tems pour allumer des
guerres civiles. On avoit voulu savoir si le St. Esprit procéde du
Pére & du Fils, ou du Pére seulement ? Toute l'Eglise Grecque
avoit toujours cru qu'il ne procé-
doit que du Pére. Tout l'Empire
de Charlemagne croyoit la procef-
fion du Pére & du Fils. Ces mots
du Symbole *qui ex patre filioque
procedit*, étoient sacrés pour les
François; mais ces mêmes mots
n'avoient jamais été adoptés à Rome. On presse de la part de Charlemagne le Pape de se déclarer. Le
Pape répond qu'il est de l'avis du
Roi, mais ne change rien au Symbole de Rome. Il appaise la dispute en ne décidant rien, en laiffant à chacun ses usages. Il traite

E 4

en

en un mot les affaires spirituelles en Prince, & trop de Princes les ont traité en Evêques.

Dès lors la politique profonde des Papes établissoit peu à peu leur puissance. Ce même Adrien fait paroître adroitement au jour un recueil des faux Actes connus aujourd'hui sous le nom de *fausses Décretales*. Il ne se hazarde pas à les donner lui même. C'est un Espagnol nommé Isidore qui les digére. Ce sont les Evêques Allemans, dont la bonne foi fut trompée, qui les répandent & les font valoir. Dans ces fausses Décretales on suppose d'anciens Canons, qui ordonnent qu'on ne tiendra jamais un seul Concile Provincial sans la permission du Pape ; & que toutes les Causes Ecclésiastiques ressortiront à lui. On y fait parler les successeurs immédiats des Apôtres. On leur suppose des écrits. Il est vrai que tout étant de ce mauvais stile du VIII. Siécle, tout étant

plein

plein de fautes contre l'Hiſtoire &
la Géographie, l'artifice étoit groſ-
ſier; mais c'étoit des hommes groſſiers qu'on trompoit. Ces fauſſes
Décretales ont abuſé les hommes
pendant huit ſiécles; & enfin quand
l'erreur a été reconnue, les uſages
par elle établis, ont ſubſiſté dans
une partie de l'Egliſe : l'antiquité
leur a tenu lieu de vérité.

Dès ces tems les Evêques d'Occident étoient des Seigneurs temporels, & poſſédoient pluſieurs
Terres en fief, mais aucun n'étoit
Souverain indépendant. Les Rois
de France nommoient aux Evêchés; plus hardis en cela & plus
politiques que les Empereurs des
Grecs, & les Rois de Lombardie,
qui ſe contentoient d'interpoſer
leur autorité dans les élections.

Les premiéres Egliſes Chrétiennes
s'étoient gouvernées en Républiques ſur le modéle des Synagogues.
Ceux qui préſidoient à ces aſſemblées, avoient pris inſenſiblement

E 5

le

le titre d'Evêque, d'un mot Grec, dont les Grecs appelloient les Gouverneurs de leurs Colonies. Les Anciens de ces assemblées se nommoient Prêtres, qui signifie en Grec *Vieillard*.

Charlemagne dans sa vieillesse accorda aux Evêques un droit dont son propre fils devint la victime. Ils firent accroire à ce Prince que dans le Code rédigé sous Thédose une loi portoit que si de deux Séculiers en procès, l'un prenoit un Evêque pour juge, l'autre étoit obligé de se soumettre à ce jugement sans en pouvoir appeller. Cette loi qui jamais n'avoit été exécutée, passe chez tous les Critiques pour supposée. Elle a excité une guerre civile sourde entre les Tribunaux de la Justice & les Ministres du Sanctuaire; mais comme en ce tems-là tout ce qui n'étoit pas Clergé étoit en Occident d'une ignorance profonde, il faut s'étonner qu'on n'ait pas donné encore
plus

plus d'empire à ceux qui feuls étant un peu inftruits, fembloient feuls mériter de juger les hommes.

Ainfi que les Evêques difputoient l'autorité aux Séculiers, les Moines commençoient à la difputer aux Evêques, qui pourtant étoient leurs maîtres par les Canons. Ces Moines étoient déjà trop riches pour obéir. Cette célébre Formule de Marculfe étoit déjà bien fouvent mife en ufage, *moi, pour le repos de mon ame, & pour n'être pas placé après ma mort parmi les boucs, je donne à tel Monaftére, &c.* Elle avoit enrichi ceux qui s'étoient confacrés à la pauvreté. Des Abbés Bénédictins longtems avant Charlemagne étoient affez puiffans pour fe révolter. Un Abbé de Fontenelle avoit ofé fe mettre à la tête d'un parti contre Charles Martel, & affembler des troupes. Le Héros fit trancher la tête au Religieux; exécution jufte, qui ne contribue

E 6

pas

pas peu à toutes ces révélations que tant de Moines eurent depuis de la damnation de Charles Martel.

Avant ce tems on voit un Abbé de St. Remy de Rheims & l'Evêque de cette Ville fusciter une guerre civile contre Childebert au VI Siécle : crime qui n'appartient qu'aux hommes puissans.

Les Evêques & les Abbés avoient beaucoup d'esclaves. On reproche à l'Abbé Alewin d'en avoir eu jusqu'à vingt mille. Ce nombre n'est pas incroyable. Alewin avoit trois Abbaïes, dont les terres pouvoient être habitées au moins par vingt mille hommes. Ces esclaves connus sous le nom de *serfs*, ne pouvoient se marier ni changer de demeure sans la permission de l'Abbé. Ils étoient obligés de marcher 50 lieues avec leurs charettes, quand il l'ordonnoit. Ils travailloient pour lui trois jours de la semaine, & il partageoit tous les fruits de la terre.

En

En France & en Allemagne plus d'un Evêque alloit au combat avec ses serfs. Charlemagne dans une Lettre à une de ses femmes, nommée Fraftade, lui parle d'un Evêque qui a vaillamment combattu auprès de lui, dans une bataille contre les Avares, Peuples descendus des Scytes, qui habitoient vers le Pays qu'on nomme à présent l'Autriche. Je vois de son tems 14 Monaftéres qui doivent fournir des Soldats; pour peu qu'un Abbé fût guerrier, rien ne l'empêchoit de les conduire lui-même. Il est vrai qu'en 603 un Parlement se plaignit à Charlemagne du trop grand nombre de Prêtres qu'on avoit tué à la guerre. Il fut défendu alors aux Miniftres de l'Autel d'aller aux combats. Il n'étoit pas permis de se dire Clerc sans l'être, de porter la tonsure sans appartenir à un Evêque. De tels Clercs s'appelloient *acéphales*. On les punissoit comme vagabonds. On ignoroit

E 7

cet

cet état aujourd'hui si commun, qui n'est ni Séculier ni Eccésiastique. Le titre d'Abbé, qui signifie Pére, n'appartenoit qu'aux Chefs des Monastéres.

Les Abbés avoient dès lors le Bâton Pastoral que portoient les Evêques, & qui avoit été autrefois la marque de la Dignité Pontificale dans Rome Payenne. Telle étoit la puissance de ces Abbés sur les Moines, qu'ils condamnoient quelquefois aux peines afflictives les plus cruelles. Ils furent les premiers qui prirent le barbare usage des Empereurs Grecs, de faire bruler les yeux; & il fallut qu'un Concile leur défendît cet attentat, qu'ils commençoient à regarder comme un droit.

La Messe étoit différente de ce qu'elle est aujourd'hui, & plus encore de ce qu'elle étoit dans les prémiers tems.

La Confession Auriculaire commençoit à s'introduire. Les Evêques

ques exigérent d'abord que les
Chanoines se confessassent à eux.
Les Abbés soumirent leurs Moines
à ce joug, & les Séculiers peu à
peu le portérent. La Confession
publique ne fut jamais en usage
dans l'Occident ; car lorsque les
Barbares embrassérent le Christianisme , les abus & les scandales
qu'elle entraînoit après elle, l'a-
voient abolie en Orient, sous le
Patriarche Nectaire, à la fin du
IV. Siécle ; mais souvent les Pé-
cheurs publics faisoient des pénitences publiques dans les Eglises
d'Occident, surtout en Espagne,
où l'invasion des Sarrazins redou-
bloit la ferveur des Chrétiens humiliés.

La Religion Chrétienne ne s'é-
toit point encore étendue au Nord
plus loin que les conquêtes de
Charlemagne. La Scandinavie, le
Dannemarc , qu'on appelloit le
Pays des Normans, étoient plon-
gés dans une idolâtrie grossiére.
Ils

Ils adoroient Odin, & ils se figu-
roient qu'après leur mort le bonheur de l'homme consistoit à boire
dans la sale d'Odin de la biére dans
le crane de ses ennemis. On a encore de leurs anciennes chansons
traduites, qui expriment cette idée.
C'étoit beaucoup pour eux que de
croire une autre Vie. La Pologne
n'étoit ni moins barbare, ni moins
idolâtre. Les Moscovites, plus
sauvages que le reste de la grande
Tartarie, en savoient à peine assez pour être Payens; mais tous
ces Peuples vivoient en paix dans
leur ignorance: heureux d'être inconnus à Charlemagne, qui vendoit si cher la connoissance du
Christianisme!

Les Anglois commençoient à
recevoir la Religion Chrétienne.
Elle y avoit été apportée un peu
auparavant par Constance Chlore,
protecteur secret de cette Religion
alors persécutée. Elle n'y domina
point, l'Idolâtrie eut le dessus encore

core longtems. Quelques Missionnaires des Gaules cultivérent grof-
siérement un petit nombre de ces
Insulaires. Le fameux Pélage, trop
zélé défenseur de la Nature Humaine, étoit né en Angleterre;
mais il n'y fut point élevé, & il
faut le compter parmi les Romains.

L'Irlande qu'on appelloit *Ecof-
se*, & l'Ecosse connue alors sous
le nom d'*Albanie*, ou du *Pays
des Pictes*, avoit reçu aussi quelques semences du Christianisme,
étouffées toujours par l'Idolâtrie,
qui dominoit. Le Moine Colom-
bon né en Irlande, étoit du VI.
Siécle; mais il paroît par sa retraite en France, & par les Monastéres qu'il fonda en Bourgogne,
qu'il y avoit peu à faire & beaucoup à craindre pour ceux qui
cherchoient en Irlande & en Angleterre de ces établissemens riches
& tranquiles, qu'on trouvoit ailleurs à l'abri de la Religion.

Après

Après une extinction presque totale du Christianisme dans l'Angleterre, l'Ecosse & l'Irlande, la tendresse conjugale l'y fit renaître. Etherbert, un des Rois Barbares Anglo-Saxons de l'Eptarchie d'Angleterre, qui avoit son petit Royaume dans la Province de Kent, où est Cantorbery, voulut s'allier avec un Roi de France. Il épousa la fille de Chérébert Roi de Paris. Cette Princesse Chrétienne, qui passa la mer avec un Evêque de Soissons, disposa son mari à recevoir le batême, comme Clotilde avoit soumis Clovis. Le Pape Gregoire le Grand envoya Augustin avec d'autres Moines Romains en 598. Ils firent peu de conversions; car il faut au-moins entendre la langue du Pays, pour en changer la Religion; mais favorisés par la Reine ils bâtirent un Monastére.

Ce fut proprement la Reine qui convertit le petit Royaume de Cantorbery. Ses sujets Barbares,
qui

qui n'avoient point d'opinions, suivirent aisément l'exemple de leurs Souverains. Cet Augustin n'eut pas de peine à se faire déclarer Primat par Gregoire le Grand. Il eût voulu même l'être des Gaules ; mais Gregoire lui écrivit qu'il ne pouvoit lui donner de jurisdiction que sur l'Angleterre. Il fut donc premier Archevêque de Cantorbery, premier Primat de l'Angleterre. Il donna à l'un de ses Moines le titre d'Evêque de Londres, à l'autre celui de Rochester. On ne peut mieux comparer ces Evêchés, qu'à ceux d'Antioche & de Babylone, qu'on appelle Evêques in *partibus infidelium*. Mais avec le tems, la Hiérarchie d'Angleterre se forma. Les Monastéres surtout étoient très-riches au VIII. & au IX. Siécle. Ils mettoient au catalogue des Saints tous les grands Seigneurs qui leur avoient donné des terres, d'où vient que l'on trouve parmi leurs Saints de ce

tems-

tems-là, sept Rois, sept Reines, huit Princes, seize Princesses. Leurs Chroniques disent que dix Rois & onze Reines finirent leurs jours dans des Cloîtres; mais il est croyable que ces dix Rois & ces onzes Reines se firent seulement revêtir à leur mort d'habits religieux, & peut-être porter à leurs derniéres maladies dans des Couvens, mais non pas qu'en effet ils ayent en santé renoncé aux affaires publiques, pour vivre en Cénobites.

SUITE DES USAGES

DU TEMS DE

CHARLEMAGNE,

DE LA JUSTICE, DES LOIX ET COUTUMES SIN-GULIERES.

LA Justice se rendoit ordinairement par les Comtes nommés par le Roi. Ils avoient leurs districts assignés. Ils devoient être instruits des loix, qui n'étoient ni si difficiles ni si nombreuses, que les nôtres. La procédure étoit simple, chacun plaidoit sa cause en France & en Allemagne. Rome seule & ce qui en dépendoit, avoit encore retenu beaucoup de loix & de formalités de l'Empire Romain. Les Loix Lombardes avoient lieu dans le reste de l'Italie citérieure.

Chaque Comte avoit sous lui

un

un Lieutenant, nommé *Viguier*, sept Asseseurs, *Scabini*, & un Greffier, *Notarius*. Les Comtes publioient dans leur jurisdiction l'ordre des marches pour la guerre, enrolloient les soldats sous des Centeniers, les menoient aux rendez-vous, & laissoient alors leurs Lieutenans faire les fonctions de Juge.

Les Rois envoyoient des Commissaires avec Lettres expresses, *missi Dominici*, qui examinoient la conduite des Comtes. Ni ces Commissaires, ni ces Comtes ne condamnoient presque jamais à la mort, ni à aucun suplice; car si on en excepte la Saxe, où Charlemagne fit des Loix de sang, presque les délits se rachetoient dans le reste de son Empire. Le seul crime de rebellion étoit puni de mort, & les Rois s'en réservoient le jugement. La Loi Salique, celle des Lombards, celle de Ripuaires, avoient évalué à prix d'ard'argent la plupart des autres attentats.

Leur Jurisprudence qui paroît humaine, étoit en effet plus cruelle que la nôtre. Elle laiſſoit la liberté de mal faire à quiconque pouvoit la payer. La plus douce loi eſt celle qui mettant le frein le plus terrible à l'iniquité, prévient ainſi le plus de crimes.

Par les anciennes *Loix Ripuaires* rédigées ſous Théodoric, & depuis ſous le Roi des Francs Dagobert, il en coutoit cent ſous pour avoir coupé une oreille à un homme, & ſi la ſurdité ne ſuivoit pas, on étoit quitte pour cinquante ſous.

Le troiſiéme Chapitre de la *Loi Ripuaire* permettoit au meurtrier d'un Evêque de racheter ſon crime avec autant d'or qu'en pouvoit peſer une tunique de plomb, de la hauteur du coupable, & d'une épaiſſeur déterminée.

La *Loi Salique* remiſe en vigueur

gueur sous Charlemagne, fixe le prix de la vie d'un Évêque à neuf cens sous d'or.

On donnoit la question, mais seulement aux esclaves ; & celui qui avoit fait mourir dans les tour-mens de la question l'esclave in-nocent d'un autre Maître, étoit obligé de lui en donner deux pour toute satisfaction.

Charlemagne qui corrigea les *Loix Saliques* & *Lombardes*, ne fit que hausser le prix des crimes. Ils étoient tous spécifiés. On dis-tinguoit ce que valoit un coup qui avoit ôté seulement un os de la tê-te, d'avec un coup qui laissoit voir la cervelle.

Je trouve qu'une Sorciére con-vaincue d'avoir mangé de la chair humaine, étoit condamnée à deux cens sous : & cet article est un té-moignage bien humiliant pour la Nature Humaine.

Il en coutoit sept cens sous pour le meurtre d'une Femme grosse,

deux

deux cens pour celui d'une Fille non encore adulte.

Tous les outrages à la pudicité avoient aussi leurs prix fixes. Le rapt d'une Femme non mariée ne valoit que deux cens sous. Si on avoit violé une Fille sur le grand-chemin on ne payoit que quarante sous, & on la rendoit à son Maître. De ces Loix barbares la plus sévére étoit précisément celle qui devoit être la plus douce. Charlemagne lui-même au VI. Livre de ses *Capitulaires*, dit, que d'épouser sa Comére est un crime digne de mort, & qui ne peut se racheter qu'en passant toute sa vie en pélérinage.

Parmi ces *Loix Saliques*, il s'en trouve une qui marque bien expressément dans quel mépris étoient tombés les Romains chez les Peuples barbares. Le Franc qui avoit tué un Citoyen Romain, ne payoit que mille cinquante deniers, & le Romain payoit pour le sang d'un

*Tom. I.*FFranc

Franc deux mille cinq cens deniers.

Dans les Caufes criminelles in-décifes, on fe purgeoit par ferment. Il falloit non feulement que la partie accufée jurât, mais elle étoit obligée de produire un certain nombre de témoins qui juroient avec elle. Quand les deux parties oppofoient ferment à ferment, on permettoit quelquefois le combat, mais ce combat n'étoit point ce qu'on appella depuis *combat à outrance*.

Ces combats étoient appellés, comme on fait, *le jugement de Dieu*; c'eft auffi le nom qu'on donnoit à une des plus déplorables folies de ce Gouvernement barbare. Les accufés étoient foumis à l'épreuve de l'eau froide, de l'eau bouillante, ou du fer ardent. Le célébre Etienne Baluze a raffemblé toutes les anciennes cérémonies de ces épreuves. Elles commençoient par la Meffe, on y communioit l'accufé. On béniffoit l'eau froide,

on

on l'exorcifoit. Enfuite l'accufé étoit jetté, garotté, dans l'eau. S'il tomboit au fond, il étoit réputé innocent. S'il furnageoit, il étoit jugé coupable. Mr. de Fleury dans fon *Hiftoire Eccléfiaftique* dit que c'étoit une maniére fure de ne trouver perfonne criminel. J'ofe croire que c'étoit une maniére de faire périr beaucoup d'innocens. Il y a bien des gens qui ont la poitrine affez large & les poûmons affez légers, pour ne point enfoncer, lorfqu'une groffe corde qui les lie avec plufieurs tours, fait avec leur corps un volume moins pefant qu'une pareille quantité d'eau. Cette malheureufe coutume, profcrite depuis dans les grandes Villes, s'eft confervée jufqu'à nos jours dans beaucoup de Provinces. On y a très-fouvent affujetti même par fentence de Juge, ceux qu'on faifoit paffer pour Sorciers; car rien ne dure fi longtems que la Superftition, & il en a couté la vie à plus d'un malheu-reux.

Le jugement de Dieu par l'eau chaude s'exécutoit en faisant plonger le bras nud de l'accusé dans une cuve d'eau bouillante. Il falloit prendre au fond de la cuve un anneau béni. Le Juge en présence des Prêtres & du Peuple enfermoit dans un sac le bras du patient, scelloit le sac de son cachet, & si trois jours après il ne paroissoit sur le bras aucune marque de brulure, l'innocence étoit reconnue.

Tous les Historiens rapportent l'exemple de la Reine Teutberge, bru de l'Empereur Lothaire petit-fils de Charlemagne, accusée d'avoir commis un inceste avec son frére Moine & Soudiacre. Elle nomma un champion qui se soumit pour elle à l'épreuve de l'eau bouillante, en présence d'une Cour nombreuse. Il prit l'anneau béni sans se bruler. Plusieurs hommes crédules, fondés sur de telles his-toi-

toires, pensent qu'il y a des secrets qui peuvent rendre la peau insensible à l'action de l'eau bouillante; mais il n'y en a aucun; & tout ce qu'on peut dire sur cette avanture, & sur toutes celles qui lui ressemblent, c'est qu'elles ne font pas vraies, ou que les Juges fermoient les yeux sur les artifices dont on se servoit, pour faire croire qu'on plongeoit la main dans l'eau chaude; car on pouvoit aisément faire une cuve à double fond, l'air échauffé pouvoit par des tuyaux soulever l'eau à peine tiéde & la faire paroître bouillante. Il y a bien des maniéres de tromper, mais aucune d'être invulnérable.

La troisiéme épreuve étoit celle d'une barre de fer ardent, qu'il falloit porter dans la main l'espace de neuf pas. Il étoit plus difficile de tromper dans cette épreuve que dans les autres, aussi je ne vois personne qui s'y soit soumis dans ces siécles grossiers.

A

A l'égard des Loix Civiles, voici ce qui me paroît de plus remarquable. Un homme qui n'avoit point d'enfans, pouvoit en adopter. Les époux pouvoient se répudier en Justice, & après le divorce il leur étoit permis de passer à d'autres nôces. Nous avons dans Marculfe le détail de ces Loix.

Mais ce qui paroîtra peut-être plus étonnant, & ce qui n'en est pas moins vrai, c'est qu'au Livre II. de ces Formules de Marculfe, on trouve que rien n'étoit plus permis ni plus commun que de déroger à cette fameuse *Loi Salique*, par laquelle les Filles n'héritoient pas. On amenoit sa fille devant le Comte ou le Commissaire, & on disoit „ ma chére fille, un usage „ ancien & impie ôte parmi nous „ toute portion paternelle aux fil-„ les ; mais ayant considéré cette „ impiété, j'ai vu que, comme vous „ m'avez été donnés tous de Dieu „ également, je dois vous aimer „ de

,, de même ; ainsi, ma chére fille,
,, je veux que vous héritiez par
,, portion égale avec vos fréres
,, dans toutes mes Terres, &c ".

On ne connoiſſoit point chez les Francs qui vivoient ſuivant la *Loi Salique* & *Ripuaire*, cette diſtinction de Nobles & de Rôturiers, de Nobles de nom & d'armes, & de Nobles *ab avo* ou gens vivant noblement. Il n'y avoit que deux ordres de Citoyens, les Libres & les Serfs, à peu près comme aujourd'hui dans les Empires Mahométans & à la Chine.

     LOUIS

LOUIS

LE

DEBONNAIRE.

L'Histoire des grands événemens de ce Monde n'est guéres que l'Histoire des crimes. Je ne
vois point de siécle que l'ambition
des Séculiers & des Ecclésiastiques
n'ait rempli d'horreurs.

A peine Charlemagne est-il au
tombeau, qu'une guerre civile dé-
sole sa Famille & l'Empire.

Les Archevêques de Milan & de
Crémone allumérent les premiers
feux. Leur prétexte est que Bernard, Roi d'Italie, est le Chef de
la Maison Carlovingienne, le fils
de l'aîné de Charlemagne. On voit
assez la véritable raison dans cette
fureur de remuer & dans cette frénésie

néfie d'ambition, qui s'autorife toujours des Loix mêmes faites pour la reprimer. Un Evêque d'Orléans entre dans leurs intrigues, l'oncle & le neveu lévent des armées. On eft prêt d'en venir aux mains à Châlons fur Saone, mais le parti de l'Empereur gagne par argent & par promeffes la moitié de l'armée d'Italie. On négocie, c'eft-à-dire on veut tromper. Le Roi eft affez imprudent pour venir dans le camp de fon oncle. Louis qu'on a nommé *le Débonnaire*, parce qu'il étoit foible, & qui fut cruel par foibleffe, fait crever les yeux à fon neveu, qui lui demandoit grace à genoux. Le malheureux Roi meurt dans les tourmens du corps & de l'efprit, trois jours après cette exécution cruelle. Alors Louis fait tondre & enfermer dans un Monaftére fes trois fréres, dans la crainte qu'un jour le fang de Charlemagne, trop refpecté en eux, ne fufcitât des guer-

F 5   res.

res. Ce ne fut pas tout. L'Empereur fait arrêter tous les partifans de Bernard, que ce Roi avoit nommés fous l'efpoir de fa grace. Ils éprouvent le même fuplice que le Roi. Les Eccléfiaftiques font exceptés de la fentence. On les épargne, eux qui étoient les auteurs de la guerre. La dépofition ou l'exil font leur feul châtiment. Louis ménageoit l'Eglife, & l'Eglife fit bientôt fentir qu'il faut être ferme pour être refpecté.

Dès l'an 817 Louis avoit fuivi le mauvais exemple de fon pére, en donnant des Royaumes à fes enfans ; & n'ayant ni le courage d'efprit de fon pére, ni l'autorité que ce courage donne, il s'expofoit à l'ingratitude. Oncle barbare & frére trop dur, il fut un pére trop facile.

Ayant affocié à l'Empire fon fils aîné, Lothaire, donné l'Aquitaine au fecond nommé Pepin, la Baviére à Louis fon troifiéme fils, il

lui

lui reſtoit un jeune enfant d'une nouvelle femme. C'eſt ce Charles le Chauve , qui fut depuis Empereur. Il voulut après le partage, ne pas laiſſer ſans Etat cet enfant d'une femme qu'il aimoit.

Une des ſources du malheur de Louis le Débonnaire, & de tant de deſaſtres plus grands qui depuis ont affligé l'Europe , fut cet abus qui commençoit à naître, d'accorder de la puiſſance dans le monde à ceux qui ont renoncé au monde.

Cette ſcéne mémorable commença par un Moine nommé Vala : c'étoit un de ces hommes qui prennent la dureté pour la vertu, & l'opiniâtreté pour la conſtance ; qui fiers d'une dévotion mal entendue, ſe croient en droit d'éclater avec ſcandale contre des abus moins grands , que celui qui leur laiſſe cette liberté ; & qui factieux par zéle penſent remplir leur de-

F 6

voir,

voir, en faisant le mal avec un
air de Christianisme.

Dans un Parlement tenu en 823
à Aix-la-chapelle, Parlement où
étoient entrés les Abbés, parce
qu'ils étoient Seigneurs de grandes
Terres, ce Vala reproche publiquement à l'Empereur tous les des-
ordres de l'Etat : „ c'est vous, lui
„ dit-il, qui en êtes coupable". Il
parle ensuite en particulier à chaque
membre du Parlement avec plus de
sédition. Il ose accuser l'Impératrice Judith d'adultére. Il veut prévenir & empêcher les dons que
l'Empereur veut faire à ce fils,
qu'il a eu de l'Impératrice. Il des-
honore & trouble la Famille Royale, & par conséquent l'Etat, sous
prétexte du bien de l'Etat même.

Enfin l'Empereur irrité renvoie
Vala dans son Monastére, dont il
n'eut jamais dû sortir. Il se résout
pour satisfaire sa femme, à donner
à son fils une petite partie de l'Al-
lema-

lemagne vers le Rhin, le Pays des Suisses & la Franche-Comté.

Si dans l'Europe les Loix avoient été fondées fur la puissance paternelle; si les esprits eussent été pénétrés de la nécessité du respect filial comme du premier de tous les devoirs, ainsi que je l'ai remarqué de la Chine; les trois enfans de l'Empereur, qui avoient reçu de lui des couronnes, ne se seroient point révolté contre leur pére, qui donnoit un héritage à un enfant du second lit.

D'abord ils se plaignirent : aussitôt le Moine de Corbie se joint à l'Abbé de Saint Denis, plus factieux encore, & qui ayant les Abbaïes de Saint Médard, de Soissons & de Saint Germain des-prez, pouvoit lever des troupes, & en leva ensuite. Les Evêques de Vienne, de Lyon, d'Amiens, unis à ces Moines, poussent les Princes à la guerre civile, en déclarant rebelles à Dieu, à l'Eglise, ceux qui

ne

ne feront pas de leur parti. En
vain Louis le Débonnaire, au lieu
d'affembler des armées, convoque
quatre Conciles, dans lefquels on
fait de bonnes & d'inutiles Loix.
Ses trois fils prennent les armes.
C'eft, je crois, la premiére fois
qu'on a vu trois enfans foulevés
enfemble contre leur pére. L'Empereur arme à la fin. On voit deux
camps remplis d'Evêques, d'Abbés & de Moines. Mais du côté
des Princes eft le Pape Gregoire
IV. dont le nom donne un grand
poids à leur parti. C'étoit déjà
l'intérêt des Papes d'abaiffer les
Empereurs. Déjà un Etienne, pré-
déceffeur de Gregoire, s'étoit in-
ftalé dans la Chaire Pontificale
fans l'agrément de Louis le Débonnaire. Brouiller le pére avec les enfans, fembloit le moyen de s'agrandir fur leurs ruines. Le Pape Gregoire vient donc en France, & menace l'Empereur de l'excommunier. Cette cérémonie d'excommu-
nica-

nication n'emportoit pas encore l'idée qu'on voulut lui attacher depuis. On n'ofoit pas prétendre qu'un excommunié dût être privé de fes biens par la feule excommunication. Mais on croyoit rendre un homme exécrable, & rompre par ce glaive tous les liens qui peuvent attacher les hommes à lui.

Les Evêques du parti de l'Empereur fe fervirent de leur droit, & font dire courageufement à l'Evêque, SI EXCOMMUNICATURUS VENIET, EXCOMMUNICATUS ABIBIT, *S'il vient pour excommunier, il retournera excommunié lui-même.* Ils lui écrivent avec fermeté, en le traitant à-la-vérité de Pape, mais en même tems de Frére. Gregoire plus fier encore leur mande „ le terme de Frére fent „ trop l'égalité, tenez-vous en à „ celui de Pape; reconnoiffez ma „ fupériorité, fachez que l'autorité „ de ma chaire eft au-deffus de „ celle du trône de Louis". Enfin

il

il élude dans cette Lettre le serment qu'il a fait à l'Empereur son
Maître.

Au milieu de cette guerre on négocie. La supériorité devoit donc
être du côté du Pape. Il étoit Prêtre & Italien, Louis étoit foible.
Le Pontife le va trouver dans son
camp. Il y a le même avantage
que Louis avoit autrefois sur Bernard. Il séduit ses troupes. A peine le Pape est-il sorti du camp,
que la nuit même la moitié des
Troupes Impériales passe du côté
de Lothaire son fils. Cette déser-
tion arriva près de Bâle, & la Plai-
ne où le Pape avoit négocié, s'appelle encore le *Champ du mensonge*. Alors le Monarque malheureux se rend prisonnier à ses fils
rebelles, avec sa femme Judith,
objet de leur haine. Il leur livre son
fils Charles âgé de dix ans, prétexte innocent de la guerre. Dans
des tems plus barbares, comme
sous Clovis & ses enfans, ou dans

des

des Pays tel que Conſtantinople, je ne ſerois point ſurpris qu'on eût fait périr Judith & ſon fils, & même l'Empereur. Les Vainqueurs ſe contentérent de faire raſer l'Impératrice, de la mettre en priſon en Lombardie, de renfermer le jeune Charles dans le Couvent de Prum, au milieu de la Forêt des Ardennes, & de détrôner leur pére. Il me ſemble, qu'en liſant le déſaſtre de ce pére trop bon, on reſſent au moins une ſatisfaction ſecréte, quand on voit que ſes fils ne furent guéres moins ingrats envers cet Abbé Vala, le premier auteur de ces troubles, & envers le Pape qui les avoit ſi bien ſoutenus. On voit avec plaiſir le Pape retourner à Rome, mépriſé des Vainqueurs, & Vala ſe renfermer dans un Monaſtére en Italie.

Lothaire d'autant plus coupable qu'il étoit aſſocié à l'Empire, traîne ſon pére priſonnier à Compiégne. Il y avoit alors un abus funeſte, nefte, introduit dans l'Eglife, qui défendoit de porter les armes & d'exercer les fonctions civiles pendant le tems de la pénitence publique. Ces pénitences étoient rares, & ne tomboient guéres que fur quelques malheureux de la lie du peuple. On réfolut de faire fubir à l'Empereur ce fuplice infamant, fous le voile d'une humiliation Chrétienne & volontaire, & de lui impofer une pénitence perpétuelle, qui le dégraderoit pour toujours.

Louis eft intimidé. Il a la lâcheté de condefcendre à cette propofition qu'on a la hardieffe de lui faire. Un Archevêque de Rheims, nommé Elbon, tiré de la condition fervile, malgré les Loix élevé à cette dignité par Louis même, dépofe ainfi fon Souverain & fon bienfaicteur. On fait comparoître le Souverain entouré de trente Evêques, de Chanoines, de Moines, dans l'Eglife de Notre Dame

de Soissons. Lothaire son fils présent y jouit de l'humiliation de son
pére. On fait étendre un cilice
devant l'autel. L'Archevêque ordonne à l'Empereur d'ôter son bau-
drier, son épée, son habit, & de
se prosterner sur ce cilice. Louis
le visage contre terre, demande
lui-même la pénitence publique,
qu'il ne méritoit que trop en s'y
soumettant. L'Archevêque le force
de lire à haute voix un papier, dans
lequel il s'accuse de sacrilége &
d'homicide. Le malheureux lit
posément la liste de ses crimes,
parmi lesquels il est spécifié qu'il
avoit fait marcher ses troupes en
Carême, & indiqué un Parlement
un Jeudi Saint. On dresse un procès verbal de toute cette action :
monument encore subsistant d'in-
solence & de bassesse. Dans ce procès verbal on ne daigne pas seulement nommer Louis du nom d'Empereur : il y est appellé DOMINUS
LUDOVICUS, *noble homme, vénérable homme.* Louis

Louis fut enfermé un an dans une cellule du Couvent de Saint Médard de Soissons, vêtu du sac de pénitent, sans domestiques, sans consolation, mort pour le reste du monde. S'il n'avoit eu qu'un fils, il étoit perdu pour toujours; mais ses trois enfans disputant ses dépouilles, leur desunion rendit au père sa liberté & sa couronne.

834. Transféré à Saint Denis, deux de ses fils, Louis & Pepin, vinrent le rétablir, & remettre entre ses bras sa femme & son fils Charles.

835. L'Assemblée de Soissons est anathématisée par une autre à Thionville; mais il n'en couta à l'Archevêque de Rheims que la perte de son Siège, encore fut-il jugé déposé dans la Sacristie. L'Empereur l'avoit été en public aux pieds de l'Autel. Quelques Evêques furent déposés aussi. L'Empereur ne put ou n'osa les punir davantage.

Bientôt après un de ces mêmes enfans qui l'avoient rétabli, Louis de de Baviére, se révolta encore. Le malheureux pére mourut de chagrin dans une tente auprès de Mayence, en disant, *Je pardonne à Louis, mais qu'il sache qu'il m'a donné la mort.*

Il confirma solemnellement par son testament la donation de Pepin & de Charlemagne à l'Eglise de Rome. Il y ajoûta la Corse, la Sardaigne & la Sicile. Dons inutiles autant que pieux : les Mahométans, comme je le dirai, envahissoient déjà ces Provinces.

Les présens de l'Istrie, de Bénévent, du Territoire de Venise, faits par Charlemagne, n'ont pas eu plus d'effet. Ils étoient occupés par des Seigneurs particuliers, qui s'en disputoient la propriété. C'étoit en effet donner aux Papes des Terres à conquérir.

ETAT

ETAT DE L'EUROPE

APRE'S LA MORT

DE LOUIS LE

DEBONNAIRE.

Bientôt après la mort du fils de Charlemagne son Empire éprouva ce qui étoit arrivé à celui d'Alexandre, & que nous verrons bientôt être la deftinée de celui des Califes. Fondé avec précipitation, il s'écroûla de même, les guerres inteftines le diviférent.

Il n'eft pas furprenant que des Princes qui avoient détrôné leur pére, fe foient voulu exterminer l'un l'autre. C'étoit à qui dépouilleroit fon frére. Lothaire, Empereur, vouloit tout. Charles le Chauve Roi de France & Louis Roi de Baviére s'uniffent contre lui.

Un

Un fils de Pepin, ce Roi d'Aquitaine, fils du Débonnaire, & devenu Roi après la mort de son pére, se joint à Lothaire. Ils désolent l'Empire, ils l'épuisent de soldats. Enfin deux Rois contre deux Rois, dont trois sont fréres, & dont l'autre est leur neveu, se livrent une bataille à Fontenay dans l'Auxerrois, dont l'horreur est digne de guerres civiles. Plusieurs Auteurs assurent qu'il y périt cent mille hommes. Il est vrai que ces Auteurs ne sont pas contemporains, & que du moins il est permis de douter que tant de sang ait été répandu. L'Empereur Lothaire fut vaincu. Il donna alors au monde l'exemple d'une politique toute contraire à celle de Charlemagne.

Le Vainqueur des Saxons les avoit assujettis au Christianisme comme à un frein nécessaire. Quelques révoltes & de fréquens retours à leur culte avoient marqué leur horreur pour une Religion qu'ils

841.

842.

qu'ils regardoient comme leur châtiment. Lothaire pour se les attacher, leur donne une liberté entiére de conscience. La moitié du Pays redevint idolâtre, mais fidéle à son Roi. Cette conduite & celle de Charlemagne son grand-pére, firent voir aux hommes combien diversement les Princes plient la Religion à leurs intérêts.

Les disgraces de Lothaire en fournirent un autre exemple : ses deux fréres, Charles le Chauve & Louis de Baviére, assemblérent un Concile d'Evêques & d'Abbés à Aix-la-chapelle. Ces Prélats d'un commun accord déclarérent Lothaire déchu de son droit à la couronne, & ses sujets déliés du serment de fidélité : *promettez-vous de mieux gouverner que lui?* disent-ils aux deux fréres Charles & Louis: *nous le promettons*, répondirent les deux Rois: *& nous*, dit l'Evêque qui présidoit, *nous vous permettons par l'autorité divine,*

&

& nous vous commandons de ré-
gner à sa place.

En voyant les Evêques ainsi donner les couronnes , on se trompe-
roit , si on croyoit qu'ils fussent
alors tels que des Electeurs de l'Empire. Ils étoient puissans à-la-vérité , mais aucun n'étoit Souverain.
L'autorité de leur caractére & le
respect des peuples étoient des instrumens dont les Rois se servoient à leur gré.   Il y avoit dans
ces Ecclésiastiques bien plus de foiblesse que de grandeur à décider
ainsi du droit des Rois suivant les
ordres du plus fort.

On ne doit pas être surpris, que
quelques années après un Archevêque de Sens avec vingt autres
Evêques ait osé dans des conjonctures pareilles déposer Charles le
Chauve , Roi de France. Cet attentat fut commis pour plaire à
Louis de Baviére. Ces Monarques,
aussi méchans Rois que fréres dénaturés , ne pouvant se faire périr

Tom. 1.   G   l'un

l'un l'autre, se faisoient anathématiser tour à tour ; mais ce qui surprend, c'est ce que ce même Charles le Chauve exprime dans un Ecrit qu'il daigna publier contre l'Archevêque de Sens : *au moins cet Archevêque ne devoit pas me déposer avant que j'eusse comparu devant les Evêques qui m'avoient sacré Roi ; il falloit qu'auparavant j'eusse subi leur jugement, ayant toujours été prêt à me soumettre à leurs corrections paternelles & à leur châtiment.* La race de Charlemagne réduite à parler ainsi, marchoit visiblement à sa ruine.

Je reviens à Lothaire, qui avoit toujours un grand parti en Germanie, & qui étoit maître paisible en Italie. Il passe les Alpes, fait couronner son fils Louis, qui vient juger dans Rome le Pape Sergius II. Le Pontife comparoît, répond juridiquement aux accusations d'un Evêque de Mets, se justifie,

tifie , & prête enfuite ferment de fidélité à ce même Lothaire dépofé par fes Evêques. Lothaire même fit cette célébre & inutile Ordonnance, que pour éviter les féditions trop fréquentes , le Pape *ne fera plus élu par le Peuple* , & que l'on avertira l'Empereur de la vacance du Saint Siége.

Leur fentence ne fut qu'un fcandale de plus ajoûté aux défolations de l'Europe. Les Provinces depuis les Alpes au Rhin ne favoient plus à qui elles devoient obéir. Les Villes changeoient chaque jour de tyrans, les Campagnes étoient ravagées tour à tour par différens partis. On n'entendoit parler que de combats , & dans ces combats il y avoit toujours des Moines, des Abbés, des Evêques qui périffoient les armes à la main. Hugues, un des fils de Charlemagne, forcé jadis à être Moine, & depuis Abbé de Saint Quentin , fut tué devant Touloufe avec l'Abbé de Ferrié-

re,

re, deux Evêques y furent faits prisonniers.

Cet incendie s'arrêta un moment, pour recommencer avec fureur. Les trois fréres Lothaire, Charles & Louis firent de nouveaux partages, qui ne furent que de nouveaux sujets de division & de guerre.

L'Empereur Lothaire, après avoir bouleversé l'Europe sans sujet & sans gloire, se sentant affoibli, vint se faire Moine dans l'Abbaïe de Prum. Il ne vécut dans le froc que six jours, & mourut imbécile après avoir vécu en tyran.

A la mort de ce troisiéme Empereur d'Occident il s'éleva de nouveaux Royaumes en Europe, comme des monceaux de terre après les secousses d'un grand tremblement.

Un autre Lothaire, fils de cet Empereur, donna son nom de *Lotharinge* à une assez grande étendue de Pays nommé depuis par con-

contraction *Lorraine*, entre le Rhin, l'Escaut, la Meuse & la Mer. Le Brabant fut appellé *la basse Lorraine*, le reste fut connu sous le nom de *la haute*. Aujourd'hui de cette haute Lorraine il ne reste qu'une petite Province de ce nom, engloutie depuis peu dans le Royaume de France.

Un second fils de l'Empereur Lothaire, nommé Charles, eut la Savoye, le Dauphiné, une partie du Lyonnois, de la Provence & du Languedoc. Cet Etat composa le Royaume d'Arles du nom de la Capitale, Ville autrefois opulente & embellie par les Romains; mais alors petite & pauvre, ainsi que toutes les Villes en-deçà des Alpes.

Un Barbare, qu'on nomme *Salomon*, se fit bientôt après Roi de la Bretagne, dont une partie étoit encore Payenne; mais tous ces Royaumes tombérent aussi promtement qu'ils furent élevés.

 Le

Le fantôme d'Empire Romain subsistoit. Louis, second fils de Lothaire, qui avoit eu en partage une partie de l'Italie, fut proclamé Empereur par Sergius II. en 855. Il fut le seul de tous ces Empereurs qui fixa son séjour à Rome ; mais il ne possédoit pas la neuviéme partie de l'Empire de Charlemagne, & n'avoit en Italie qu'une autorité contestée par les Papes & par les Ducs de Bénévent, qui possédoient alors un Etat considérable.

Après sa mort arrivée en 875, si la Loi Salique avoit été en vigueur dans la Maison de Charlemagne, c'étoit à l'aîné de la Maison qu'appartenoit l'Empire. Louis de Baviére, aîné de Charlemagne, devoit succéder à son neveu mort sans enfans ; mais des troupes & de l'argent firent les droits de Charles le Chauve. Il ferma les passages des Alpes à son frére, & se hâta d'aller à Rome avec quelques troupes.

pes. Reginus, les Annales de Mets & de Fulden affurent qu'il acheta l'Empire du Pape Jean VIII. Le Pape non feulement fe fit payer, mais profitant de la conjonéture il donna l'Empire en Souverain, & Charles le reçut en Vaffal, proteftant qu'il le tenoit du Pape, ainfi qu'il avoit protefté auparavant en France en 859, qu'il devoit fubir le jugement des Évêques, laiffant toujours avilir fa dignité pour en jouir.

Sous lui l'Empire Romain étoit donc compofé de la France & de l'Italie. On dit qu'il mourut empoifonné de fon Médecin, un Juif nommé Sédécias ; mais perfonne n'a jamais dit par quelle raifon ce Médecin commit ce crime. Que pouvoit-il gagner en empoifonnant fon Maître ? Auprès de qui eût-il trouvé une plus belle fortune ? Aucun Auteur ne parle du fuplice de ce Médecin. Il faut donc douter de l'empoifonnement , & faire ré-

G 4

flexion

flexion feulement, que l'Europe Chrétienne étoit fi ignorante, que les Rois étoient obligés de chercher pour leurs Médecins des Juifs & des Arabes.

On vouloit toujours faifir cette ombre d'Empire Romain, & Louis le Bègue Roi de France, fils de Charles le Chauve, le difputoit aux autres defcendans de Charlemagne. C'étoit toujours au Pape qu'on le demandoit. Un Duc de Spoléte, un Marquis de Tofcane, inveftis de ces Etats par Charles le Chauve, fe faifirent du Pape Jean VIII. & pillérent une partie de Rome, pour forcer, difoient-ils, à donner l'Empire au Roi de Baviére, Carloman l'aîné de la race de Charlemagne. Non feulement le Pape Jean VIII. étoit ainfi perfécuté dans Rome par des Italiens, mais venoit en 877 de payer vingt-cinq mille livres pefant d'argent aux Mahométans poffeffeurs de la Sicile & du Carillan. C'étoit l'ar-

gent

gent dont Charles le Chauve avoit
acheté l'Empire. Il paſſa bientôt
des mains du Pape en celles des
Sarrazins, & le Pape même ſigna
un Traité autentique de leur en
payer autant tous les ans.

Cependant ce Pontife tributaire
des Muſulmans & priſonnier dans
Rome, s'échappe, s'embarque,
paſſe en France. Il vient ſacrer
Empereur Louis le Bègue dans la
Ville de Troye, à l'exemple de
Léon III. d'Adrien & d'Etienne
III. perſécuté chez eux, & donnant
ailleurs des couronnes.

Sous Charles le Gros, Empereur
& Roi de France, la déſolation de
l'Europe redoubla. Plus le ſang de
Charlemagne s'éloignoit de ſa ſource, & plus il dégénéroit. Char- 887.
les le Gros fut déclaré incapable de
régner par une aſſemblée de Seigneurs François & Allemands, qui
le dépoſérent auprès de Mayence
dans une Diéte convoquée par lui-
même. Ce ne ſont point ici des
Evêques, qui en ſervant la paſſion

 d'un

d'un Prince, semblent disposer d'une couronne ; ce furent les principaux qui crurent avoir le droit de nommer celui qui devoit les gouverner, & combattre à leur tête. On dit que le cerveau de Charles le Gros étoit affoibli. Il le fut toujours sans-doute, puisqu'il se mit au point d'être détrôné sans résistance, de perdre à la fois l'Allemagne, la France & l'Italie, & de n'avoir enfin pour subsistance que la charité de l'Archevêque de Mayence, qui daigna le nourrir. Il paroît bien qu'alors l'ordre de la succession étoit compté pour rien, puisqu'Arnould, bâtard de Carloman, fils de Louis le Bègue, fut déclaré Empereur, & qu'Eudes ou Odon Comte de Paris fut Roi de France. Il n'y avoit alors ni droit de naissance, ni droit d'élection reconnu. L'Europe étoit un cahos dans lequel le plus fort s'élevoit sur les ruines du plus foible, pour être ensuite précipité par d'autres.

DES

DES NORMANDS

VERS

LE IV. SIECLE.

IL est difficile de dire quel Pays de l'Europe étoit alors plus mal gouverné & plus malheureux. Tout étant divisé, tout étoit foible. Cette confusion ouvrit un passage aux Peuples de la Scandinavie & aux habitans des bords de la Mer Baltique. Ces Sauvages trop nombreux n'ayant à cultiver que des terres ingrates, manquant de Manufactures & privés d'Arts, ne cherchoient qu'à se répandre loin de leur patrie. Le brigandage & la piraterie leur étoit nécessaire, comme le carnage aux bêtes féroces. En Allemagne on les appelloit *Normands, Hommes du Nord,* sans distinction, comme nous disons encore en général les *Corsai-*

res.

res de Barbarie. Dès le IV. Siécle ils se mêlérent aux flots des autres Barbares, qui portérent la désolation jusqu'à Rome & en Afrique. On a vu que resserrés sous Charlemagne, ils craignirent l'esclavage. Dès le tems de Louis le Débonnaire ils recommencérent leurs courses. Les forêts dont ces Pays étoient hérissés, leur fournissoient assez de bois pour construire leurs barques à deux voiles à rames. Environ cent hommes tenoient dans ces bâtimens, avec leurs provisions de biére, de biscuit de mer, de fromage, & de viande salée. Ils côtoyoient les côtes, descendoient où ils ne trouvoient point de résistance, & retournoient chez eux avec leur butin, qu'ils partageoient ensuite selon les loix du brigandage, ainsi qu'il se pratique à Tunis. Dès l'an 843 ils entrérent en France par l'embouchure de la Riviére de la Seine, & mirent la Ville de Rouen au pil-

pillage. Une autre flotte entra par la Loire, & dévasta tout jusqu'en Touraine. Ils emmenoient en esclavage les hommes, ils partageoient entre eux les femmes & les filles, prenant jusqu'aux enfans pour les élever dans leur métier de pirates. Les bestiaux, les meubles, tout étoit emporté. Ils vendoient quelquefois sur une côte ce qu'ils avoient pillé sur une autre. Leurs premiers gains excitérent la cupidité de leurs compatriotes indigens. Les habitans des côtes Germaniques & Gauloises se joignirent à eux, ainsi que tant de renegats de Provence & de Sicile ont servi sur les vaisseaux d'Alger.

En 844 ils couvrirent la mer de vaisseaux. On les vit descendre presqu'à la fois en Angleterre, en France & en Espagne. Il faut que le Gouvernement des François & des Anglois fût moins bon que celui des Mahométans, qui régnoient en Espagne ; car il n'y eut nulle

me-

mesure prise par les François ni par les Anglois, pour empêcher ces irruptions ; mais en Espagne les Arabes gardérent leurs côtes, & repoussérent enfin les Pirates.

En 845 les Normands pillérent Hambourg, & pénétrérent avant dans l'Allemagne. Ce n'étoit plus alors un ramas de Corsaires sans ordre, c'étoit une flotte de six cens bateaux, qui portoit une armée formidable. Un Roi de Dannemarc, nommé Eric, étoit à leur tête. Il gagna deux batailles avant de se rembarquer. Ce Roi des Pirates après être retourné chez lui avec les dépouilles Allemandes, envoie en France un des Chefs des Corsaires, à qui les Histoires donnent le nom de Régner. Il remonte la Seine à cent vingt voiles. Il n'y a point d'apparence que ces cent vingt voiles portassent dix mille hommes. Cependant avec un nombre probablement inférieur, il pille Rouen une seconde fois, &

vient

vient jufqu'à Paris. Dans de pareilles invafions, quand la foibleffe du Gouvernement n'a pourvu à rien, la terreur du peuple augmente le péril, & le plus grand nombre fuit devant le plus petit. Les Parifiens qui fe défendirent dans d'autres tems avec tant de courage, abandonnérent alors leur Ville, & les Normands n'y trouvérent que des maifons de bois qu'ils brulérent. Le malheureux Roi, Charle le Chauve, retranché à Saint Denis avec peu de troupes, au lieu de s'oppofer à ces Barbares, acheta de quatorze mille marcs d'argent la retraite qu'ils daignérent faire. On eft indigné quand on lit dans nos Auteurs que plufieurs de ces Barbares furent punis de mort fubite pour avoir pillé l'Eglife de Saint Germain-des-prez. Ni les Peuples, ni leurs Saints ne fe défendirent ; mais les vaincus fe donnent toujours la honteufe confolation de fuppofer des miracles opé-

rés

rés contre leurs vainqueurs.

Charles le Chauve, en achetant ainsi la paix, ne faisoit que donner à ces Pirates de nouveaux moyens de faire la guerre, & s'ôter celui de la soutenir. Les Normands se servirent de cet argent pour aller assiéger Bordeaux, qu'ils pillérent. Pour comble d'humiliation & d'horreur, un descendant de Charlemagne, Pepin Roi d'Aquitaine, n'ayant pu leur résister, s'unit avec eux, & alors la France vers l'an 858 fut entiérement ravagée. Les Normands fortifiés de tout ce qui se joignoit à eux, désolérent longtems l'Allemagne, la Flandre, l'Angleterre. Nous avons vu depuis peu des armées de cent mille hommes pouvoir à peine prendre deux Villes après des victoires signalées ; tant l'Art de fortifier les places & de préparer des ressources a été perfectionné ; mais alors des Barbares combattant d'autres Barbares desunis, ne trouvoient

voient après le premier succès, presque rien qui arrêtât leurs courses. Vaincus quelquefois, ils reparoissoient avec de nouvelles forces.

Godefroi, Roi de Dannemarc, à qui Charles le Gros céda enfin une partie de la Hollande en 882, pénétre de la Hollande en Flandres, ses Normands passent de la Somme à l'Oise sans résistance, prennent & brulent Pontoise, & arrivent par eau & par terre devant Paris.

885.

Les Parisiens qui s'attendoient alors à l'irruption des Barbares, n'abandonnérent point la Ville, comme autrefois. Le Comte de Paris, Ode ou Eudes, que sa valeur éleva depuis sur le trône de France, mit dans la Ville un ordre qui anima les courages, & qui leur tint lieu de tours & de remparts. Sigefroi, Chef des Normands, pressa le siége avec une fureur opiniâtre, mais non destituée d'arts.

d'arts. Les Normands fe fervirent du bélier pour battre les murs. Ils firent brêche, & donnérent trois aſſauts. Les Pariſiens les ſoutinrent avec un courage inébranlable. Ils avoient à leur tête non ſeulement le Comte Eudes, mais encore leur Evêque Goſlin, qui chaque jour après avoir donné la bénédiction à ſon peuple, ſe mettoit ſur la brêche, le caſque en tête, un carquois ſur le dos, & une hache à ſa ceinture, & ayant planté la croix ſur le rempart, combattoit à ſa vue. Il paroît que cet Evêque avoit dans la Ville autant d'autorité pour le moins que le Comte Eudes; puiſque ce fut à lui que Sigefroy s'étoit d'abord adreſſé, pour entrer par ſa permiſſion dans Paris. Ce Prélat mourut de ſes fatigues au milieu du ſiége, laiſſant une mémoire reſpectable & chére; car s'il arma des mains que la Religion réſervoit ſeulement au miniſtére de l'Autel, il les arma pour

pour cet autel même & pour des citoyens dans la cause la plus juste, & pour la défense la plus nécessaire, qui est toujours au-dessus des Loix. Ses confréres ne s'étoient armés que dans des Guerres Civiles & contre des Chrétiens. Peut-être, si l'apothéose est dûe à quelques hommes, eût-il mieux valu mettre dans le Ciel ce Prélat qui combattit & mourut pour son Pays, que tant d'hommes obscurs, dont la vertu, s'ils en ont eu, a été pour le moins inutile au Monde.

Les Normands tinrent la Ville assiégée une année & demie, les Parisiens éprouvérent toutes les horreurs qu'entraînent dans un long siége la famine & la contagion, qui en sont les suites, & ne furent point ébranlés. Au bout de ce tems l'Empereur Charles le Gros, Roi de France, parut enfin à leurs secours sur le Mont de Mars, qu'on appelle aujourd'hui Montmartre; mais il n'osa pas attaquer les Normands,

mands, il ne vint que pour acheter encore une trêve honteuse. Ces Barbares quittérent Paris pour aller asliéger Sens & piller la Bourgogne, tandis que Charles alla dans Mayence affembler ce Parlement qui lui ôta un trône dont il étoit si indigne.

Les Normands continuérent leurs dévaftations, mais quoiqu'ennemis du Nom Chrétien il ne leur vint jamais en penfée de forcer perfonne à renoncer au Chriftianifme. Ils étoient à peu près tels que les Francs, les Goths, les Alains, les Huns, les Hérules, qui en cherchant au IV. Siécle de nouvelles Terres, loin d'impofer une Religion aux Romains, s'accommodérent aifément de la leur : ainfi les Turcs en pillant l'Empire des Califes, fe font foumis à la Religion Mahométane.

Enfin Rolon ou Raoul, le plus illuftre de ces Brigands du Nord, après avoir été chaffé du Dannemarc,

marc , ayant raſſemblé en Scandinavie tous ceux qui voulurent s'attacher à ſa fortune , tenta de nouvelles avantures , & fonda l'eſpérance de ſa grandeur ſur la foibleſſe de l'Europe. Il aborda l'Angleterre , où ſes compatriotes étoient déjà établis ; mais après deux victoires inutiles il retourna du côté de la France , que d'autres Normands ſavoient ruiner , mais qu'ils ne ſavoient pas aſſervir.

Rolon fut le ſeul de ces Barbares qui ceſſa d'en mériter le nom , en cherchant un établiſſement fixe. Maître de Rouen ſans peine , au lieu de la détruire , il en fit relever les murailles & les tours. Rouen devint ſa place d'armes , delà il voloit tantôt en Angleterre , tantôt en France , faiſant la guerre avec politique , comme avec fureur. La France étoit expirante ſous le régne de Charles le Simple , Roi de nom , & dont la Monarchie étoit encore plus démembrée

brée par les Ducs, par les Comtes & par les Barons ses sujets, que par les Normands. Charles n'avoit donné que de l'or aux Barbares, Charles le Simple offrit à Rolon sa fille & des provinces.

Raoul demanda d'abord la Normandie, & on fut trop heureux de la lui céder. Il demanda ensuite la Bretagne, on disputa, mais il fallut la céder encore avec des clauses que le plus fort explique toujours à son avantage. Ainsi la Bretagne qui étoit tout à l'heure un Royaume, devint un Fief de la Neustrie; & la Neustrie qu'on s'accoutuma bientôt à nommer Normandie du nom de ses usurpateurs, fut un Etat séparé, dont les Ducs rendoient un vain hommage à la couronne de France.

L'Archevêque de Rouen sut persuader à Rolon de se faire Chrétien. Ce Prince embrassa volontiers une Religion qui affermissoit sa puissance.

Les

ʿLes véritables Conquérans font ceux qui favent faire des loix. Leur puiffance eft ftable, les autres font des torrens qui paffent. Rolon paifible fut le feul Légiflateur de fon tems dans le Continent Chrétien. On fait avec quelle inflexibilité il rendit la juftice. Il abolit le vol chez fes Danois, qui n'avoient jufques-là vécu que de rapine. Longtems après lui fon nom feul prononcé, étoit un ordre aux Officiers de Juftice d'accourir pour reprimer la violence, & de-là eft venu cet ufage de la clameur de *Haro*, fi connue en Normandie. Le fang des Danois & des Francs mêlés enfemble produifit enfuite dans ce Pays ces Héros qu'on verra conquérir l'Angleterre & la Sicile.

DE L'ANGLETERRE
VERS
LE IV. SIECLE.

828. L'Angleterre après avoir été divisée en sept petits Royau-
mes, s'étoit presque réunie sous le
Roi Egbert, lorsque ces mêmes
Pirates vinrent la ravager aussi bien
que la France. On prétend qu'en
852 ils remontérent la Tamise avec
trois cens Voiles. Les Anglois ne se
défendirent guéres mieux que les
Francs. Ils payérent, comme eux,
leurs vainqueurs. Un Roi nommé E-
thelbert suivit le malheureux exemple de Charles le Chauve. Il donna de l'argent ; la même faute eut
la même punition. Les Pirates se
servirent de cet argent pour mieux
subjuguer le Pays. Ils conquirent
la

la moitié de l'Angleterre. Il falloit que les Anglois, nés courageux & défendus par leur situation, eussent dans leur Gouvernement des vices bien essentiels , puisqu'ils furent toujours assujettis par des Peuples qui ne devoient pas aborder impunément chez eux. Ce qu'on raconte des horribles dévastations qui désolérent cette Ile , surpasse encore ce qu'on vient de voir en France. Il y a des tems où la Terre entiére n'est qu'un théatre de carnage, & ces tems sont trop fréquens.

Il me semble que le Lecteur respire enfin un peu , lorsque dans ces horreurs il voit s'élever quelque grand-homme qui tire sa patrie de la servitude, & qui le gouverne en bon Roi.

Je ne sai s'il y a jamais eu sur la Terre un homme plus digne des respects de la postérité qu'Alfred le Grand, qui rendit ses services à sa patrie.

72. Il fuccédoit à fon frére Ethelred I. qui ne lui laiffa qu'un droit contefté fur l'Angleterre, partagée plus que jamais en Souverainetés, dont plufieurs étoient poffédées par les Danois. De nouveaux Pirates venoient encore, prefque chaque année, difputer aux premiers ufurpateurs le peu de dépouilles qui pouvoient refter.

Alfred n'ayant pour lui qu'une Province de l'Oueft, fut vaincu d'abord en bataille rangée par ces Barbares, & abandonné de tout le monde il ne fe retira point à Rome dans le Collége Anglois, comme Butred fon oncle, devenu Roi d'une petite Province & chaffé par les Danois ; mais feul & fans fecours, il voulut périr ou venger fa patrie. Il fe cacha fix mois chez un Berger dans une chaumiére environnée de marais. Le feul Comte de Dévon qui défendoit encore un foible château, favoit fon fecret. Enfin ce Comte ayant raffemsemblé des troupes & gagné quelque avantage, Alfred couvert de haillons d'un Berger, osa se rendre dans le camp des Danois, en jouant de la harpe: voyant ainsi par ses yeux la situation du camp & ses défauts, instruit d'une fête que les Barbares devoient célébrer, il court au Comte de Dévon qui avoit des milices prêtes; il revient aux Danois avec une petite troupe mais déterminée, il les surprend & gagne une victoire complette. La discorde divisoit alors les Danois. Alfred sut négotier comme combattre; & ce qui est étrange, les Anglois & les Danois le reconnurent unanimement pour Roi. Il n'y avoit plus à réduire que Londres, il la prit, la fortifia, l'embellit, équipa des flottes, contint les Danois d'Angleterre, s'opposa aux descentes des autres, & s'appliqua ensuite pendant douze années d'une possession paisible, à policer sa patrie. Ses loix furent douces, mais

sé-

séverement exécutées. C'est lui qui fonda les Jurés, qui partagea l'Angleterre en Shires ou Comtés , & qui le premier encouragea ses sujets à commercer. Il prêta des vaisseaux & de l'argent à des hommes entreprenans & sages, qui allérent jusqu'à Alexandrie, & de-là passant l'Isthme de Suez, trafiquérent dans la Mer de Perse. Il institua des Milices , il établit divers Conseils , mit par-tout la régle & la paix qui en est la suite.

Il me semble qu'il n'y a point de véritablement grand-homme, sans avoir un bon esprit. Alfred fonda l'Académie d'Oxford. Il fit venir des livres de Rome. L'Angleterre toute barbare n'en avoit presque point. Il se plaignoit qu'il n'y eût pas alors un Prêtre Anglois qui sût le Latin. Pour lui, il le savoit. Il étoit même assez bon Géométre pour ce tems-là. Il possédoit l'Histoire. On dit même qu'il faisoit des vers en Anglo-Saxon.

xon. Les momens qu'il ne donnoit pas aux soins de l'Etat, il les donnoit à l'étude. Une sage œconomie le mit en état d'être libéral. On voit qu'il rebâtit plusieurs Eglises, mais aucun Monastére. Il pensoit sans-doute que dans un Etat désolé, qu'il falloit repeupler, il eût mal servi sa patrie, en favorisant trop ces familles immenses sans pére & sans enfans, qui se perpétuent aux dépens de la Nation : aussi ne fut-il pas au nombre des Saints ; mais l'Histoire, qui d'ailleurs ne lui reproche ni défaut ni foiblesse, le met au premier rang des Héros utiles au Genre-humain, qui sans ces hommes extraordinaires eût toujours été semblable aux bêtes farouches.

DE

DE L'ESPAGNE

ET DES

MUSULMANS

AU VIII. ET IX. SIECLES.

JE vois dans l'Espagne des malheurs & des révolutions d'un autre genre, qui méritent une attention particuliére. Il faut remonter en peu de mots à la source, & se souvenir que les Goths usurpateurs de ce Royaume, devenus Chrétiens & toujours barbares, furent chassés au VIII. Siécle par les Musulmans d'Afrique. Je crois que l'imbécilité du Roi Vamba qu'on enferma dans un Cloître, fut l'origine de la décadence de ce Royaume. C'est à sa foiblesse qu'on doit les fureurs de ses succescesseurs. Vitiza, Prince plus insensé encore que Vamba, puisqu'il étoit cruel, fit desarmer ses sujets qu'il craignoit, mais par-là il se priva de leur secours.

Rodrigue dont il avoit assassiné le pére, l'assassina à son tour, & fut encore plus méchant que lui. Il ne faut pas chercher ailleurs la cause de la supériorité des Musulmans en Espagne. Je ne sai s'il est bien vrai que Rodrigue eût violé Florinde, nommée la *Cava* ou la *Méchante*, fille malheureusement célébre du Comte Julien, & si ce fut pour venger son honneur que ce Comte appella les Maures. Peut-être l'avanture de la Cava est copiée en partie sur celle de Lucréce, & ni l'une ni l'autre ne paroît appuyée sur des monumens bien autentiques. Il paroît que pour appeller les Africains on n'avoit pas besoin du prétexte d'un viol, qui est d'ordinaire aussi difficile à prouver qu'à faire. Déjà sous le

Roi Vamba, le Comte Hervig, depuis Roi, avoit fait venir une armée de Maures. Opas Archevêque de Séville, qui fut le principal inftrument de la grande révolution, avoit des intérêts plus chers à foutenir que ceux de la pudeur d'une fille. Cet Evêque, fils de l'ufurpateur Vitiza détrôné & affaffimé par l'ufurpateur Rodrigue, fut celui doñt l'ambition fit venir les Maures pour la feconde fois. Le Comte Julien, gendre de Vitiza, trouvoit dans cette feule alliance affez de raifons pour fe foulever contre le tyran. Un autre Evêque nommé Torizo, entra dans la confpiration d'Opas & du Comte. Y a-t-il apparence que deux Evêques fe fuffent ligués ainfi avec les ennemis du Nom Chrétien, s'il ne s'étoit agi que d'une fille?

Quoi qu'il en foit, les Mahométans étoient maîtres comme ils le font encore, de toute cette partie de l'Afrique qui avoit appartenu

aux

aux Romains. Ils venoient d'y fonder la Ville de Maroc près du Mont Atlas. Le Calife Valid Almanzor, maître de cette belle partie de la Terre, résidoit à Damas en Syrie. Son Viceroi Muzza, qui gouvernoit l'Afrique, fit par un de ses Lieutenans la conquête de toute l'Espagne. Il y envoya d'abord son Général Tarif, qui gagna en 714 cette célébre bataille où Rodrigue perdit la vie. On prétend que les Sarrazins ne tinrent pas leurs promesses à Julien, dont ils se défioient sans-doute. L'Archevêque Opas fut plus satisfait d'eux. Il prêta serment de fidélité aux Mahométans, & conserva sous eux beaucoup d'autorité sur les Eglises Chrétiennes, que les vainqueurs toléroient.

Pour le Roi Rodrigue, il fut si peu regretté que sa veuve Egilone épousa publiquement le jeune Abdalis, fils du Sultan Muzza, dont les armes avoient fait périr son mari, & réduit en fervitude fon Pays & fa Réligion.

L'Efpagne avoit été foumife en quatorze mois à l'Empire des Califes, à la réferve des cavernes & des rochers de l'Afturie. Pélage Teudomer, parent du dernier Roi Rodrigue, caché dans ces retraites, y conferva fa liberté. Je ne fai comment on a pu donner le nom de Roi à ce Prince, qui en étoit en effet digne, mais dont toute la Royauté fe borna à n'être point captif. Les Hiftoriens Efpagnols & ceux qui les ont fuivis, lui font remporter de grandes victoires, imaginent des miracles en fa faveur, lui établiffent une Cour, lui donnent fon fils Favilla & fon gendre Alphonfe pour fucceffeurs tranquiles dans ce prétendu Royaume. Mais comment dans ce temslà même les Mahométans, qui fous Abdérame vers l'an 734 fubjuguérent la moitié de la France, auroient-ils laiffé fubfifter derriére

les

les Pyrenées ce Royaume des Afturies? C'étoit beaucoup pour les
Chrétiens de pouvoir fe réfugier
dans ces montagnes & d'y vivre
de leurs courfes, en payant tribut
aux Mahométans. Ce ne fut que
vers l'an 759 que les Chrétiens
commencérent à tenir tête à leurs
vainqueurs affoiblis par les victoires de Charles Martel & par leurs
divifions ; mais eux-mêmes plus divifés entre eux que les Mahométans, retombérent bientôt fous le
joug. Mauregat, à qui il a plû aux
Hiftoriens de donner le titre de
Roi, eut la permiffion de gouverner les Afturies & quelques Terres 783.
voifines, en rendant hommage &
en payant tribut. Il fe foumit fur-
tout de fournir cent belles filles
tous les ans pour le ferrail d'Abdérame.

On donne pour fucceffeur à ce
Mauregat un Diacre nommé Véré-
mon, Chef de ces Montagnards réfugiés, faifant le même hommage

H 6 &

& payant le même nombre de filles qu'il étoit obligé de payer souvent. Est-ce-là un Royaume, & font-ce-là des Rois?

Après la mort de cet Abdérame, les Emirs des Provinces d'Espagne voulurent être indépendans. On a vu dans l'article de Charlemagne, qu'un d'eux, nommé Ibna Larabi, eut l'imprudence d'appeller ce conquérant à son secours. S'il y avoit eu alors un véritable Royaume Chrétien en Espagne, Charles n'eût-il pas protégé ce Royaume par ses armes, plutôt que de se joindre à des Mahométans ? Il prit cet Emir sous sa protection, & se fit rendre hommage des Terres qui sont entre l'Ebre & les Pyrenées, que les Musulmans gardérent. On voit en 794 le Maure Abutar rendre hommage à Louis le Débonnaire, qui gouvernoit l'Aquitaine sous son pére avec le titre de Roi.

Quelque tems après, les divisions

fions augmentérent chez les Maures d'Espagne. Le Conseil de Louis le Débonnaire en profita, ses troupes assiégérent deux ans Barcelone, & Louis y entra en triomphe en 796. Voilà l'époque de la décadence des Maures. Ces vainqueurs n'étoient plus soutenus par les Africains & par les Califes dont ils avoient secoué le joug. Les successeurs d'Abdérame ayant établi le siége de leur Royaume à Cordoue, étoient mal obéis des Gouverneurs des autres Provinces.

Alfonse de la race de Pélage commença dans ces conjonctures heureuses à rendre considérables les Chrétiens Espagnols retirés dans les Asturies. Il refusa le tribut ordinaire à des Maîtres contre lesquels il pouvoit combattre; & après quelques victoires il se vit maître paisible des Asturies & de Léon au commencement du IX. Siécle.

C'est par lui qu'il faut commen-
H 7

cer

cer de retrouver en Espagne des Rois Chrétiens. Cet Alfonse étoit artificieux & cruel. On l'appelle le Chaste, parce qu'il fut le premier qui refusa les cent filles aux Maures. On ne songe pas qu'il ne soutint point la guerre pour avoir refusé ce tribut, mais que voulant se soustraire à la domination des Maures & ne plus être tributaire, il falloit bien qu'il refusât les cent filles ainsi que le reste.

Les succès d'Alfonse qui, malgré beaucoup de traverses, enhardit les Chrétiens de Navarre à se donner un Roi. Les Arragonois levérent l'étendart sous un Comte : ainsi sur la fin de Louis le Débonnaire, ni les Maures, ni les François n'eurent plus rien dans ces Contrées stériles, mais le reste de l'Espagne obéissoit aux Rois Musulmans. Ce fut alors que les Normands ravagérent les côtes de l'Espagne, mais étant repoussés, ils

re-

retournérent piller la France &
l'Angleterre.

On ne doit point être surpris
que les Espagnols des Asturies, de
Léon, d'Arragon, ayent été alors
des barbares. La guerre qui avoit
succédé à la servitude, ne les a-
voit pas polis. Ils étoient dans une
si profonde ignorance, qu'Alfonse
Roi de Léon & des Asturies, surnommé le Grand, fut obligé de
donner à son fils des Précepteurs
Mahométans.

Je ne cesse d'être étonné, quand
je vois quels titres les Historiens
prodiguent aux Rois. Cet Alfonse
qu'ils appellent le Grand, fit crever les yeux à ses quatre fréres ; sa
vie n'est qu'un tissu de cruautés &
de perfidies. Ce Roi finit par faire révolter contre lui ses Sujets,
& fut obligé de céder son petit
Royaume à son fils vers l'an 910.

Cependant les Mahométans qui
perdoient cette partie de l'Espagne qui confine à la France, s'é-
ten-

tendoient par-tout ailleurs. Si j'envisage leur Religion, je la vois embraſſée par toutes les Indes, & par les côtes orientales de l'Afrique où ils trafiquoient. Si je regarde leurs conquêtes, d'abord le Calife Aaron Rachild impoſe un tribut de ſoixante & dix mille écus d'or par an à l'Impératrice Iréne. L'Empereur Nicéphore ayant enſuite refuſé de payer le tribut, Aaron prend l'Ile de Chipre & vient ravager la Gréce. Almamon ſon petit-fils, Prince d'ailleurs ſi recommandable par ſon amour pour les Sciences & par ſon ſavoir, s'empare par ſes Lieutenans de l'Ile de Créte en 825. Les Muſulmans y firent bâtir la Ville de Candie.

En 826 les mêmes Africains qui avoient ſubjugué l'Eſpagne & fait des incurſions dans cette Ile fertile, encouragés par un Sicilien nommé Euphémiris, qui ayant, à l'exemple de ſon Empereur

Mi-

Michel, épousé une Religieuse, &
poursuivi par les Loix que l'Empereur s'étoit rendu favorables, fit
à peu près en Sicile ce que le
Comte Julien avoit fait en Espagne.

Ni les Empereurs Grecs, ni
ceux d'Occident ne purent alors
chasser de Sicile les Musulmans,
tant l'Orient & l'Occident étoient
mal gouvernés. Ces Conquérans
alloient se rendre maîtres de l'Italie, s'ils avoient été unis ; mais
leurs fautes sauvérent Rome, comme celle des Carthaginois la sauvérent autrefois. Ils partent de Sicile en 846 avec une flotte nombreuse. Ils entrent par l'embouchure du Tibre, & ne trouvant
qu'un Pays presque désert, ils vont
assiéger Rome. Ils prirent les dehors, & ayant pillé la riche Eglise de
Saint Pierre hors des murs, ils levérent le siége pour aller combattre
une armée de François, qui venoit
secourir Rome sous un Général de
l'Em-

l'Empereur Lothaire. L'armée Françoise fut battue, mais la Ville rafraîchie fut manquée; & cette expédition qui devoit être une conquête, ne devint par leur mesintelligence qu'une incursion de Barbares. Ils revinrent bientôt après avec une armée formidable, qui sembloit devoir détruire l'Italie & faire une Bourgade Mahométane de la Capitale du Cristianisme. Le Pape Léon IV. prenant dans ce danger une autorité que les Généraux de l'Empereur Lothaire sembloient abandonner, se montra digne en défendant Rome, d'y commander en Souverain. Il avoit employé les richesses de l'Eglise à réparer les murailles, à élever des tours, à tendre des chaînes sur le Tibre. Il arma les milices à ses dépens, engagea les habitans de Naples & de Gayette à venir défendre les côtes & le port d'Ostie, sans manquer à la sage précaution de prendre d'eux des ôtages, sachant

chant bien que ceux qui font affez
puiffans pour nous fecourir, le font
affez pour nous nuire. Il vifita lui-
même tous les poftes & reçut les
Sarazins à leur defcente , non pas
en équipage de guerrier , ainfi
qu'en avoit ufé Goflin Evêque de
Paris dans une occafion encore
plus preffante , mais comme un
Pontife qui exhortoit un Peuple
Chrétien,& comme un Roi qui veil-
loit à la fureté de fes Sujets. Il
étoit né Romain. Le courage des
premiers âges de la République re-
vivoit en lui dans un tems de lâcheté & de corruption , tel qu'un 849.
des beaux monumens de l'ancienne
Rome qu'on trouve quelquefois
dans les ruines de la nouvelle. Son
courage & fes foins furent fecon-
dés. On reçut les Sarrazins courageufement à leur defcente, & la
tempête ayant diffipé la moitié de
leurs vaiffeaux , une partie de ces
conquérans échappés au naufrage
fut mife à la chaîne. Le Pape rendit

dit sa victoire utile, en faisant travailler aux fortifications de Rome & à ses embellissemens les mêmes mains qui devoient les détruire. Les Mahométans restérent cependant maîtres du Garillan entre Capoue & Gayette, mais plutôt comme une Colonie de Coriaires indépendans, que comme des Conquérans disciplinés.

Je vois donc au IX. Siécle les Musulmans redoutables à la fois à Rome & à Constantinople, maîtres de la Perse, de la Syrie, de l'Arabie, & de toutes les Côtes d'Afrique jusqu'au Mont Atlas, & des trois quarts de l'Espagne. Mais ces Conquérans ne forment pas une Nation, comme les Romains étendus presqu'autant qu'eux, n'avoient fait qu'un seul Peuple.

Sous le fameux Calife Almamon vers l'an 815, un peu après la mort de Charlemagne, l'Egypte devint indépendante, & le Grand-Caire fut la résidence d'un Soudan. Le
Prince

Prince de la Mauritanie Tangitane, sous le titre de Misamolin, étoit maître absolu de l'Empire de Maroc. La Nubie & la Lybie obéissoient à un autre Soudan. Les Abdérames qui avoient fondé le Royaume de Cordoue, ne purent empêcher d'autres Mahométans de fonder celui de Toléde. Toutes ces nouvelles Dynasties révéroient dans le Calife le successeur de leur Prophéte. Ainsi que les Chrétiens alloient en foule en pélérinage à Rome, les Mahométans de toutes les parties du Monde alloient à la Mecque, gouvernée par un Shérif que nommoit le Calife; & c'étoit principalement par ce pélérinage que le Calife maître de la Mecque étoit vénérable à tous les Princes de sa croyance. Mais ces Princes distinguant la Religion de leurs intérêts, dépouilloient le Calife en lui rendant hommage.

DE

DE L'EMPIRE

DE

CONSTANTINOPLE,

AU VIII. & IX. SIECLES.

TAndis que l'Empire de Charlemagne se démembroit, que les inondations des Sarrazins & des Normands désoloient l'Occident, l'Empire de Constantinople subsistoit comme un grand arbre, vigoureux encore. Mais déjà vieux, dépouillé de quelques racines, & assailli de tous côtés par la tempête, cet Empire n'avoit plus rien en Afrique, la Syrie & une partie de l'Asie Mineure lui étoient enlevées. Il défendoit contre les Musulmans ses frontiéres vers l'orient de la Mer Noire, & tantôt vaincu,

tan-

tantôt vainqueur, il auroit pu au moins se fortifier contre eux par cet usage continuel de la guerre. Mais du côté du Danube & vers le bord occidental de la Mer Noire, d'autres ennemis le ravageoient. Une Nation de Scythes, nommée les Abares ou Avares, les Bulgares, autres Scythes, dont la Bulgarie tient son nom, désoloient tous ces beaux climats de la Romanie, où Adrien & Trajan avoient construit de si belles Villes, & ces grands-chemins desquels il ne subsiste plus que quelques chaussées.

Les Abares surtout répandus dans la Hongrie & dans l'Autriche se jettoient tantôt sur l'Empire d'Orient, tantôt sur celui de Charlemagne. Ainsi des frontiéres de la Perse à celles de la France, la Terre étoit en proie à des incursions presque continuelles.

Si les frontiéres de l'Empire Grec étoient toujours resserrées & toujours

jours

jours désolées, la Capitale étoit le
théatre des révolutions & des crimes. Un mêlange de l'artifice des
Grecs & de la férocité des Thraces,
formoit le caractére qui régnoit à
la Cour. En effet quel spectacle
nous représente Constantinople?
Maurice & ses cinq enfans massacrés : Phocas assassiné pour prix
de ses meurtres & de ses incestes :
Constantin empoisonné par l'Impératrice Martine, à qui on arrache
la langue tandis qu'on coupe le
nez à Héracléonas son fils : Cons-
tans assommé dans un bain par ses
domestiques : Constantin Pogonate
qui fait crever les yeux à ses deux
fréres : Justinien II. son fils prêt
à faire à Constantinople ce que
Théodose fit à Thessalonique, surpris, mutilé & enchaîné par Léonce au moment qu'il alloit faire é-
gorger les principaux Citoyens :
Léonce bientôt traité lui - même
comme il avoit traité Justinien II.
ce Justinien rétabli, faisant couler

sous

fous fes yeux dans la Place publique le fang de fes ennemis, & périffant enfin fous la main d'un boureau : Philippe Bardanés détrôné & condamné à perdre les yeux : Léon l'Ifaurien & Conftantin Copronyme morts à-la-vérité dans leur lit, mais après un régne fanguinaire, auffi malheureux pour le Prince que pour les Sujets. L'Impératrice Iréne, la premiére femme qui monta fur le trône des Céfars, & la premiére qui fit périr fon fils pour régner : Nicéphore fon fucceffeur, détefté de fes Sujets, pris par les Bulgares, décollé, fervant de pâture aux bêtes, tandis que fon crane fert de coupe à fon vainqueur. Enfin Michel Curopalate contemporain de Charlemagne, confiné dans un Cloître, & mourant ainfi moins cruellement, mais plus honteufement que fes prédéceffeurs. C'eft ainfi que l'Empire eft gouverné pendant 200 ans. Quelle hiftoire de brigands obfcurs punis en Place publique pour leurs crimes, est plus horrible & plus dégoutante ? Cependant il faut voir au IX. Siécle Léon l'Arménien, brave guerrier, mais ennemi des Images, assassiné à la Messe dans le tems qu'il chantoit une Antienne : ses assassins s'aplaudissant d'avoir tué un hérétique, vont tirer de prison un Officier, nommé Michel le Bègue, condamné à la mort par le Sénat, & qui au lieu d'être exécuté, reçut la Pourpre Impériale. Ce fut lui qui étant amoureux d'une Religieuse, se fit prier par le Sénat de l'épouser, sans qu'aucun Evêque osât être d'un sentiment contraire. Ce fait est d'autant plus digne d'attention, que presqu'en même tems on voit Euphemius en Sicile, poursuivi criminellement pour un semblable mariage ; & quelque tems après, on avoit condamné à Constantinople le mariage très-légitime de l'Empereur Léon.

Les

Les affaires de l'Eglise font fi mêlées avec celles de l'Etat, que je peux rarement les féparer, comme je voudrois.

Cette ancienne querelle des Images troubloit toujours l'Empire. La Cour étoit tantôt favorable, tantôt contraire à leur culte, felon qu'elle voyoit pancher l'efprit du plus grand nombre. Michel le Bêgue commença par les confacrer, & finit par les abattre.

Son fucceffeur Théophile, qui régna environ douze ans depuis 829 jufqu'à 842, fe déclara contre ce culte. On a écrit qu'il ne croyoit point la Réfurrection, qu'il nioit l'exiftence des Démons, & qu'il n'admettoit pas Jéfus-Chrift pour Dieu. Il fe peut faire qu'un Empereur penfât ainfi ; mais faut-il croire, je ne dis pas fur les Princes feulement, mais fur les particuliers, des ennemis qui fans prouver aucun fait, décrient la re-ligion & les mœurs des hommes

I 2   qui

qui n'ont pas pensé comme eux?

Ce Théophile fils de Michel le Bégue fut presque le seul Empereur qui eût succédé paisiblement à son pére depuis deux siécles. Sous lui les adorateurs des Images furent plus persécutés que jamais. On connoît aisément par ces longues persécutions, que tous les citoyens étoient divisés.

Il est remarquable, que deux femmes ayent rétabli les Images. L'une est l'Impératrice Iréne veuve de Léon IV. & l'autre l'Impératrice Théodora veuve de Théophile.

Théodora, maîtresse de l'Empire d'Orient sous le jeune Michel son fils, persécuta à son tour les ennemis des Images. Elle porta son zéle ou sa politique plus loin. Il y avoit encore dans l'Asie Mineure un grand nombre de Manichéens qui vivoient paisibles, parce que la fureur d'enthousiasme, qui n'est guéres que dans les sectes naissantes, étoit passée. Ils étoient

ri-

riches par le commerce. Soit qu'on en voulût à leurs opinions ou à leurs biens, on fit contre eux des Edits sévérés, qui furent exécutés avec cruauté. La persécution leur rendit leur premier fanatisme. On en fit périr des milliers dans les supplices. Le reste désespéré se révolta. Il en passa plus de 40000 846. chez les Musulmans, & ces Manichéens auparavant si tranquiles, devinrent des ennemis irréconciliables, qui joints aux Sarrazins ravagérent l'Asie Mineure jusqu'aux portes de la Ville Impériale, dépeuplée par une peste horrible en 842, & devenue un objet de pitié.

La peste proprement dite, est une maladie particuliére aux Peuples de l'Afrique, comme la petite-vérole. C'est de ces Pays qu'elle vient toujours par des Vaisseaux marchands. Elle inonderoit l'Europe sans les sages précautions qu'on prend dans nos Ports, & pro-

probablement l'inattention du Gouvernement laiſſa entrer la contagion dans la Ville Impériale.

Cette même inattention expoſa
l'Empire à un autre fléau. Les
Ruſſes s'embarquérent vers le Port
qu'on nomme aujourd'hui Azoph
ſur la Mer Noire, & vinrent ravager tous les rivages du Pont Eu-
xin. Les Arabes d'un autre côté
pouſſérent encore leurs conquêtes
par-delà l'Arménie & dans l'Aſie
Mineure. Enfin Michel le Jeune,
après un régne cruel & infortuné,
fut aſſaſſiné par Baſile, qu'il avoit
tiré de la plus baſſe condition pour
l'aſſocier à l'Empire.

L'adminiſtration de Baſile ne fut
guéres plus heureuſe. C'eſt ſous
ſon régne qu'eſt l'époque du grand
Schiſme, qui diviſa l'Egliſe Grecque de la Latine.

Les malheurs de l'Empire ne
furent pas beaucoup réparés ſous
Léon, qu'on appella le Philoſophe;
non qu'il fût un Antonin, un
Marc-

Marc-Aurele, un Julien, un Aaron Rachild, un Alfred, mais parce qu'il étoit favant. Il paſſe pour avoir le premier ouvert un chemin aux Turcs, qui ſi longtems après ont pris Conſtantinople.

Les Turcs qui combattirent depuis les Sarrazins & qui mêlés à eux, furent leur ſoutien & les deſtructeurs de l'Empire Grec, a-voient-ils déjà envoyé des Colonies dans ces contrées voiſines du Danube ? On n'a guéres d'hiſtoires véritables de ces émigrations des Barbares.

Il n'y a que trop d'apparence que les hommes ont ainſi vécu longtems. A peine un Pays étoit un peu cultivé, qu'il étoit envahi par une Nation affamée, chaſſée à ſon tour par une autre. Les Gaulois n'étoient-ils pas deſcendus en Italie, n'avoient-ils pas été juſques dans l'Aſie Mineure ? Vingt Peuples de la Grande Tartarie n'ont-ils pas cherché de nouvelles Terres?

                Mal-

Malgré tant de défaftres, Conftantinople fut encore longtems la
Ville Chrétienne la plus opulente,
la plus peuplée, la plus recommandable par les Arts. Sa fituation
feule par laquelle elle domine fur
deux Mers, la rendoit néceffaire-
ment commerçante. La pefte de
842, toute deftructive qu'elle avoit
été, ne fut qu'un fléau paffager.
Les Villes de commerce & où la
Cour réfide, fe repeuplent toujours par l'affluence des voifins.
Les Arts mécaniques & les beaux
Arts même ne périffent point dans
une vafte Capitale qui eft le féjour
des riches.

Toutes ces révolutions fubites
du Palais, les crimes de tant d'Empereurs égorgés les uns par les autres, font des orages qui ne tom-
bent guéres fur des hommes ca-
chés, qui cultivent en paix des
profeffions qu'on n'envie point.

Les richeffes n'étoient point é-
puifées : on dit qu'en 857 Théodora

dora mére de Michel, en se dé-
mettant malgré elle de la Régence,
& traitée à peu près par son fils
comme Marie de Médicis le fut
de nos jours par Louis XIII. fit
voir à l'Empereur, qu'il y avoit
dans le trésor cent neuf mille livres pesant d'Or & trois cens mille livres d'Argent.

Un Gouvernement sage pouvoit
donc encore maintenir l'Empire
dans sa puissance. Il étoit resserré,
mais non démembré, changeant
d'Empereurs, mais toujours uni sous
celui qui se revêtoit de la pourpre.
Enfin plus riche, plus plein de
ressources, plus puissant que celui
d'Allemagne. Cependant il n'est
plus, & l'Empire d'Allemagne subsiste encore.

DE L'ITALIE,

DES

PAPES,

ET DES AUTRES AFFAIRES DE L'EGLISE AU VIII & IX. SIECLES.

ON a vu avec quelle prudence les Papes se conduisirent sous Pepin & sous Charlemagne, comme ils assoupirent habilement les querelles de Religion, & comme chacun d'eux établit sourdement les fondemens de la grandeur Pontificale.

Leur pouvoir étoit déjà trop grand, puisque Gregoire IV. rebâtit le Port d'Ostie & que Léon IV. fortifia Rome à ses dépens. Mais tous les Papes ne pouvoient être de grands-hommes, & toutes les conjoncjonctures ne pouvoient leur être favorables. Chaque vacance de siége causoit presque autant de troubles que l'élection d'un Roi en Pologne. Le Pape élu avoit à ménager à la fois le Sénat Romain, le Peuple & l'Empereur. La Noblesse Romaine avoit grande part au Gouvernement, elle élisoit alors deux Consuls tous les ans. Elle créoit un Préfet, qui étoit une espéce de Tribun du Peuple. Il y avoit un Tribunal de douze Sénateurs, & c'étoit ces Sénateurs qui nommoient les principaux Officiers du Duché de Rome. Ce Gouvernement municipal avoit tantôt plus, tantôt moins d'autorité. Les Papes avoient à Rome plutôt un grand crédit qu'une puissance législative.

S'ils n'étoient pas Souverains de Rome, ils ne perdoient aucune occasion d'agir en Souverains de l'Eglise d'Occident.

Nicolas I. écrivoit ainsi à Hinc-

mar,

mar, Archevêque de Rheims en 863: „ Nous avons appris par le „ rapport de plusieurs personnes „ fidéles, que vous avez déposé „ notre cher frére Rothade ab- „ sent ; c'est pourquoi nous vous „ mandons de venir incessamment „ à Rome avec ses accusateurs & le „ Prêtre qui a été le sujet de sa „ déposition. Si dans un mois a- „ près la réception de cette Let- „ tre vous ne rétablissez pas Ro- „ thade, je vous défends de célé- „ brer la Messe, &c. "

On résistoit toujours à ces entreprises des Papes, mais pour peu que de tant d'Evêques un seul vînt à fléchir, sa soumission étoit regardée à Rome comme un devoir : il falloit donc nécessairement que l'Eglise de Rome, supérieure d'ailleurs aux autres , fût presque leur Souveraine à force de vouloir l'être.

Gontier Archevêque de Cologne, déposé par le même Nicolas I. pour avoir été d'un avis contraire

au Pape dans un Concile tenu à
Metz en 864, écrivit à toutes les
Eglifes, ,, Quoique le Seigneur Ni-
,, colas qu'on nomme Pape, & qui
,, fe compte Pape & Empereur,
,, nous ait excommuniés, nous
,, avons réfifté à fa folie". Enfuite
dans fon écrit s'adreffant au Pape
même, ,, Nous ne recevons point,
,, dit-il, votre maudite fentence,
,, nous la méprifons, nous, vous
,, rejettons vous-même de notre
,, Communion, nous contentant
,, de celle des Evêques nos freres
,, que vous méprifez", &c.

Un frére de l'Archevêque de
Cologne porta lui-même cette
proteftation à Rome, & la mit
fur le tombeau de Saint Pierre, l'é-
pée à la main. Mais bientôt après
l'état politique des affaires ayant
changé, ce même Archevêque
changea auffi. Il vint au Mont
Caffin fe jetter aux genoux du Pape Adrien fucceffeur de Nicolas.
,, Je déclare, dit-il, devant Dieu

,, &

,, & devant ſes Saints, à vous
,, Monſeigneur Adrien, Souverain
,, Pontife, aux Evêques qui vous
,, ſont ſoumis, & à toute l'Aſſem-
,, blée, que je ſupporte humble-
,, ment la ſentence de dépoſition
,, donnée canoniquement contre
,, moi par le Pape Nicolas", &c.
On ſent combien un exemple de
cette eſpéce affermiſſoit les prétentions de l'Egliſe Romaine, & les
conjonctures rendoient ces exemples fréquens.

Le même Nicolas I. excommunia la femme de Lothaire Roi de
Lorraine, fils de l'Empereur Lothaire. Il n'étoit pas bien décidé
ſi elle étoit épouſe légitime ; mais
il étoit moins décidé encore, ſi le
Métropolitain de Rome devoit ſe
mêler du lit d'un Souverain ; ce
n'étoit pas-là que ſe bornoient leurs
876. prétentions. Le Pape Jean VIII.
dans une ſentence qu'il prononça
contre Formoſe Evêque de Porto,
qui fut depuis Pape, dit poſitive-
ment

ment qu'il a élu & ordonné Empereur son cher fils Charles le Chauve.

Je passe beaucoup d'entreprises de cette nature, qui rempliroient des volumes. Il suffit de voir quel étoit l'esprit de Rome.

La plus grande affaire que l'Eglise eut alors, & qui en est encore une très-importante aujourd'hui, fut l'origine de la séparation totale des Grecs & des Latins. La Chaire Patriarchale de Constantinople étant, ainsi que le Trône, l'objet de l'ambition, étoit sujette aux mêmes révolutions. L'Empereur mécontent du Patriarche Ignace, l'obligea à signer lui-même sa déposition, & mit à sa place Photius Eunuque du Palais, homme d'une grande qualité, d'un vaste génie, & d'une science universelle. Il étoit Grand-Ecuyer & Ministre d'Etat. Les Evêques pour l'ordonner Patriarche, le firent passer en six jours par tous les degrés. Le

pre-

premier jour on le fit Moine, parce que les Moines étoient alors regardés comme faisant partie de la
Hiérarchie. Le second jour il fut
Lecteur, le troisiéme Soudiacre,
puis Diacre, Prêtre, & enfin Patriarche le jour de Noël en 858.

Le Pape Nicolas prit le parti
d'Ignace, & excommunia Photius.
Il lui reprochoit surtout d'avoir passé de l'Etat Laïc à celui d'Evêque
avec tant de rapidité; mais Photius répondoit avec raison, que
Saint Ambroise, Gouverneur de Milan & à peine Chrétien, avoit joint
la dignité d'Evêque à celle de Gouverneur plus rapidement encore.
Photius excommunia donc le Pape
à son tour, & le déclara déposé. Il
prit le titre de Patriarche Oecuménique, & accusa hautement d'hérésie les Evêques d'Occident de la
communion du Pape. Le plus
grand reproche qu'il leur faisoit,
rouloit sur la procession du Pére &
du Fils. Les autres sujets d'anathê-
me

me étoient que les Latins se servoient de pain non levé pour l'Eucharistie, mangeoient des œufs en
Carême, & que leurs Prêtres se faisoient raser la barbe. Etranges raisons pour brouiller l'Occident avec
l'Orient.

L'Empereur Basile, assassin de Michel son bienfaicteur & des pro-
tecteurs de Photius, déposa ce Patriarche dans le tems qu'il jouissoit de sa victoire. Rome profita
de cette conjoncture pour faire assembler à Constantinople le huitiéme Concile Oecuménique, composé
de trois cens Evêques. Il est à remarquer que les Légats qui présidoient ne savoient pas un mot de
Grec, & que parmi les autres Evêques très peu savoient le Latin.
Photius y fut universellement condamné comme intrus, & soumis à
la pénitence publique. On signa
pour les cinq Patriarches avant de
signer pour le Pape. Mais en tout
cela les questions qui partageoient
l'O-

l'Orient & l'Occident , ne furent point agitées , on ne vouloit que déposer Photius.

Quelques tems après , le vrai Patriarche, Ignace, étant mort, Photius eut l'adresse de se faire rétablir par l'Empereur Basile. Le Pape Jean VIII. le reçut à sa communion, le reconnut , lui écrivit, & malgré ce huitiéme Concile Oecuménique, qui avoit anathématisé ce Patriarche, le Pape envoya ses Légats à un autre Concile à Constantinople , dans lequel Photius fut reconnu innocent par quatre cens Evêques, dont trois cens l'avoient auparavant condamné. Les Légats de ce même siége de Rome, qui l'avoient anathématisé, servirent eux-mêmes à casser le huitiéme Concile Oecuménique. On a beaucoup blâmé cette condescendance du Pape Jean VIII. mais on n'a pas assez songé que ce Pontife avoit alors besoin de l'Empereur Basile. Un Roi de Bulgarie, nommé Bogoris ,

ga-

gagné par l'habileté de sa femme qui étoit Chrétienne, s'étoit converti à l'exemple de Clovis & du Roi Egbert. Il s'agissoit de savoir de quel Patriarchat cette nouvelle Province Chrétienne dépendroit. Constantinople & Rome se la disputoient. La décision dépendoit de l'Empereur Basile. Voilà en partie le sujet des complaisances qu'eut l'Evêque de Rome pour celui de Constantinople.

Il ne faut pas oublier que dans ce Concile, ainsi que dans le précédent, il y eut des *Cardinaux*. On nommoit ainsi des Prêtres & des Diacres qui servoient de Conseils aux Métropolitains. Il y en avoit à Rome comme dans d'autres Eglises. Ils étoient déjà distingués, mais ils signoient après les Evêques & les Abbés.

Le Pape donna par ses Lettres & par ses Légats le titre de *Votre Sainteté* au Patriarche Photius. Les autres Patriarches sont aussi appellés

lés *Papes* dans ce Concile. C'eft un nom Grec, commun à tous les Prêtres, & qui peu à peu eft devenu le terme diftinctif du Métropolitain de Rome.

On eut encore l'adreffe de ne point parler dans ce Concile des points qui divifoient les Eglifes d'Orient & d'Occident. Le Pape écrivit au Patriarche, qu'il étoit convenable de fufpendre la grande querelle fur le *qui ex Patre Filioque procedit*; & que l'ufage immémorial étant à Rome de chanter dans le Symbole *qui ex Patre procedit*, il falloit s'en tenir à cet ufage, fans blâmer ceux qui ajoûtoient *ex Filio*.

Il paroît que Jean VIII. fe conduifoit avec prudence; car fes fucceffeurs s'étant brouillés avec l'Empire Grec, & ayant alors adopté le huitiéme Concile Oecuménique de 869, & rejetté l'autre, qui abfolvoit Photius, la paix établie par Jean VIII. fut alors rompue. Photius
écla-

éclata contre l'Eglife Romaine, la traita d'hérétique au fujet de cet article du *Filioque procedit*, des œufs en Carême, de l'Euchariftie faite avec du pain fans levain, & de plufieurs autres ufages. Mais le grand point de la divifion étoit la Primatie. Photius & fes fucceffeurs vouloient être les premiers Evêques du Chriftianifme, & ne pouvoient fouffrir que l'Evêque de Rome, d'une Ville qu'ils regardoient alors comme barbare, féparée de l'Empire par fa rebellion, & en proye à qui voudroit s'en emparer, difputât la préféance à l'Evêque de la Ville Impériale. Le tems a décidé la fupériorité de Rome & l'humiliation de Conftantinople.

Photius qui eut dans fa vie plus de revers que de gloire, fut dépofé par des intrigues de Cour, & mourut malheureux ; mais fes fucceffeurs attachés à fes prétentions, les foutinrent avec vigueur.

Le Dogme ne troubla point encore

core l'Eglife d'Occident; à peine a-
t-on confervé la mémoire d'une
petite difpute excitée en 814 par
un nommé Jean Godefcalc fur la
Prédeftination & fur la Grace; &
je ne ferai nulle mention d'une
folie épidémique, qui faifit le peuple de Dijon en 844, à l'occafion
d'une Sainte Bénigne qui donnoit,
difoit-on, des convulfions à ceux
qui prioient fur fon tombeau; je
ne parlerois pas, dis-je, de cette
fuperftition populaire, fi elle ne
s'étoit renouvellée de nos jours avec
fureur dans des circonftances toutes pareilles. Les mêmes folies
femblent deftinées à reparoître de
tems en tems fur la fcéne du Monde : mais auffi le bon-fens eft le
même dans tous les tems, & on
n'a rien dit de fi fage fur les miracles modernes de Saint Médard
de Paris, que ce que dit en 844
un Evêque de Lyon fur ceux de
Dijon. „ Voilà un étrange Saint,
„ qui eftropie ceux qui ont re-
„ cours

,, cours à lui : il me semble que les
,, miracles devroient être faits pour
,, guérir les maladies, & non pour
,, en donner ".

Ces minuties ne troubloient point la paix en Occident, & les querelles Théologiques n'étoïent point ce à quoi Rome s'attachoit ; on travailloit à augmenter la puissance temporelle. Elles firent plus de bruit en Orient, parce que les Ecclésiastiques y étoient sans puissance temporelle. Il y a encore une autre cause de la paix en Occident, c'est la grande ignorance des Ecclésiastiques.

ETAT

ETAT DE L'EMPIRE

DE

L'OCCIDENT,

DE L'ITALIE, ET DE LA PA-PAUTE' SUR LA FIN DU IX. SIECLE, ET DANS LE COURS DU X. DANS LA MOITIE' DU XI. JUSQU'A' HENRI III.

APrès la déposition de Charles le Gros, l'Empire d'Occident ne subsista plus que de nom. Arnould, Arnolfe ou Arnold, bâtard de Carloman & d'une fille nommée Carantine, se rendit maître de l'Allemagne ; mais l'Italie étoit partagée entre deux Seigneurs, tous deux du sang de Charlemagne par les femmes ; l'un étoit un
Duc

Duc de Spoléte , hommé Gui,
l'autre Bérenger Duc de Frioul.
Tous deux investis de ces Duchés
par Charles le Chauve, tous prétendans à l'Empire aussi bien qu'au
Royaume de France. Arnould en
qualité d'Empereur, regardoit aussi
la France comme lui appartenant
de droit, tandis que la France dé-
tachée de l'Empire, étoit partagée
entre Charles le Simple qui la per-
doit , & le Roi Eudes grand-oncle de Hugues Capet , qui l'usur-
poit.

Un Bozon, Roi d'Arles, disputoit encore l'Empire. Le Pape Formose , Evêque peu accrédité de la
malheureuse Rome , ne pouvoit
que donner l'Onction Sacrée au
plus fort. Il couronna en 892 ce
Gui de Spoléte. L'année d'après il
couronna Bérenger vainqueur , &
deux autres années après il fut
forcé de couronner cet Arnould qui
vint assiéger Rome & la prit d'assaut. Le serment équivoque, que

reçut Arnoud des Romains, prouve que déjà les Papes prétendoient à la souveraineté de Rome. Tel étoit ce serment : „ Je jure par les „ Saints Mystéres que sauf mon „ honneur, ma loi & ma fidélité à „ Monseigneur Formose Pape, je se- „ rai fidéle à l'Empereur Arnoud".

Les Papes étoient alors en quelque sorte semblables aux Califes de Bagdat , qui révérés dans tous les Etats Musulmans comme les Chefs de la Religion , n'avoient plus guéres d'autre droit que celui de donner les investitures des Royaumes à ceux qui les demandoient les armes à la main ; mais il y avoit entre ces Califes & ces Papes cette différence , que les Califes é- toient tombés , & que les Papes s'étoient élevés.

Il n'y avoit réellement plus d'Empire , ni de droit ni de fait. Les Romains qui s'étoient donnés à Charlemagne par acclamation, ne vouloient plus reconnoître des bâtards,

des

des étrangers, à peine maîtres d'u-
ne partie de la Germanie.

Le Peuple Romain dans son a-
baissement, dans son mélange avec
tant d'étrangers, conservoit encore
comme aujourd'hui cette fierté se-
crette que donne la grandeur passée. Il trouvoit insupportable que
des Bructéres, des Cattes, des Mar-
comans, se dissent les successeurs des
Céfars, & que les rives du Mein
& la forêt Hercinie fussent le cen-
tre de l'Empire de Titus & de
Trajan.

On frémissoit à Rome d'indignation, & on rioit en même tems
de pitié, lorsqu'on apprenoit qu'a-
près la mort d'Arnoud, son fils
Hiludovic, que nous appellons
Louis, avoit été créé Empereur
des Romains à l'âge de trois ou
quatre ans dans un Village barbare, nommé Fourkem, par quelques Seigneurs & Evêques Germains. C'étoit en effet un étrange
Empire Romain que ce Gouverne-

ment qui n'avoit alors ni les Pays entre le Rhin & la Meuse, ni la France, ni la Bourgogne, ni l'Espagne, ni rien enfin dans l'Italie, & pas même une Maison dans Rome qu'on pût dire appartenir à l'Empereur.

Du tems de ce Louis, dernier Empereur du sang de Charlemagne par bâtardise, mort en 912, l'Empire Romain resserré en Allemagne, fut ce qu'étoit la France, une Contrée dévastée par les guerres civiles & étrangéres, sous un Prince élu en tumulte & mal obéi.

Tout est révolution dans les Gouvernemens : c'en est une frappante que de voir ces Saxons sauvages traités par Charlemagne comme les Ilotes par les Lacédémoniens, donner ou prendre au bout de 112 ans cette même dignité, qui n'étoit plus dans la maison de leur vainqueur. Othon Duc de Saxe, après la mort de Louis,

met

met par son crédit la couronne
d'Allemagne sur la tête de Conrad
Duc de Franconie ; & après la
mort de Conrad, le fils du Duc
Othon de Saxe, Henri l'Oiseleur
est élu. Tous ceux qui s'étoient
fait Princes héréditaires en Germanie, joints aux Evêques, faisoient ces élections.

Dans la décadence de la famille
de Charlemagne, la plupart des
Gouverneurs des Provinces s'é-
toient rendus absolus. Mais ce qui
d'abord étoit usurpation, devint
bientôt un droit héréditaire.

Les Evêques de plusieurs grands
siéges, déjà puissans par leur dignité, n'avoient plus qu'un pas à
faire pour être Princes, & ce pas
fut bientôt fait. De-là vient la puissance séculiére des Evêques de Mayence, de Cologne, de Tréves,
de Wurtsbourg, & de tant d'autres
en Allemagne & en France. Les
Archevêques de Rheims, de Lyon,
de Beauvais, de Langres, de Laon,

 s'ats'attribuérent les droits régaliens. Cette puiſſance des Eccléſiaſtiques ne dura pas en France, mais en Allemagne elle eſt affermie pour longtems. Enfin les Moines eux-mêmes devinrent Princes, les Abbés de Fulde, de Saint Gal, de Kempten, de Corbie, &c. Ils étoient de petits Rois dans les Pays où 80 ans auparavant ils défrichoient avec leurs mains quelques terres que des propriétaires charitables leur avoient données. Tous ces Seigneurs, Ducs, Comtes, Marquis, Evêques, Abbés, rendoient hommage au Souverain. On a longtems cherché l'origine de ce Gouvernement Féodal. Il eſt à croire qu'elle n'en a point d'autre que l'ancienne coutume de toutes les Nations, d'impoſer un hommage & un tribut au plus foible. On ſait qu'enſuite les Empereurs Romains donnérent des Terres à perpétuité à de certaines conditions. On en trouve des exemples dans les vies

d'Ad'Alexandre Sévére & de Probus. Les Lombards furent les premiers qui érigérent des Duchés relevant en fief de leur Royaume. Spoléte & Bénévent furent sous les Rois Lombards des Duchés héréditaires.

Avant Charlemagne, Tassillon possédoit le Duché de Baviére à condition d'un hommage, & ce Duché eût appartenu à ses descendans, si Charlemagne ayant vaincu ce Prince, n'eût dépouillé le pére & les enfans.

Point de Villes libres alors en Allemagne, ainsi point de commerce, point de grandes richesses. Les Villes n'avoient pas même de murailles. Cet Etat qui pouvoit être si puissant, étoit devenu si foible par le nombre & la division de ses Maîtres, que l'Empereur Conrad fut obligé de promettre un tribut annuel aux Hongrois, Huns ou Pannoniens, si bien contenus par Charlemagne, & si humiliés par

K 4 les

les Empereurs de la Maison d'Autriche. Mais alors ils sembloient être ce qu'ils avoient été sous Attila. Ils ravageoient l'Allemagne, les Frontiéres de la France. Ils descendoient en Italie par le Tyrol, après avoir pillé la Baviére, & revenoient ensuite avec les dépouilles de tant de Nations.

C'est au régne d'Henri l'Oiseleur que se débrouilla un peu le cahos de l'Allemagne. Ses limites étoient alors le Fleuve de l'Oder, la Bohême, la Moravie, la Hongrie, les rivages du Rhin, de l'Escaut, de la Moselle, de la Meuse, & vers le Septentrion la Poméranie & le Holstein étoient ses barriéres.

Il faut que Henri l'Oiseleur fût un des Rois des plus dignes de régner. Sous lui les Seigneurs de l'Allemagne si divisés sont réunis. Le 920. premier fruit de cette réunion est l'affranchissement du tribut qu'on payoit aux Hongrois, & une grande de victoire remportée sur cette Nation terrible. Il fit entourer de murailles la plupart des Villes d'Allemagne. Il institua des Milices. On lui attribua même l'invention de quelques Jeux militaires, qui donnoient quelques idées des Tournois. Enfin l'Allemagne respiroit, mais il ne paroît pas qu'elle prétendît être l'Empire Romain. L'Archevêque de Mayence avoit sacré Henri l'Oiseleur. Aucun Légat du Pape, aucun Envoyé des Romains n'y avoit assisté. L'Allemagne sembla pendant tout ce régne oublier l'Italie.

Il n'en fut pas ainsi, sous Othon le Grand, que les Princes Allemands, les Evêques & les Abbés élurent unanimement après la mort d'Henri son pére. L'héritier reconnu d'un Prince puissant, qui a fondé ou rétabli un Etat, est toujours plus puissant que son pére, s'il ne manque pas de courage; car il entre dans une carriére déjà ouverte,

il

Il commence où son prédécesseur
a fini. Ainsi Alexandre avoit été
plus loin que Philippe son père,
Charlemagne plus loin que Pepin,
& Othon le Grand passa beaucoup
Henri l'Oiseleur.

Les Italiens toujours factieux &
foibles, ne pouvoient ni obéir à
leurs compatriotes, ni être libres,
ni se défendre à la fois contre les
Sarrazins & les Hongrois, dont les
incursions infestoient encore leur
Pays.

DE LA PAPAUTÉ

AU

DIXIÉME SIECLE

AVANT QU'OTHON LE GRAND
SE RENDIT MAITRE DE ROME.

LE Pape Formose, fils du Prê-tre Léon, étant Evêque de Porto, avoit été à la tête d'une faction contre Jean VIII. & deux fois excommunié par ce Pape; mais ces excommunications qui furent bientôt après si terribles aux Têtes couronnées, le furent si peu pour Formose qu'il se fit élire Pape en 890.

Etienne VI. aussi fils de Prêtre, successeur de Formose, homme qui joignoit l'esprit du fanatisme à celui de la faction, ayant toute

sa

sa vie haï Formose, fit déterrer son corps qui étoit embaumé, & l'ayant revêtu des habits pontificaux, le fit comparoître dans un Concile assemblé pour juger sa mémoire. On donna au mort un Avocat, on lui fit son procès en forme; le cadavre fut déclaré coupable d'avoir changé d'Evêché, & d'avoir quitté celui de Porto pour celui de Rome; & pour réparation de ce crime, on lui trancha la tête par la main du bourreau, on lui coupa trois doigts, & on le jetta dans le Tybre.

Le Pape Etienne VI. se rendit si odieux par cette farce aussi horrible que folle, que les amis de Formose ayant soulevé les citoyens, les chargérent de fers, & l'étranglérent en prison.

La faction ennemie de cet Etienne fit repêcher le corps de Formose, & le fit enterrer pontificalement une seconde fois.

Cette querelle échauffoit les esprits.

prits. Sergius III. qui remplissoit Rome de ses brigues pour se faire Pape , fut exilé par son rival Jean IX. ami de Formose ; mais reconnu Pape après la mort de Jean IX. il fit jetter une seconde fois Formose dans le Tibre. Dans ces troubles Théodora mére de Marozie qu'elle maria depuis au Marquis de Toscane , & d'une autre Théodora , toutes trois célébres par leurs galanteries, avoit à Rome la principale autorité. Sergius n'avoit été élu que par les intrigues de Théodora la mére. Il eut étant Pape un fils de Marozie, qu'il éleva publiquement dans son Palais. Il ne paroît pas qu'il fût haï des Romains , qui naturellement voluptueux suivoient ses exemples plus qu'ils ne les blâmoient.

Après sa mort les deux sœurs Marozie & Théodora procurérent la Chaire de Rome à un de leurs favoris , hommé Landon ; mais ce Landon étant mort, la jeune Théodora fit élire Pape fon Amant Jean X. Evêque de Bologne, puis de Ravenne, & enfin de Rome. On ne lui reprocha point comme à Formofe, d'avoir changé d'Evêché. Ces Papes condamnés par la poftérité comme Evêques peu religieux, n'étoient point d'indignes Princes. Il s'en faut beaucoup. Ce Jean X. que l'amour fit Pape, étoit un homme de génie & de courage; il fit ce que tous les Papes fes prédéceffeurs n'avoient pu faire; il chaffa les Sarrafins de cette partie de l'Italie nommée le *Garillan*.

Pour réuffir dans cette expédition, il eut l'adreffe d'obtenir des troupes de l'Empereur de Conftantinople, quoique cet Empereur eût à fe plaindre autant des Romains rebelles que des Sarrafins. Il fit armer le Comte de Capoüe. Il obtint des milices de Tofcane, & marcha lui-même à la tête de cette armée, menant avec lui un jeune fils de Marozie & du Marquis

Adel-

Adelbert ayant chassé les Mahométans du voisinage de Rome, il vouloit aussi délivrer l'Italie des Allemands & des autres étrangers.

L'Italie étoit envahie presqu'à la fois par les Bérengers, par un Roi de Bourgogne, par un Roi d'Arles. Il les empêcha tous de dominer dans Rome. Mais au bout de quelques années Guido, frére utérin de Hugo Roi d'Arles, Tiran de l'Italie, ayant épousé Marozie toute puissante à Rome, cette même Marozie conspira contre le Pape si longtems Amant de sa sœur. Il fut surpris, mis aux fers, & étouffé entre deux matelats.

Marozie, maîtresse de Rome, fit élire Pape un nommé Léon, qu'elle fit mourir en prison au bout de quelques mois. Ensuite ayant donné le Siége de Rome à un homme obscur, qui ne vécut que deux ans, elle mit enfin sur la Chaire Pontificale Jean XI. son propre fils,

fils, qu'elle avoit eu de son adultére avec Sergius III.

Jean XI. n'avoit que 24 ans
quand sa mére le fit Pape ; elle ne
lui conféra cette dignité qu'à condition qu'il s'en tiendroit unique-
ment aux fonctions d'Evêque , &
qu'il ne seroit que le Chapelain de
sa mére.

On prétend que Marozie empoisonna alors son mari Guido , Marquis de Toscane. Ce qui est vrai,
c'est qu'elle épousa le frére de son
mari Hugo Roi de Lombardie , &
le mit en possession de Rome , se
flattant d'être avec lui Impératrice ; mais un fils du premier lit de
Marozie se mit alors à la tête des
Romains contre sa mére , chassa
Hugues de Rome, renferma Marozie & le Pape son fils dans le Château Saint Ange. On prétend que
Jean XI. y mourut empoisonné.

Un Etienne VIII. Allemand de
naissance, élu en 939, fut par cette

te naiſſance ſeule ſi odieux aux
Romains, que dans une ſédition
le peuple lui balafra le viſage au
point qu'il ne put jamais depuis
paroître en public.

Quelque tems après un petit-fils
de Marozie, nommé Octavien, fut
élu Pape à l'âge de 18 ans par le
crédit de ſa famille. Il prit le nom
de Jean XII. en mémoire de Jean
XI. ſon oncle. C'eſt le premier
Pape qui ait changé ſon nom à ſon
avénement au Pontificat. Il n'é-
toit point dans les Ordres quand
ſa famille le fit Pontife. C'étoit un
jeune-homme qui vivoit en Prince,
aimant les armes & les plaiſirs. On
s'étonne que ſous tant de Papes ſi
ſcandaleux & ſi peu puiſſans, l'E-
gliſe Romaine ne perdit ni ſes
prérogatives, ni ſes prétentions;
mais alors preſque toutes les autres
Egliſes étoient ainſi gouvernées.
Le Clergé d'Italie pouvoit mépri-
ſer les Papes, mais il reſpectoit la
Papauté, d'autant plus qu'ils y aſ-
pi-

piroient ; enfin dans l'opinion des hommes la place étoit sacrée, quand la personne étoit exécrable.

Pendant que Rome & l'Eglise étoient ainsi déchirées, Bérenger qu'on appelle *le Jeune*, disputoit l'Italie à Hugues d'Arles. Les Italiens, comme le dit Luitprand contemporain, vouloient toujours avoir deux Maîtres pour n'en avoir réellement aucun : fausse & malheureuse politique, qui les faisoit changer de tirans & de malheurs. Tel étoit l'Etat déplorable de ce beau Pays, lorsqu'Othon le Grand y fut appellé par les plaintes de presque toutes les Villes, & même par ce jeune Pape Jean XII. réduit à faire venir les Allemands qu'il ne pouvoit souffrir.

OThon entra en Italie, & il s'y conduisit comme Charlemagne. Il vainquit Bérenger, qui en affectoit la Souveraineté. Il se fit sacrer & couronner Empereur des Romains par les mains du Pape, prit le nom de César & d'Auguste, & obligea le Pape à lui faire serment de fidélité sur le tombeau dans lequel on dit que repose le corps de St. Pierre. On dressa un instrument autentique de cet Acte. Le Clergé & la Noblesse Romaine se soumettent à ne jamais élire de Pape qu'en présence des Commissaires de l'Empepereur. Dans cet Acte Othon confirme les donations de Pepin , de Charlemagne , de Louis le Débonnaire , ,, sauf en tout notre puissan-,, ce, dit-il, & celle de notre fils & de ,, nos descendans ''. Cet Instrument écrit en lettres d'or , souscrit par sept Evêques d'Allemagne , cinq Comtes , deux Abbés & plusieurs Prélats Italiens , est gardé encore au Château Saint Ange ; la date est du 13 Février 962.

On dit, & Mézéray le dit après d'autres , que Lothaire Roi de France & Hugues Capet depuis Roi, assistérent à ce couronnement. Les Rois de France étoient en effet alors si foibles, qu'ils pouvoient servir d'ornement au Sacre d'un Empereur ; mais le nom de Lothaire & de Hugues Capet ne se trouve pas dans les signatures de cet Acte.

Le Pape s'étant ainsi donné un Maître, quand il ne vouloit qu'un Protecteur , lui fut bientôt infidé-le.

le. Il se ligua contre l'Empereur avec Bérenger même, réfugié chez des Mahométans qui venoient de se cantonner sur les côtes de Provence. Il fit venir le fils de Bérenger à Rome, tandis qu'Othon étoit à Pavie. Il envoya chez les Hongrois pour les solliciter à rentrer en Allemagne, mais il n'étoit pas assez puissant pour soutenir cette action hardie, mais l'Empereur l'étoit assez pour le punir.

Othon revint donc de Pavie à Rome, & s'étant assuré de la Ville, il tint un Concile, dans lequel il fit juridiquement le procès au Pape. Au lieu de le juger militairement, on assembla les Seigneurs Allemands & Romains, 40 Evêques, 17 Cardinaux dans l'Eglise de Saint Pierre, & là en présence de tout le peuple on accusa le Saint Pére d'avoir joui de plusieurs femmes, & sur-tout d'une nommée Etiennette, qui étoit morte en couche. Les autres chefs
d'ac-

d'accufation étoient , d'avoir fait
Evêque de Tody un enfant de dix
ans , d'avoir vendu les Ordinations
& les Bénéfices , d'avoir fait crever
les yeux à fon parrain , d'avoir
châtré un Cardinal , & enfuite de
l'avoir fait mourir , enfin de ne pas
croire en JESUS-CHRIST , & d'a-
voir invoqué le Diable : deux chofes qui femblent fe contredire. On
mêloit donc , comme il arrive prefque toujours , de fauffes accufations
à de véritables ; mais on ne parla
point du tout de la feule raifon
pour laquelle le Concile étoit affemblé. L'Empereur craignoit fans-
doute de réveiller cette révolte &
cette confpiration dans laquelle les
accufateurs même du Pape avoient
trempé. Ce jeune Pontife qui a-
voit alors vingt-fept ans , parut
dépofé pour fes inceftes & fes fcandales , & le fut en effet pour avoir
voulu , ainfi que tous les Romains,
détruire la puiffance Allemande
dans Rome,

Othon

Othon ne put se rendre maître de sa personne, ou s'il le put, il fit une faute en le laissant libre. A peine avoit-il fait élire le Pape Léon VIII. qui, si l'on en croit le discours d'Arnoud Evêque d'Orléans, n'étoit ni Ecclésiastique, ni même Chrétien. A peine en avoit-il reçu l'hommage, & avoit-il quitté Rome, dont probablement il ne devoit pas s'écarter, que Jean XII. eut le courage de faire soulever les Romains, & opposant alors Concile à Concile, on déposa Léon VIII. On ordonna que jamais l'inférieur ne pourroit ôter le rang à son supérieur.

Le Pape par cette décision n'entendoit pas seulement, que jamais les Evêques & les Cardinaux ne pourroient déposer le Pape, mais on désignoit aussi l'Empereur, que les Evêques de Rome regardoient toujours comme un séculier, qui devoit à l'Eglise l'hommage & les sermens qu'il exigeoit d'elle. Le Cardinal

nom-

nommé Jean, qui avoit écrit & lu les accusations contre le Pape, eut la main droite coupée. On arracha la langue, on coupa le nez & deux doigts à celui qui avoit servi de Greffier au Concile de déposition.

Au reste dans tous ces Conciles où présidoient la faction & la vengeance, on citoit toujours l'Evangile & les Péres, on imploroit les lumiéres du Saint Esprit, on parloit en son nom, on faisoit même des réglemens utiles; & qui liroit ces Actes sans connoître l'Histoire, croiroit lire les Actes des Saints.

Tout cela se faisoit presque sous les yeux de l'Empereur; & qui sait jusqu'où le courage & le ressentiment du jeune Pontife, le soulévement des Romains en sa faveur, la haine des autres Villes d'Italie contre les Allemands, eussent pu porter cette révolution ? Mais le Pape Jean XII. fut assassiné trois mois après, entre les bras d'une fem-

964.

femme mariée par les mains du mari qui vengeoit sa honte.

Il avoit tellement animé les Romains, qu'ils osérent, même après sa mort, soutenir un siége, & ne se rendirent qu'à l'extrémité. Othon deux fois vainqueur de Rome, fut le maître de l'Italie comme de l'Allemagne.

Le Pape Léon créé par lui, le Sénat, les principaux du Peuple, le Clergé de Rome solemnellement assemblés dans Saint Jean de Latran, confirmérent à l'Empereur le droit de se choisir un Successeur au Royaume d'Italie, d'établir le Pape & de donner l'investiture aux Evêques. Après tant de Traités & de sermens formés par la crainte, il falloit des Empereurs qui demeurassent à Rome pour les faire observer.

A peine l'Empereur Othon étoit retourné en Allemagne, que les Romains voulurent être libres. Ils mirent en prison leur nouveau Pa-

     pe,

pe, créature de l'Empereur. Le Préfet de Rome, les Tribuns, le Sénat, voulurent faire revivre les anciennes loix ; mais ce qui dans un tems est une entreprise de héros, devient dans d'autres une révolte de séditieux. Othon revole en Italie, fait pendre une partie du Sénat, & le Préfet de Rome qui avoit voulu être un Brutus, fut fouetté dans les carrefours, promené nud sur un âne, & jetté dans un cachot, où il mourut de faim.

Tel fut à peu près l'état de Rome sous Othon le Grand, Othon II. & Othon III. Les Allemands tenoient les Romains subjugués, & les Romains brisoient leurs fers dès qu'ils le pouvoient.

Un Consul nommé Crescentius, fils du Pape Jean X. & de la fameuse Marozie, prenant avec ce titre de Consul la haine de la Royauté, arma Rome contre Othon II. Il fit mourir en prison Bénoît noit VI. créature de l'Empereur ; & l'autorité d'Othon quoiqu'éloigné, ayant dans ces troubles donné la Chaire Romaine au Chancelier de l'Empire en Italie, qui fut Pape sous le nom de Jean XIV. ce malheureux Pape fut une nouvelle victime que le Parti Romain immola. Le Pape Boniface VIII. créature du Consul Crescentius déjà souillé du sang de Benoit VI. fit encore périr Jean XIV. Les tems de Caligula, de Néron, de Vitellius, ne produisirent ni des infortunes plus déplorables, ni de plus grandes barbaries ; mais les horreurs de ces Papes sont obscures comme eux. Ces tragédies sanglantes se jouoient sur le théatre de Rome, mais petit & ruiné ; & celles des Césars avoient pour théatre le Monde connu.

Crescentius maintint quelque tems l'ombre la République Romaine. Il chassa du Siége Pontifical Grégoire IV. neveu de l'Em-

pe-

pereur Othon III. Mais enfin Rome fut encore afliégée & prife. Crefcentius attiré hors du Château Saint Ange fur l'efpérance d'un accommodement & fur la foi des fermens de l'Empereur, eut la tête tranchée. Son corps fut pendu par les pieds, & le nouveau Pape élu par les Romains, fous le nom de Jean XV. eut les yeux crevés & le nez coupé. On le jetta en cet état du haut du Château Saint Ange dans la Place.

Les Romains renouvellérent alors à Othon III. les fermens faits à Othon I. & à Charlemagne.

Après les trois Othons, ce combat de la domination Allemande, & de la liberté Italique, refta long-tems dans les mêmes termes. Sous les Empereurs Henri II. de Baviére, Conrad II. le Salique, dès qu'un Empereur étoit occupé en Allemagne, il s'élevoit un parti en Italie. Henri II. y vint comme les Othons diffiper des factions, confirfirmer aux Papes les donations des Empereurs, & recevoir les mêmes hommages. Cependant la Papauté étoit à l'encan, ainsi que presque tous les autres Evêchés.

Benoit VIII. Jean XIX. l'achetérent publiquement l'un après l'autre: ils étoient fréres de la maison des Marquis de Toscane, toujours puissante à Rome depuis le tems de Marozie.

Après leur mort, pour perpétuer le Pontificat dans leur maison on acheta encore les suffrages pour un enfant de douze ans. C'étoit Benoit IX. qui eut l'Evêché de Rome de la même maniére, qu'on voit encore aujourd'hui tant de familles acheter, mais en secret, des Bénéfices pour des enfans.

Ce desordre n'eut point de bornes. On vit sous le Pontificat de ce Benoit IX. deux autres Papes élus à prix d'argent, & trois Papes dans Rome s'excommunier réciproquement; mais par un accord

L 3

heu-

heureux qui étouffa une guerre civile, ces trois Papes s'accordérent
à partager les revenus de l'Eglise,
& à vivre en paix, chacun avec sa
Maîtresse.

Ce Triumvirat pacifique & singulier ne dura qu'autant qu'ils eurent de l'argent; & enfin, quand
ils n'en eurent plus, chacun vendit
sa part de la Papauté au Diacre
Gratien, homme de qualité, fort
riche. Mais comme le jeune Benoit
IX. avoit été élu longtems avant
les deux autres, on lui laissa par un
accord solemnel la jouissance du tribut que l'Angleterre payoit alors à
Rome, qu'on appelloit le *Denier
de Saint Pierre*, à quoi un Roi
Danois d'Angleterre, nommé Etel-
volft, Edelvolf ou Ethelulfe s'étoit
soumis en 852.

Ce Gratien qui prit le nom de
Gregoire VI. & qui passe pour s'ê-
tre conduit très-sagement, jouissoit paisiblement du Pontificat,
1046. lorsque l'Empereur Henri III. fils

de

de Conrad II. le Salique, vint à Rome.

Jamais Empereur n'y exerça plus d'autorité. Il déposa Gregoire VI. que les Romains aimoient, & nomma Pape Suidger son Chancelier Evêque de Bamberg sans qu'on osât murmurer.

Après la mort de cet Allemand, 1048. qui parmi les Papes est appellé Clément II. l'Empereur qui étoit en Allemagne, y créa Pape un Bavarois nommé Popon : c'est Damaze II. qui avec le Brevet de l'Empereur alla se faire reconnoître à Rome. Il le fut malgré ce Benoit IX. qui vouloit encore rentrer dans la Chaire Pontificale après l'avoir vendue.

Ce Bavarois étant mort vingt-trois jours après son intronisation, l'Empereur donna la Papauté à son cousin Brunon de la Maison de Lorraine, qu'il transféra de l'Evêché de Toul à celui de Rome avec une autorité absolue.

L 4

DE

DE LA FRANCE

VERS LE TEMS DE

HUGUES CAPET.

PEndant que l'Allemagne commençoit à prendre ainſi une
nouvelle forme d'adminiſtration ,
& que Rome & l'Italie n'en avoient
aucune , la France devenoit comme l'Allemagne un Gouvernement
entiérement féodal.

Ce Royaume s'étendoit des environs de l'Eſcaut & de la Meuſe
juſqu'à la Mer Britannique & des
Pyrenées au Rhône. C'étoit alors ſes
bornes ; car quoique tant d'Hiſtoriens prétendent que ce grand Fief
de la France alloit par-delà les Pyrenées juſqu'à l'Ebre , il ne paroît
point du tout que les Eſpagnols de
ces Provinces entre l'Ebre & les
Pyrenées fuſſent ſoumis au foible

Gou-

Gouvernement de France en combattant contre les Mahométans.

La France, dans laquelle ni la Provence ni le Dauphiné n'étoient compris, étoit un assez grand Royaume, mais il s'en falloit beaucoup que le Roi de France fût un grand Souverain. Louis, le dernier des descendans de Charlemagne, n'avoit plus pour tout domaine que les Villes de Laon, de Soissons, & quelques Terres qu'on lui contestoit. L'hommage rendu par la Normandie, ne servoit qu'à faire un Roi vassal qui auroit pu soudoyer son Maître. Chaque Province avoit ou ses Comtes ou ses Ducs héréditaires ; celui qui n'avoit pu se saisir que de deux ou trois Bourgades, rendoit hommage aux usurpateurs d'une Province ; & qui n'avoit qu'un Château, relevoit de celui qui avoit usurpé une Ville.

Le tems & la nécessité établirent que les Seigneurs des grands

Fiefs

Fiefs marcheroient avec des troupes au secours du Roi. Tel Seigneur devoit 40 jours de service, tel autre 25, les arriéres-vassaux marchoient aux ordres de leurs Seigneurs immédiats. Mais si tous ces Seigneurs particuliers servoient l'Etat quelques jours, ils se faisoient la guerre entre eux presque toute l'année. Envain les Conciles, qui dans ces tems de crimes ordonnérent souvent des choses justes, avoient réglé qu'on ne se battroit point depuis le jeudi jusqu'au point du jour du lundi, & dans les tems de Pâques & dans d'autres solemnités ; ces réglemens n'étant point appuyés d'une justice coërcitive, étoient sans vigueur. Chaque Château étoit la Capitale d'un petit Etat de Brigands, chaque Monastére étoit en armes : leurs Avocats qu'on appelloit Avoyers, institués dans les premiers tems pour présenter leurs requêtes au Prince & ménager leurs affaires, étoient les
Gé-

Généraux de leurs troupes : les Moissons étoient ou brulées, ou coupées avant le tems, ou défendues l'épée à la main : les Villes presque réduites en solitude, & les Campagnes dépeuplées par de longues famines.

Il semble que ce Royaume sans Chef, sans police, sans ordre, dût être la proie de l'Etranger ; mais une anarchie presque semblable, dans tous les Royaumes, fit sa sureté ; & quand sous les Othons l'Allemagne fut plus à craindre, les guerres intestines l'occupérent.

C'est de ces tems barbares que nous tenons l'usage de rendre hommage pour une Maison & pour un Bourg au Seigneur d'un autre Village. Un Praticien, un Marchand qui se trouve possesseur d'un ancien Fief, reçoit foi & hommage d'un autre Fermier ou d'un Pair du Royaume qui aura acheté un arriére-fief dans sa censive. Les

loix de Fiefs ne subsistent plus ;
mais ces vieilles coutumes de mou-
vances , d'hommages , de rede-
vances subsistent encore : dans la
plupart des Tribunaux on admet
cette maxime , *nulle Terre sans
Seigneur* , comme si ce n'étoit pas
assez d'appartenir à la Patrie.

Quand la France , l'Italie &
l'Allemagne furent ainsi partagées
sous un nombre innombrable de
petits Tyrans , les armées dont la
principale force avoit été l'Infanterie sous Charlemagne , ainsi que
sous les Romains , ne furent plus
que de la Cavalerie. On ne connut plus que les Gens d'armes ; les
Gens de pied n'avoient pas ce
nom , parce qu'en comparaison des
hommes de cheval ils n'étoient
point armés.

Les moindres possesseurs de Cha-
tellenies ne se mettoient en campagne qu'avec le plus de chevaux
qu'ils pouvoient , & le faste consistoit alors à mener avec soi des
Ecu-

Ecuyers qu'on appella *vaslets* du mot *vassalet*, petit vassal. L'honneur étant donc mis à ne combattre qu'à cheval, on prit l'habitude de porter une armure complette de fer, qui eût accablé un homme à pied de son poids. Les brassars, les cuissars furent une partie de l'habillement. On prétend que Charlemagne en avoit eu, mais ce fut vers l'an mille que l'usage en fut commun.

Quiconque étoit riche devint presqu'invulnérable à la guerre, & c'étoit alors qu'on se servit plus que jamais de massues pour assommer ces Chevaliers que les pointes ne pouvoient percer. Le plus grand commerce alors fut en cuirasses, en boucliers, en casques ornés de plumes.

Les Paysans qu'on traînoit à la guerre, seuls exposés & méprisés, servoient de pionniers plutôt que de combattans. Les chevaux plus estimés qu'eux, furent bardés de

L 7

fer,

fer, leur tête fut armée de champ-
frain.

On ne connut guéres alors de
loix que celles que les plus puiſſans firent pour le ſervice des Fiefs.
Tous les autres objets de la Juſtice
diſtributive furent abandonnés au
caprice des Maîtres-d'hôtel, Pré-
vôts, Baillis, nommés par les poſſeſſeurs des Terres.

Les Sénats de ces Villes qui ſous
Charlemagne & ſous les Romains
avoient joui du gouvernement municipal, furent abolis preſque par-
tout. Le mot de *Senior*, *Seigneur*,
affecté longtems à ces principaux
du Sénat des Villes, ne fut plus
donné qu'aux poſſeſſeurs des Fiefs.

Le terme de Pair commençoit
alors à s'introduire dans la Langue Gallo-Tudeſque, qu'on parloit
en France. Il venoit du mot La-
tin *par*, qui ſignifie *égal* ou *confré-
re.* On ne s'en étoit ſervi que dans
ce ſens ſous la premiére & la ſeconde Race des Rois de France.

Les

Les enfans de Louis le Débonnaire s'appellérent *pares* dans une de leurs entrevues l'an 851 ; & long-tems auparavant Dagobert donne le nom de *pairs* à des Moines. Godegrand, Evêque de Metz du tems de Charlemagne, appelle *Pairs* des Evêques & des Abbés, ainsi que le marque le savant Du Cange.

Les Vassaux d'un même Seigneur s'accoutumérent donc à s'appeller *Pairs*.

Alfred le Grand avoit établi en Angleterre les Jurés, c'étoit des Pairs dans chaque profession. Un homme dans une cause criminelle choisissoit douze hommes de sa profession pour être juges. Quelques Vassaux en France en u-férent ainsi, mais le nombre des Pairs n'étoit pas pour cela déter-miné à douze. Il y en avoit dans chaque Fief autant que de Barons qui relevoient du même Seigneur, & qui étoient Pairs entre eux, mais non Pairs de leur Seigneur féodal.   Les

Les Princes qui rendoient un hommage immédiat à la Couronne, tels que les Ducs de Guyenne, de Normandie, de Bourgogne, les Comtes de Flandres, de Toulouse, étoient donc en effet des Pairs de France.

Hugues Capet n'étoit pas le moins puissant. Il possédoit depuis longtems le Duché de France, qui s'étendoit jusqu'en Touraine. Il étoit Comte de Paris. De vastes domaines en Picardie & en Champagne lui donnoïent encore une grande autorité dans ces Provinces. Son frére avoit ce qui compose aujourd'hui le Duché de Bourgogne. Son grand-pére Robert le Fort, & son grand-oncle Eudes ou Odon, avoient tous deux porté la couronne du tems de Charles le Simple. Hugues son pére, surnommé l'Abbé à cause des Abbaïes de St. Denis, de St. Martin de Tours, de St. Germain des Prez, & de tant d'autres qu'il possédoit, avoit é-

branlé

branlé & gouverné la France. Ainſi l’on peut dire, que depuis l’année 810, où le Roi Eudes commença ſon régne, ſa Maiſon a gouverné ſans interruption; & que ſi on excepte Hugues l’Abbé qui ne voulut pas prendre la Couronne Royale, elle forme une ſuite de Souverains de plus de 850 ans, filiation unique parmi les Rois.

On ſait comment Hugues Capet, Duc de France, Comte de Paris, enleva la couronne au Duc Charles oncle du dernier Roi Louis V. Si les ſuffrages euſſent été libres, le ſang de Charlemagne reſpecté, & le droit de ſucceſſion auſſi ſacré qu’aujourd’hui, Charles auroit été Roi de France. Ce ne fut point un Parlement de la Nation qui le priva du droit de ſes ancêtres; ce fut ce qui fait & défait les Rois, la force aidée de la prudence.

Tandis que Louis, ce dernier Roi du Sang Carlovingien, étoit prêt à finir à l’âge de 23 ans ſa vie obſcure

par

par une maladie de langueur, Hugues Capet assembloit déjà ses forces; & loin de recourir à l'autorité d'un Parlement, il sut dissiper avec des troupes un Parlement qui se tenoit à Compiégne pour assurer la succession à Charles. La lettre de Gerbert, depuis Archevêque de Rheims & Pape sous le nom de Sylvestre II. déterrée par Duchesne, en est un témoignage autentique.

Charles Duc de Brabant & de Hainaut, Etats qui composoient la basse Lorraine, succomba sous un rival plus puissant & plus heureux que lui; trahi par l'Evêque de Laon, surpris & livré à Hugues Capet, il mourut captif dans la tour d'Orléans; & deux enfans mâles qui ne purent le venger, mais dont l'un eut cette basse Lorraine, furent les derniers Princes de la postérité masculine de Charlemagne. Hugues Capet devenu Roi de ses Pairs, n'en eut pas un plus grand domaine.

ETAT

ETAT

DE LA

FRANCE

AUX. & XI. SIECLES.

LA France démembrée languit dans des malheurs obſcurs depuis Charles le Gros juſqu'à Philippe I. arriére-petit-fils de Hugues Capet, près de 250 années. Nous verrons ſi les Croiſades qui ſignalérent le régne de Philippe I. à la fin de l'XI. Siécle, rendirent la France plus floriſſante. Mais dans l'eſpace de tems dont je parle, tout ne fut que confuſion, tyrannie, barbarie & pauvreté. Chaque Seigneur un peu conſidérable faiſoit battre monnoie, mais c'étoit à qui l'altéreroit. Les belles Manufactures étoient en Gréce & en Italie. Les François ne pouvoient les imiter dans des Villes sans privilége, & dans un Pays sans union.

De tous les événemens de ce tems, le plus digne de l'attention d'un Citoyen est l'excommunication du Roi Robert. Il avoit épousé Berthe sa cousine au quatriéme degré ; mariage en soi légitime, & de plus nécessaire au bien de l'Etat. Nous avons vu de nos jours des particuliers épouser leurs niéces, & acheter au prix ordinaire les dispenses à Rome, comme si Rome avoit des droits sur des mariages qui se font à Paris. Le Roi de France n'éprouva pas autant d'indulgence. L'Eglise Romaine dans l'avilissement & les scandales où elle étoit plongée, osa imposer au Roi une pénitence de sept ans, lui ordonna de quitter sa femme, l'excommunia en cas de refus. Le Pape interdit tous les Evêques qui avoient assisté à

ce

ce mariage , & leur ordonna de venir à Rome lui demander pardon. Tant d'audace paroît incroyable , mais l'ignorante fuperftition de ces tems peut l'avoir fouffert , & la politique peut l'avoir caufée. Gregoire V. qui fulmina cette excommunication , étoit Allemand , & gouverné par Gerbert ci-devant Archevêque de Rheims, ennemi de la Maifon de France. L'Empereur Othon III. peu ami de Robert , affifta lui-même au Concile où l'excommunication fut prononcée : tout cela fait croire que la Raifon d'Etat eut autant de part à cet attentat , que le fanatifme.

Les Hiftoriens difent que cette excommunication fit en France tant d'effet , que tous les Courtifans du Roi & fes propres Domeftiques l'abandonnérent , & qu'il ne lui refta que deux Serviteurs qui jettoient au feu le refte de fes repas,

pas, ayant horreur de ce qu'avoit touché un excommunié. Quelque dégradée que fût alors la Raison humaine, il n'y a pas d'apparence que l'abſurdité pût aller ſi loin. Le premier Auteur qui a écrit cet excès de l'abrutiſſement de la Cour de France, eſt le Cardinal Pierre Damien, qui n'écrivit que 64 ans après. Il rapporte qu'en punition de cet inceſte prétendu, la Reine accoucha d'un monſtre ; mais il n'y eut rien de monſtrueux dans toute cette affaire, que l'audace du Pape, & la foibleſſe du Roi qui ſe ſépara de ſa femme.

Les excommunications, les interdits ſont des foudres qui n'embraſent un Etat que quand ils trouvent des matiéres combuſtibles. Il n'y en avoit point alors, mais peut-être Robert craignit-il qu'il ne s'en formât.

La condeſcendance du Roi Robert enhardit tellement les Papes,

que son petit-fils Philippe I. fut
excommunié comme lui. D'abord
le fameux Gregoire VII. le mena-
ça de le déposer en 1075, s'il ne
se justifioit de l'accusation de si-
monie devant ses Nonces. Un autre Pape l'excommunia en effet.
Philippe s'étoit dégoûté de sa femme, & étoit amoureux de Bertrade épouse du Comte d'Anjou. Il
se servit du ministére des loix pour
casser son mariage sous prétexte
de parenté, & Bertrade sa Maîtresse fit casser le sien avec le
Comte d'Anjou sous le même prétexte.

Le Roi & sa Maîtresse furent
ensuite mariés solemnellement par
les mains d'un Evêque de Bayeux.
Ils étoient condamnables, mais ils
avoient au moins rendu ce respect
aux loix, que de se servir d'elles
pour couvrir leurs fautes. Quoi
qu'il en soit, un Pape avoit excommunié Robert pour avoir épousé

fé fa parente, & un autre Pape excommunia Philippe pour avoir quitté fa parente. Ce qu'il y a de plus fingulier, c'eft qu'Urbain II. qui prononça cette fentence, la prononça dans les propres Etats du Roi, à Clermont en Auvergne, où il venoit chercher un azile, & dans ce même Concile où nous verrons qu'il prêcha la Croifade.

Cependant il ne paroît point que Philippe excommunié ait été en horreur à fes Sujets ; c'eft une raifon de plus pour douter de cet abandon général, où l'on dit que le Roi Robert avoit été réduit.

Ce qu'il y eut d'affez remarquable, c'eft le mariage du Roi Henri péré de Philippe avec une Princeffe Mofcovite. Les Mofcovites ou Ruffes commençoient à être Chrétiens, mais ils n'avoient aucun commerce avec le refte de l'Europe. Ils habitoient au-delà de la
Po-

Pologne, à peine Chrétienne elle-
même , & sans aucune correspon-
dance avec la France. Cependant
le Roi Henri envoya jusqu'en Rus-
sie demander la fille du Souverain , à qui les autres Européens
donnoient le titre de Duc , aussi
bien qu'au Chef de la Pologne.
Les Russes le nommoient dans leur
langage *Tzaar*, dont on a fait depuis le mot de *Czar*. On prétend
que Henri se détermina à ce mariage, dans la crainte d'essuyer des
querelles Ecclésiastiques. De toutes les superstitions de ces tems-
là, ce n'étoit pas la moins nuisible
au bien des Etats, que celle de ne
pouvoir épouser sa parente au septiéme dégré. Presque tous les Souverains de l'Europe étoient parens
de Henri. Quoi qu'il en soit, Anne fille de Jaraslau Czar de Moscovie fut Reine de France , & il
est à remarquer qu'après la mort
de son mari , elle n'eut point la

Tom. I.   M   Ré-

1060. Régence & n'y prétendit point.

Les loix changent selon les tems. Ce fut le Comte de Flandres, un des Vassaux du Royaume, qui en fut Régent. La Reine veuve se remaria à un Comte de Crepi. Tout cela seroit singulier aujourd'hui, & ne le fut point alors.

Ni Henri, ni Philippe I. ne firent rien de mémorable, mais de leur tems leurs Vassaux & Arriéres-vassaux conquirent des Royaumes.

CON-

CONQUETE
DE LA
SICILE
PAR LES NORMANDS.

LE goût des pélérinages & des avantures régnoit alors. Quelques Normands ayant été en Paleſtine vers l'an 983, paſſérent à leur retour ſur la Mer de Naples dans la Principauté de Salerne. Les Seigneurs de ce petit Etat l'avoient uſurpé ſur les Empereurs de Conſtantinople. Gaimar, Prince de Salerne, étoit aſſiégé dans ſa Capitale par les Mahométans. Les Avanturiers Normands lui offrirent leurs ſervices, & l'aidérent à faire lever le ſiége. De retour chez eux, comblés des préſens du Prince, ils engagérent d'autres Avanturiers à chercher leur fortune à

 ſon

fon service. Peu à peu les Normands reprirent l'habitude de leurs péres de paffer les mers. Un d'eux, nommé Raoul, alla l'an 1016 avec une troupe choifie offrir au Pape Benoit VIII. fes fervices contre les Mahométans. Le Pape le pria de le fecourir plutôt contre l'Empereur d'Orient, qui dépouillé de tout en Occident foutenoit encore quelques droits contre l'Eglife dans la Calabre & dans la Pouille. Les Normands auxquels il étoit très-indifférent de fe battre contre des Mufulmans, ou contre des Chrétiens, fervirent très-bien le Pape contre leur ancien Souverain. Bientôt après Tancréde de Hauteville, du territoire de Coutance en Normandie, alla dans la Pouille avec plufieurs de fes enfans, vendant toujours leurs fervices à qui les payoit le mieux. Ils pafférent des petites armées du Duc de Capoue à celles du Duc de Salerne; ils fervirent contre les Sarrafins, s'ar-
mé-

mérent ensuite contre les Grecs, & enfin contre les Papes, ayant pour ennemi tous ceux qu'ils pouvoient dépouiller.

Le Pape Léon IX. se servit contre eux d'excommunications. Guillaume Fierabra fils de Tancréde, & ses fréres Humfroy, Robert & Richard, Chefs de ces Normands, après avoir vaincu la petite armée du Pape, l'assiégérent dans un Château près de Bénévent, le prirent prisonnier, le gardérent plus d'une année, & ne le relâchérent que quand il fut attaqué d'une maladie, dont il alla mourir à Rome.

Il fallut bientôt que la Cour de Rome pliât sous ces nouveaux usurpateurs. Elle leur céda une partie des patrimoines que les Empereurs d'Occident lui avoient donné sans en être les maîtres.

1052

Le Pape Nicolas II. alla lui-même dans la Pouille trouver ces Normands, toujours excommuniés & toujours donnant la loi. Il céda à

M 3   Ri-

Richard la Principauté de Capoue,
à Robert Guichard la Pouille, la
Calabre & la Sicile entiére, que
Robert Guichard commençoit à
conquérir fur les Sarrafins. Robert
fe foumit de fon côté envers le Pape à la redevance perpétuelle de
douze deniers monnoie de Pavie
pour chaque paire de bœufs dans
tous les Pays qu'on lui cédoit, &
lui fit hommage de ce que fes fréres & lui avoient conquis fur les
Chrétiens & fur les Mahométans.
Enfin en 1101 Roger, petit-fils de
Tancréde & frére de ce Boemond
fi célébre dans les Croifades, acheva de conquérir fur les Mahométans toute la Sicile, dont les Papes font demeurés toujours Seigneurs Suzerains.

CONQUETE

DE

L'ANGLETERRE

PAR GUILLAUME DUC DE NORMANDIE.

TANDIS que de simples Cito-yens de Normandie fon-doient si loin des Royaumes, leurs Ducs en acquéroient un plus beau, sur lequel les Papes osérent préten-dre le même droit que sur la Sicile. La Nation Britannique étoit, mal-gré sa fierté, destinée à se voir toujours gouvernée par des étran-gers. Après la mort d'Alfred arri-vée en 900, l'Angleterre retomba dans la confusion & la barbarie. Les anciens Anglo-Saxons ses pre-miers vainqueurs, & les Danois ses usurpateurs nouveaux, s'en dispu-

M 4

toient

toient toujours la possession, & de nouveaux Pirates Danois venoient encore souvent partager les dépouilles. Ces Pirates continuoient d'être si terribles & les Anglois si foibles, que vers l'année 1000 on ne put se racheter d'eux qu'en payant quarante-huit mille livres sterling. On imposa pour lever cette somme, une taxe qui dura depuis assez longtems en Angleterre, ainsi que la plupart des autres taxes qu'on continue toujours de lever après le besoin. Ce tribut humiliant fut appellé Argent Danois, *Dann-geld*.

Canut Roi de Dannemarc qu'on a nommé le Grand, & qui n'a fait que de grandes cruautés, remit sous sa domination en 1017 le Dannemarc & l'Angleterre. Les naturels Anglois furent traités alors comme des esclaves. Les Auteurs de ce tems avouent que quand un Anglois rencontroit un Danois, il

fal-

falloit qu'il s'arrêtât jusqu'à ce que le Danois eût passé.

La race de Canut ayant manqué en 1041, les Etats du Royaume reprenant leur liberté, déférérent la couronne à Edouard, un descendant des anciens Anglo-Saxons, qu'on appelle le Saint & le Confesseur. Une des grandes fautes ou un des grand malheurs de ce Roi, fut de n'avoir point d'enfans de sa femme Edithe, fille du plus puissant Seigneur du Royaume. Il haïssoit sa femme ainsi que sa propre mére pour des raisons d'Etat, & les fit éloigner l'une & l'autre. La stérilité de son mariage servit à sa canonisation. On prétendit qu'il avoit fait vœu de chasteté : vœu téméraire dans un mari, & absurde dans un Roi qui avoit besoin d'héritiers. Ce vœu, s'il fut réel, prépara de nouveaux fers à l'Angleterre.

Les mœurs & les usages de ce tems-là ne ressemblent en rien aux

 nô-

nôtres. Guillaume VIII. Duc de Normandie, qui conquit l'Angleterre, loin d'avoir aucun droit sur ce Royaume, n'en avoit pas même sur la Normandie, si la naissance donnoit les droits. Son pére le Duc Robert qui ne s'étoit jamais marié, l'avoit eu de la fille d'un Péletier de Falaise, que l'Histoire appelle *Harlot*, terme qui signifioit & signifie encore aujourhui en Anglois *concubine* ou *femme publique*. Ce bâtard reconnu du vivant de son pére pour héritier légitime, se maintint par son habileté & par sa valeur contre tous ceux qui lui disputoient son Duché. Il régnoit paisiblement en Normandie, & la Bretagne lui rendoit hommage. Lorsqu'Edouard le Confesseur étant mort, il prétendit au Royaume d'Angleterre, le droit de succession ne paroissoit alors établi dans aucun Etat de l'Europe. La couronne d'Allemagne étoit élective, l'Espagne étoit

par-

partagée entré les Chrétiens & les Musulmans. La Lombardie changeoit chaque jour de Maître. La Race Carlovingienne détrônée en France, faisoit voir ce que peut la force contre le droit du sang. Edouard le Confesseur n'avoit point joui du trône à titre d'héritage. Harald successeur d'Edouard n'étoit point de sa race, mais il avoit le plus incontestable de tous les droits, les suffrages de toute la Nation. Guillaume le Bâtard n'avoit pour lui ni le droit d'élection, ni celui d'héritage, ni même aucun parti en Angleterre. Il prétendit que dans un voyage qu'il fit autrefois dans cette Ile, le Roi Edouard avoit fait en sa faveur un testament que personne ne vit jamais. Il disoit encore qu'autrefois il avoit délivré de prison Harold, & qu'il lui avoit cédé ses droits sur l'Angleterre. Il appuya ses foibles raisons d'une forte armée.

Les Barons de Normandie as-

sem-

semblés en forme d'Etats, refusérent de l'argent à leur Duc pour cette expédition, parce que s'il ne réussissoit pas, la Normandie en resteroit apauvrie, & qu'un heureux succès la rendroit Province d'Angleterre; mais plusieurs Normands hazardérent leur fortune avec leur Duc. Un seul Seigneur nommé Fiz Othbern équipa quarante vaisseaux à ses dépens. Le Comte de Flandre, beau-pére du Duc Guillaume, le secourut de quelque argent. Le Pape même entra dans ses intérêts. Il excommunia tous ceux qui s'opposeroient aux desseins de Guillaume. Enfin il partit de Saint Valeri avec une flotte nombreuse. On ne sait combien il avoit de vaisseaux, ni de soldats. Il aborda sur les côtes de Sussex, & bientôt après se donna dans cette Province la fameuse bataille de Hastings, qui décida seule du sort de l'Angleterre. Les Anglois ayant leur Roi Harold à leur tête, & les Nor-

14 Octobre. 1066.

Normands conduits par leur Duc, combattirent pendant douze heures. La gendarmerie qui commençoit à faire ailleurs la force des armées, ne paroît pas avoir été employée dans cette bataille. Les Chefs y combattirent à pied, Harold & deux de ses fréres y furent tués. Le vainqueur s'aprocha de Londres, portant devant lui une banniére bénite, que le Pape lui avoit envoyée. Cette banniére fut l'étendart auquel tous les Evêques se ralliérent en sa faveur. Ils vinrent aux portes avec le Magistrat de Londres lui offrir la couronne qu'on ne pouvoit refuser au vainqueur.

Guillaume sut gouverner comme il sut conquérir. Plusieurs révoltes étouffées, des irruptions des Danois rendues inutiles, des loix rigoureuses durement exécutées signalérent son régne. Anciens Bretons, Danois, Anglo-Saxons, tous furent confondus dans le même es-

cla-

clavage. Les Normands qui avoient eu part à sa victoire, partagérent par ses bienfaits les terres des vaincus. De-là toutes ces Familles Normandes, dont les descendans ou du-moins les noms subsistent encore en Angleterre. Il fit faire un dénombrement exact de tous les biens des Sujets, de quelque nature qu'ils fussent. On prétend qu'il en profita pour se faire en Angleterre un revenu de quatre cens mille livres sterling ; ce qui feroit aujourd'hui environ cinq millions sterling, & plus de cent millions de France. Il est évident qu'en cela les Historiens se sont trompés. L'Etat d'Angleterre d'aujourd'hui, qui comprend l'Ecosse & l'Irlande, n'a pas un si gros revenu, si vous en déduisez ce qu'on paye pour les anciennes dettes du Gouvernement. Ce qui est sûr, c'est que Guillaume abolit toutes les loix du Pays pour y introduire celles de Normandie. Il ordonna

qu'on

qu'on plaidât en Normand, & dé-
puis lui tous les Actes furent expé-
diés en cette langue jusqu'à E-
douard III. Il voulut que la langue des vainqueurs fût la seule du
Pays. Des Écoles de la Langue
Normande furent établies dans
toutes les Villes & les Bourgades.
Cette langue étoit le François mê-
lé d'un peu de Danois : idiôme
barbare, qui n'avóit aucun avantage sur celui qu'on parloit en Angleterre. On prétend qu'il traitoit
non seulement la Nation vaincue
avec dureté , mais qu'il affectoit
encore des caprices tiranniques.
On en donne pour exemple la *Loi
du couvre-feu* , par laquelle il falloit au son de la cloche éteindre le
feu dans chaque maison à huit heures du soir. Mais cette loi bien
loin d'être tyrannique, n'est qu'u-
ne ancienne police Ecclésiastique,
établie presque dans tous les anciens Cloîtres du Pays du Nord.
Les maisons étoient bâties de bois ,

&

& la crainte du feu étoit un objet des plus importans de la Police générale.

On lui reproche encore d'avoir détruit tous les Villages qui se trouvoient dans un circuit de quinze lieues, pour en faire une Forêt, dans laquelle il pût goûter le plaisir de la chasse. Une telle action est trop insensée pour être vraisemblable. Les Historiens ne font pas attention qu'il faut au moins vingt années pour qu'un nouveau plan d'arbres devienne une Forêt propre à la chasse. On lui fait semer cette Forêt en 1080, il avoit alors 63 ans. Quelle apparence y a-t-il qu'un homme raisonnable ait à cet âge détruit des Villages pour semer quinze lieues en bois dans l'espérance d'y chasser un jour?

Le Conquérant de l'Angleterre fut la terreur du Roi de France Philippe I. qui voulut abaisser trop tard un Vassal si puissant, & se jetta sur le Mayne, qui dépendoit alors

alors de la Normandie. Guillaume repassa la mer, reprit le Mayne, & contraignit le Roi de France à demander la paix.

Les prétentions de la Cour de Rome n'éclatérent jamais plus singuliérement qu'avec ce Prince. Le Pape Gregoire VII. prit le tems qu'il faisoit la guerre à la France pour demander qu'il lui rendît hommage du Royaume d'Angleterre. Cet hommage étoit fondé sur cet ancien Denier de Saint Pierre, qu'une partie de l'Angleterre payoit à l'Eglise de Rome. Il revenoit à environ trois livres de notre monnoie par chaque maison, aumône trop forte que les Papes regardoient comme un tribut. Guillaume le Conquérant fit dire au Pape, qu'il pourroit bien continuer l'aumône, mais au lieu de faire hommage il fit défense en Angleterre de ne reconnoître d'autre Pape que celui qu'il aprouve-
roit.

roit. La propofition de Gregoire VII. devint par-là ridicule à force d'être audacieufe. C'eft ce même Gregoire VII. qui bouleverfoit l'Europe pour élever le Sacerdoce au-deffus de l'Empire; mais avant de parler de cette querelle mémorable & des Croifades qui prirent naiffance dans ces tems, il faut voir en peu de mots en quel état étoient les autres Pays de l'Europe.

DE

DE L'ETAT

OU' ETOIT

L'EUROPE

AU X. ET XI. SIECLES.

LA Ruſſie avoit embraſſé le Chriſtianiſme à la fin du VIII. Siécle. Les femmes étoient deſtinées à convertir les Royaumes. Une ſœur des Empereurs Baſile & Conſtantin, mariée au pére de ce Czar Jaraſlau, dont j'ai parlé, obtint de ſon mari qu'il ſe feroit batizer. Les Ruſſes eſclaves de leur Maître l'imitérent, mais ils ne prirent du Rit Grec que les ſuperſtitions.

Environ dans ce tems-là une femme attira encore la Pologne au Chriſtianiſme. Miceſlas Duc de
Po-

Pologne fut converti par sa femme sœur du Duc de Bohême. J'ai déjà remarqué que les Bulgares avoient reçu la foi de la même maniére. Giselle sœur de l'Empereur Henri fit encore Chrétien son mari Roi de Hongrie dans la premiére année du XI. Siécle; ainsi il est très-vrai que la moitié de l'Europe doit aux femmes son Christianisme.

La Suéde chez qui elle avoit été prêchée dès le IX. Siécle, étoit redevenue idolâtre. La Bohême & tout ce qui est au Nord de l'Elbe, renonça au Christianisme en 1013. Toutes les Côtes de la Mer Baltique vers l'Orient étoient Payennes. Les Hongrois en 1047 retournérent au Paganisme. Mais toutes ces Nations étoient beaucoup plus loin encore d'être polies, que d'être Chrétiennes.

La Suéde, probablement depuis longtems épuisée d'habitans par ces anciennes émigrations dont l'Eul'Europe fut inondée, paroît dans le VIII. IX. X. & XI. Siécles comme enfévelie dans fa barbarie, fans guerre & fans commerce avec fes voifins ; elle n'a part à aucun grand événement, & n'en fut probablement que plus heureufe.

La Pologne beaucoup plus barbare que Chrétienne conferva jufqu'au XIII. Siécle toutes les coutumes des anciens Sarmates, de tuer leurs enfans qui naiffoient imparfaits, & les vieillards invalides. Qu'on juge par-là du refte du Nord.

L'Empire de Conftantinople n'étoit ni plus refferré ni plus agrandi que nous l'avons vu au IX. Siécle. A l'Occident il fe défendoit contre les Bulgares, à l'Orient & au Nord contre les Turcs & les Arabes.

On a vu en général ce qu'étoit l'Italie : des Seigneurs particuliers partageoient tout le Pays depuis Rome jufqu'à la Mer de la Calabre ;

bre ; & les Normands en avoient
la plus grande partie. Florence,
Milan, Pavie, se gouvernoient par
leurs Magistrats sous des Comtes
ou sous des Ducs nommés par les
Empereurs. Bologne étoit plus libre.

La Maison de Morienne dont
descendent les Ducs de Savoye,
Rois de Sardaigne, commençoit
à s'établir.   Elle possédoit comme
Fief de l'Empire la Comté héréditaire de Savoye & de Maurien-
ne, depuis que Humbert aux blan-
ches mains, tige de cette Maison,
avoit eu en 888 ce petit démem-
brement du Royaume de Bourgogne.

Les Suisses & les Grisons déta-
chés aussi de ce même Royaume,
obéissoient aux Baillis que les Empereurs nommoient.

Deux Villes maritimes d'Italie
commençoient à s'élever non par
ces invasions subites qui ont fait les
droits de presque tous les Princes

qui

qui ont passé en revue, mais par une
industrie sage qui dégénéra aussi
bientôt en esprit de conquête. Ces
deux Villes étoient Gennes & Venise. Gennes célébre du tems des
Romains, regardoit Charlemagne
comme son restaurateur. Cet Empereur l'avoit rebâtie quelque tems
après que les Goths l'avoient dé-
truite. Gouvernée par des Comtes
sous Charlemagne & ses premiers
descendans, elle fut saccagée au
X. Siécle par les Mahométans, &
presque tous ses citoyens furent
emmenés en servitude. Mais comme c'étoit un Port commerçant,
elle fut bientôt repeuplée. Le Négoce qui l'avoit fait fleurir, servit
à la rétablir. Elle devint alors une
République. Elle prit l'Ile de Corse sur les Arabes, qui s'en étoient
emparés. C'est ici qu'il faut se souvenir que Louis le Débonnaire a-
voit donné la Corse aux Papes. Ils
exigérent un tribut des Génois,
pour cette Ile. Les Génois payérent

rent ce tribut au commencement de l'XI. Siécle, mais bientôt après ils s'en affranchirent fous le Pontificat de Lucius II. Enfin leur ambition croiffant avec leurs richeffes, de Marchands ils voulurent devenir Conquérans.

La Ville de Venife bien moins ancienne que Gennes affectoit le frivole honneur d'une plus ancienne liberté, & jouiffoit de la gloire folide d'une puiffance bien fupérieure. Ce ne fut d'abord qu'une retraite de pêcheurs & de quelques fugitifs, qui s'y réfugiérent au commencement du V. Siécle, quand les Goths ravageoient l'Italie. Il n'y avoit pour toute Ville que des cabanes fur le Rialto. Le nom de Venife n'étoit point encore connu. Ce Rialto bien loin d'être libre, fut pendant trente années une fimple Bourgade appartenant à la Ville de Padoue, qui le gouvernoit par des Confuls. La viciffitude des chofes ses a mis depuis Padoue sous le joug de Venise.

Il n'y a aucune preuve que sous les Rois Lombards Venise ait eu une liberté reconnue. Il est plus vraisemblable que ses habitans furent oubliés dans leurs marais.

Le Rialto & les petites Iles voisines ne commencérent qu'en 709 à se gouverner par leurs Magistrats. Ils furent alors indépendans de Padoue, & se regardérent comme une République.

C'est en 709 qu'ils eurent leur premier Doge, qui ne fut qu'un Tribun du Peuple élu par des Bourgeois. Plusieurs familles qui donnérent leur voix à ce premier Doge, subsistent encore. Elles sont les plus anciens Nobles de l'Europe, sans en excepter aucune Maison; & prouvent que la Noblesse peut s'acquérir autrement qu'en possédant un Château, ou en payant des Patentes à un Souverain.

Héraclée fut le premier Siége de

cette République jusqu'à la mort de son troisiéme Doge. Ce ne fut que vers la fin du IX. Siécle que ces Insulaires retirés plus avant dans leurs lagunes, donnérent à cet assemblage de petites Iles qui formérent une Ville, le nom de Venise, du nom de cette côte qu'on appelloit *terræ Venetorum*. Les habitans de ces marais ne pouvoient subsister que par leur commerce. La nécessité fut l'origine de leur puissance. Il n'est pas assurément bien décidé que cette République fût alors indépendante. On voit que Bérenger reconnu quelque tems Empereur en Italie, accorda l'an 950 au Doge le privilége de battre monnoie. Ces Doges même étoient obligés d'envoyer aux Empereurs en redevance un manteau de drap d'or tous les ans, & Othon III. leur remit en 998 cette espéce de petit tribut. Mais ces légéres marques de vassalité n'ôtoient rien à la véritable puissance de Venise;

car

car tandis que les Vénitiens payoient un manteau d'étoffe d'or
aux Empereurs, ils acquirent par
leur argent & par leurs armes toute la Province d'Istrie, & presque
toutes les côtes de Dalmatie, Spa-
latro, Raguze, Narenta. Leur
Doge prenoit vers le milieu du X.
Siécle le titre de *Duc de Dalmatie*; mais ces conquêtes enrichissoient moins Venise que le Commerce, dans lequel elle surpassoit
encore les Génois; car tandis que
les Barons d'Allemagne & de France bâtissoient des donjons & op-
primoient les peuples, Venise attiroit leur argent, en leur fournis-
sant toutes les denrées de l'Orient.
Les Mers étoient déjà couvertes de
leurs vaisseaux, & elle s'enrichis-
soit de l'ignorance & de la barbarie des Nations Septentrionales de
l'Europe.

DE L'ESPAGNE

ET DES

MAHOMÉTANS

DE CE ROYAUME, JUSQU'AU COMENCEMENT DU XII. SIECLE.

L'Espagne étoit toujours partagée entre les Mahométans & les Chrétiens, mais les Chrétiens n'en avoient pas la quatriéme partie, & ce coin de terre étoit la Contrée la plus stérile. L'Asturie dont les Princes prenoient le titre de *Roi de Léon*, une partie de la vieille Castille gouvernée par des Comtes, Barcelonne & la moitié de la Catalogne aussi sous un Comte, la Navarre qui avoit un Roi, une partie de l'Arragon unis quelque tems à la Navarre, voilà ce
qui

qui compoſoit les Etats des Chrétiens. Les Arabes poſſédoient le Portugal, la Murcie, l'Andalouſie, Valence, Grenade, Tortoſe, & s'étendoient au milieu des terres par-delà les montagnes de la Caſtille & de Sarragoſſe. Le ſéjour des Rois Mahométans étoit toujours à Cordoue. Ils y avoient bâti cette grande Moſquée, dont la voûte eſt ſoutenue de 365 Colonnes de marbre précieux, & qui porte encore parmi les Chrétiens le nom de la *Moſqueta*, Moſquée, quoiquelle ſoit devenue Cathédrale.

Les Arts y fleuriſſoient, les plaiſirs recherchés, la magnificence, la galanterie régnoient à la Cour des Rois Maures. Les Tournois, les Combats à la barriére ſont peut-être de l'invention de ces Arabes. Ils avoient des Spectacles, des Théatres, qui tout groſſiers qu'ils étoient, montroient du-moins que les autres Peuples étoient moins polis que ces Mahométans. Cor-

doue

doue étoit le seul Pays de l'Occident où la Géométrie, l'Astronomie, la Chimie, la Médecine fussent cultivées. Sanche le Gros, Roi de Léon, fut obligé de s'aller mettre à Cordoue en 956 entre les mains de ce fameux Médecin Arabe, qui invité par le Roi voulut que le Roi vînt à lui.

Cordoue est un Pays de délices arrosé par le Guadalquivir, où des forêts de citroniers, d'orangers, de grenadiers parfument l'air, & où tout invite à la mollesse.

Le luxe & le plaisir corrompirent enfin les Rois Musulmans. Leur domination fut au X. Siécle, comme celle de presque tous les Princes Chrétiens, partagée en petits Etats. Toléde, Murcie, Valence, Huesca même, eurent leurs Rois. C'étoit le tems d'accabler cette puissance divisée, mais les Chrétiens d'Espagne étoient plus divisés encore. Ils se faisoient une guerre continuelle, se réunissoient

pour

pour se trahir, & s'allioient souvent avec les Musulmans. Alphonse V. Roi de Léon, donna même l'année 1000 sa sœur Thérése en mariage au Sultan Abdala Roi de Toléde.

Les jalousies produisent plus de crimes entre les petits Princes qu'entre les grands Souverains. La guerre seule peut décider du sort des vastes Etats ; mais les surprises, les perfidies, les assassinats, les empoisonnemens sont plus communs entre des rivaux voisins, qui ayant beaucoup d'ambition & peu de ressources, mettent en œuvre tout ce qui peut supléer à la force. C'est ainsi qu'un Sancho Garcias Comte de Castille empoisonna sa mére à la fin du X. Siécle, & que son fils Don Garcie fut poignardé par trois Seigneurs du Pays dans le tems qu'il alloit se marier.

Enfin en 1035 Ferdinand, fils de Sanche Roi de Navarre & d'Arragon, réunit sous sa puissance la
N 4

vieil-

vieille Castille, dont sa famille a-
voit hérité par le meurtre de ce
Don Garcie, & le Royaume de
Léon dont il dépouilla son beau-
frére, qu'il tua dans une bataille.

Alors la Castille devint un Royaume, & Léon en fut une Province.
Ce Ferdinand, non content d'avoir
ôté la couronne de Léon & la vie
à son beaufrére, enleva aussi la
Navarre à son propre frére, qu'il
fit assassiner dans une bataille qu'il
lui livra. C'est ce Ferdinand à qui
les Espagnols ont prodigué le nom
de *grand*, apparemment pour des-
honorer ce titre trop prodigué aux
usurpateurs.

Son pére Don Sanche, surnommé aussi le Grand pour avoir succédé aux Comtes de Castille, &
pour avoir marié un de ses fils à la
Princesse des Asturies, s'étoit fait
proclamer Empereur, & Don Ferdinand voulut aussi prendre ce titre. Il est sûr qu'il n'y a, ni ne
peut y avoir de titre affecté aux
Sou-

Souverains, que ceux qu'ils veulent prendre, & que l'usage leur donne. Le nom d'Empereur signifioit par-tout l'héritier des Césars & le maître de l'Empire Romain, ou du-moins celui qui prétendoit l'être. Il n'y a pas d'apparence que cette appellation pût être le titre distinctif d'un Prince mal affermi, qui gouvernoit la quatriéme partie de l'Espagne.

L'Empereur Henri III. & non Henri II. comme le disent tant d'Auteurs, mortifia la fierté Espagnole, en demandant à Ferdinand l'hommage de ses petits Etats comme d'un Fief de l'Empire. Il est difficile de dire quelle étoit la plus mauvaise prétention, celle de l'Empereur Allemand, ou celle de l'Espagnol. Ces idées vaines n'eurent aucun effet, & l'Etat de Ferdinand resta un petit Royaume libre.

C'est sous le régne de ce Ferdinand que vivoit Rodrigue surnommé le Cid, qui en effet épousa de-

N 5

puis Chiméne , dont il avoit tué
le pére. Tous ceux qui ne connoif-
fent cette hiftoire que par la tragé-
die fi célébre dans le fiécle paffé ,
croient que le Roi Don Ferdinand
poffédoit l'Andaloufie.

Les fameux exploits du Cid furent d'abord d'aider Don Sanche
fils aîné de Ferdinand à dépouiller fes fréres & fes fœurs de l'héritage que leur avoit laiffé leur pére. Mais Don Sanche ayant été
affaffiné dans une de ces expéditions injuftes, fes fréres rentrérent
dans leurs Etats.

1073. Ce fut alors qu'il y eut près de
vingt Rois en Efpagne foit Chrétiens foit Mufulmans, & outre ces
vingt Rois un nombre confidérable de Seigneurs indépendans, qui
venoient à cheval, armés de toutes
piéces, & fuivis de quelques Ecuyers offrir leurs fervices aux Princes ou aux Princeffes qui étoient
en guerre. Cette coutume, déjà ré-
pandue en Europe, ne fut nulle part
plus

plus accréditée qu'en Espagne. Les
Princes à qui ces Chevaliers s'en-
gageoient, leur ceignoient le bau-
drier, & leur faisoient présent d'u-
ne épée, dont ils leur donnoient
un coup léger sur l'épaule. Les
Chevaliers Chrétiens ajoûtérent
d'autres cérémonies à l'accolade. Ils
faisoient la veille des armes devant
un autel de la Vierge. Les Musulmans se contentoient de se faire
ceindre un cimeterre. Ce fut-là
l'origine des Chevaliers errans, &
de tant de combats particuliers.
Le plus célébre fut celui qui se fit
après la mort du Roi Don Sanche,
assassiné en assiégeant sa sœur Ou-
raca dans la Ville de Zamore.
Trois Chevaliers soutinrent l'innocence de l'Infante contre Don Dié-
gue de Lare qui l'accusoit. Ils
combattirent l'un après l'autre en
champ clos, en présence des Juges nommés de part & d'autre.
Don Diége renversa & tua deux
des Chevaliers de l'Infante, & le

che-

cheval du troisiéme ayant les rênes coupées & emportant son Maître hors des barriéres, le combat fut jugé indécis.

Parmi tant de Chevaliers le Cid fut celui qui se distingua le plus contre les Musulmans. Plusieurs Chevaliers se rangérent sous sa banniére, & tous ensemble avec leurs Ecuyers & leurs Gendarmes composoient une armée couverte de fer, montée sur les plus beaux chevaux du Pays. Le Cid vainquit plus d'un petit Roi Maure, & s'étant ensuite fortifié dans la Ville d'Alcosar, il s'y forma une Souveraineté.

Enfin il persuada à son Maître Alfonse VI. Roi de la vieille Castille d'assiéger la Ville de Toléde, & lui offrit tous ses Chevaliers pour cette entreprise. Le bruit de ce siége & la réputation du Cid, appellérent de l'Italie & de la France beaucoup de Chevaliers & de Princes. Raimond Comte de Toulouse,

louse, & deux Princes du sang de France de la branche de Bourgogne, vinrent à ce siége. Le Roi Mahométan nommé Hiaja, étoit fils d'un des plus généreux Princes dont l'Histoire ait conservé le nom. Almamon son pére avoit donné dans Toléde un asile à ce même Roi Alfonse que son frére Sanche persécutoit alors. Ils avoient vécu longtems ensemble dans une amitié peu commune, & Almamon loin de le retenir, quand après la mort de Sanche il devint Roi & par conséquent à craindre, lui avoit fait part de ses trésors. On dit même qu'ils s'étoient séparés en pleurant. Plus d'un Chevalier Mahométan sortirent des murs pour reprocher au Roi Alfonse son ingratitude envers son bienfaiteur, & il y eut plus d'un combat singulier sous les murs de Toléde.

Le siége dura une année. Enfin Toléde capitula, mais à condition que l'on traiteroit les Musulmans

1085.

N 7

mans comme ils en avoient usé a-
vec les Chrétiens ; qu'on leur laif-
feroit leur Religion & leurs Loix.
Promeffe qu'on tint d'abord, &
que le tems fit violer. Toute la
Caftille neuve se rendit ensuite au
Cid, qui en prit poffeffion au nom
d'Alfonse, & Madrid, petite Place
qui devoit un jour être la Capitale de l'Espagne, fut pour la premiére fois au pouvoir des Chrétiens.

Plufieurs familles vinrent de France s'établir dans Toléde. On leur
donna des priviléges qu'on appel-
pelle même encore en Espagne *fran-
sches*. Le Roi Alfonse fit auffi-tôt
une affemblée d'Evêques, laquelle
fans le concours du peuple autrefois néceffaire, élut pour Evêque
de Toléde un Prêtre nommé Bernard, à qui le Pape Gregoire VII.
conféra la Primatie d'Espagne à la
priére du Roi. La conquête fut
presque toute pour l'Eglife, mais
le premier foin du Primat fut d'en
abuser, en violant les conditions

que

que le Roi avoit jurées aux Maures. La grande Mosquée devoit rester aux Mahométans. L'Archevêque pendant l'absence du Roi, en fit une Eglise, & excita contre lui une sédition. Alfonse revint à Toléde, irrité contre l'indiscrétion du Prélat. Il alloit même le punir, & il fallut que les Mahométans à qui le Roi eut la sagesse de rendre la Mosquée, demandassent la grace de l'Archevêque.

Alfonse augmenta encore par un mariage les Etats qu'il gagnoit par l'épée du Cid. Soit politique, soit goût, il épousa Zaïd fille de Benabat nouveau Roi Maure d'Andalousie, & reçut en dot plusieurs Villes.

On lui reproche d'avoir conjointement avec son beaupére appellé en Espagne d'autres Mahométans d'Afrique. Il est difficile de croire qu'il ait fait une si étrange faute contre la politique, mais

tous

tous les Rois se conduisent quelquefois contre la vraisemblance. Quoi qu'il en soit, une armée de Maures vient fondre d'Afrique en Espagne, & augmenter la confusion où tout étoit alors. Le Miramolin qui régnoit à Maroc, & dont la race y régne encore, envoie son Général Abénana au secours du Roi d'Andalousie. Ce Général trahit non seulement ce Roi même à qui il étoit envoyé, mais encore le Miramolin au nom duquel il venoit. Enfin le Miramolin irrité vient lui-même combattre son Général perfide, qui faisoit la guerre aux autres Mahométans, tandis que les Chrétiens étoient aussi divisés entre eux.

L'Espagne étoit déchirée par tant de Nations Mahométanes & Chrétiennes, lorsque le Cid Don Rodrigue à la tête de sa Chevalerie subjugua le Royaume de Valence. Il y avoit en Espagne peu de Rois plus puissans que lui, mais

il

il n'en prit pas le nom, soit qu'il
préférât le titre de Cid, soit que
l'esprit de Chevalerie le rendît fidéle au Roi Alfonse son Maître.
Cependant il gouverna Valence
avec l'autorité d'un Souverain, recevant des Ambassadeurs, & respecté de toutes les Nations. A-
près sa mort, arrivée l'an 1096,
les Rois de Castille & d'Arragon
continuérent toujours leurs guerres
contre les Maures. L'Espagne ne fut
jamais plus sanglante & plus déso-
lée. Triste effet de l'ancienne conspiration de l'Archevêque Opas &
du Comte Julien, qui faisoit au bout
de 400 ans & fit encore longtems
après les malheurs de l'Espagne.

DE LA RELIGION

ET DE LA

SUPERSTITION

DE CES TEMS-LÀ.

Es hérésies semblent être le fruit d'un peu de science & de loisir. On a vu que l'état où étoit l'Eglise au X. Siécle, ne permettoit guéres le loisir ni l'étude. Tout le monde étoit armé, & on ne se disputoit que des richesses. Cependant en France, du tems du Roi Robert, il y eut quelques Prêtres, & entre autres un nommé Etienne, Confesseur de la Reine Constance, accusés d'hérésie. On les appella Manichéens, pour leur donner un nom plus odieux; car ils n'enseignoient rien des dogmes de Manès. C'étoit probablement des enthousiastes, qui

tenrendoient à une perfection outrée, pour dominer sur les esprits. C'est le caractére de tous les Chefs de Sectes. On leur imputa des crimes horribles & des sentimens dénaturés, dont on charge toujours ceux dont on ne connoît pas les dogmes. Ils furent juridiquement accusés de réciter les Lytanies à l'honneur des Diables, d'éteindre ensuite les lumiéres, de se mêler indifféremment, & de bruler le premier des enfans qui naissoient de ces incestes, pour en avaler les cendres. Ce sont à peu près les reproches qu'on faisoit aux premiers Chrétiens. Je crois que cette calomnie des Payens contre eux, étoit fondée sur ce que les Chrétiens faisoient quelquefois la Céne, en mangeant d'un pain fait en forme de petits enfans pour représenter JESUS-CHRIST, comme il se pratique encore dans quelques Eglises Grecques. Ce qu'on peut receuillir de certain concernant les

opi-

opinions des Hérétiques dont je parle, c'eſt qu'ils enſeignoient que Dieu n'étoit point en effet venu ſur la Terre, n'étoit ni mort ni reſſuſcité, & que du pain & du vin ne pouvoient devenir ſon corps & ſon ſang. Le Roi Robert & ſa femme Conſtance ſe tranſportérent à Orléans, où ſe tenoient quelques aſſemblées de ceux qu'on appelloit Manichéens. Les Évêques firent bruler treize de ces malheureux. Le Roi, la Reine, aſſiſtérent à ce ſpectacle indigne de leur majeſté. Jamais avant cette exécution on n'avoit en France livré au ſuplice aucun de ceux qui dogmatiſent ſur ce qu'ils n'entendent point. Il eſt vrai que Priſcillien au IV. Siécle avoit été condamné à la mort dans Tréves avec ſept de ſes diſciples. Mais la Ville de Tréves qui étoit alors dans les Gaules, n'eſt plus annexée à la France depuis la décadence de la famille de Charlemagne. Ce qu'il faut obſerver, c'eſt que

que Saint Martin de Tours ne voulut point communiquer avec les Evêques qui avoient demandé le sang de Priscillien. Il disoit hautement qu'il étoit horrible de condamner des hommes à la mort, parce qu'ils se trompent. Il ne se trouva point de Saint Martin du tems du Roi Robert.

Il s'élevoit alors quelques légers nuages sur l'Eucharistie, mais ils ne formoient point encore d'orages. Je ne sai comment ce sujet de querelle avoit échappé à l'imagination ardente des Chrétiens Grecs. Il fut probablement négligé, parce qu'il ne laissoit nulle prise à cette métaphysique cultivée par les Docteurs depuis qu'ils eurent adopté les idées de Platon. Ils avoient trouvé de quoi exercer cette philosophie dans l'explication de la Trinité, dans la consubstantialité du Verbe, dans l'union des deux Natures & des deux Volontés, enfin dans l'abîme de la Prédestination.

tion. La queſtion, Si du pain &
du vin ſont changés en la ſeconde
perſonne de la Trinité, & par conſé-
quent en Dieu? Si on mange &
on boit cette ſeconde perſonne par
la foi ſeulement? cette queſtion,
dis-je, étoit d'un autre genre, qui
ne paroiſſoit pas ſoumis à la phi-
loſophie de ces tems. Auſſi on ſe
contenta de faire la Cêne le ſoir
dans les premiers âges du Chriſtianiſme, & de communier à la Meſ-
ſe ſous les deux eſpéces au tems
dont je parle, ſans avoir une idée
fixe & déterminée ſur ce myſtére.
Il paroît que dans beaucoup d'E-
gliſes, & ſurtout en Angleterre,
on croyoit qu'on ne mangeoit &
qu'on ne buvoit JESUS-CHRIST
que ſpirituellement. On trouve
dans la Bibliothéque Bodléienne
une Homélie du X. Siécle, dans
laquelle ſont ces propres mots.
„ C'eſt véritablement par la con-
„ ſécration le corps & le ſang de
„ JESUS-CHRIST, non corporel-
„ le-

„ lement, mais spirituellement. Le
„ corps dans lequel JESUS-
„ CHRIST souffrit & le corps Eu-
„ chariſtique ſont entiérement dif-
„ férens. Le premier étoit com-
„ poſé de chair & d'os animés par
„ une ame raiſonnable; mais ce
„ que nous nommons Euchariſtie
„ n'a ni ſang, ni os, ni ame. Nous
„ devons donc l'entendre dans un
„ ſens ſpirituel ".

Jean Scot, ſurnommé Eugéne
parce qu'il étoit d'Irlande, avoit
longtems auparavant ſous le régne
de Charles le Chauve, & même, à
ce qu'il dit par ordre de cet Empereur, ſoutenu la même opinion.

Du tems de Jean Scot, Ratram
Moine de Corbie & d'autres a-
voient écrit ſur ce myſtére d'une
maniére à laiſſer au moins douter
s'ils croyoient ce qu'on appella depuis la *Préſence réelle*. Car Ratram dans ſon écrit adreſſé à l'Empereur Charles le Chauve, dit en
termes exprès. „ C'eſt le corps de
„ JE-

„ JESUS-CHRIST qui eſt vu, re-
„ çu, & mangé non par les ſens
„ corporels, mais par les yeux de
„ l'eſprit fidéle”.

On avoit écrit contre eux, & le
ſentiment le plus commun étoit
ſans-doute qu'on mangeoit le véritable corps de JESUS-CHRIST,
puiſqu'on diſputoit pour ſavoir, ſi
on le digéroit & ſi on le rendoit
avec les excrémens.

Enfin Bérenger, Archidiacre de
Tours, enſeigna vers 1050 par é-
crit & dans la chaire, que le corps
véritable de JESUS-CHRIST n'eſt
point & ne peut être dans du pain
& dans du vin. Cette propoſition
révolta d'autant plus alors, que Bérenger ayant une très-grande réputation avoit d'autant plus d'ennemis. Celui qui ſe diſtingua le plus
contre lui, fut Lanfranc de race
Lombarde, né à Pavie, qui étoit
venu chercher une fortune en France. Il balançoit la réputation de
Bérenger. Voici comme il s'y prenoit

noit pour le confondre dans son Traité *de corpore Domini.*

„ On peut dire avec vérité que
„ le Corps de Notre Seigneur dans
„ l'Euchariftie eft le même qui eft
„ forti de la Vierge , & que ce
„ n'eft pas le même. C'eft le mê-
„ me quant à l'effence & aux
„ propriétés de la véritable natu-
„ re , & ce n'eft pas le même
„ quant aux efpéces du pain &
„ du vin ; de forte qu'il eft le
„ même quant à la fubftance , &
„ qu'il n'eft pas le même quant à
„ la forme.

Ce fentiment de Lanfranc parut être celui de toute l'Eglife. Bérenger fut condamné au Concile de Paris en 1050 , condamné encore à Rome en 1079 , & obligé de prononcer fa retractation ; mais cette retractation forcée ne fit que graver plus avant ces fentimens dans fon cœur. Il mourut dans fon opinion , qui ne fit alors ni fchifme ni guerre civile. Le temporel seul étoit le grand objet qui occupoit l'ambition des hommes. L'autre source qui devoit faire verser tant de sang, n'étoit pas encore ouverte.

On croit bien que l'ignorance de ces tems affermissoit les superstitions populaires. J'en rapporterai quelques exemples, qui ont longtems exercé la crédulité humaine. On prétend que l'Empereur Otton III. fit périr sa femme Marie d'Arragon pour cause d'adultére. Il est très possible qu'un Prince cruel & dévot, tel qu'on peint Otton III. envoie au supplice sa femme moins débauchée que lui. Mais vingt Auteurs ont écrit, & Maimbourg a répété après eux, & d'autres ont répété après Maimbourg, que l'Impératrice ayant fait des avances à un jeune Comte Italien, qui les refusa par vertu, elle accusa ce Comte auprès de l'Empereur de l'avoir voulu séduire, & que le Com-

Comte fut puni de mort. La veuve du Comte , dit-on, vint la tête de son mari à la main demander justice & prouver son innocence. Cette veuve demanda d'être admise à l'épreuve du fer ardent. Elle tint tant qu'on voulut une barre de fer toute rouge dans ses mains sans se bruler ; & ce prodige servant de preuve juridique , l'Impératrice fut condamnée à être brulée vive.

Maimbourg auroit dû faire réflexion que cette fable est rapportée par des Auteurs qui ont écrit très-longtems après le régne d'Otton III. qu'on ne nomme pas seulement les noms de ce Comte Italien, & de cette veuve qui manioit si impunément des barres de fer rouge. Enfin quand même des Auteurs contemporains auroient autentiquement rendu compte d'un tel événement, ils ne mériteroient pas plus de croyance que les Sor-

O 2

ciers

ciers qui dépofent en juftice qu'ils ont affifté au Sabat.

L'avanture de la barre de fer doit faire révoquer en doute le fuplice de l'Impératrice Marie d'Arragon rapporté dans tant de Dictionnaires, d'Hiftoires, où dans chaque page le menfonge eft joint à la vérité.

Le fecond événement eft du même genre. On prétend que Henri II. fucceffeur d'Otton III. éprouva la fidélité de fa femme Cunegunde, en la faifant marcher pieds nuds fur neuf focs de charrue rougis au feu. Cette hiftoire rapportée dans tant de Martirologes, mérite la même réponfe que celle de la femme d'Otton.

Didier Abbé du Mont Caffin & plufieurs autres Ecrivains rapportent un fait à peu près femblable. En 1063 des Moines de Florence, mécontens de leur Evêque, allérent crier à la Ville & à la

Cam-

Campagne „Notre Evêque eſt un „ ſimoniaque & un ſcélérat". Et ils eurent, dit-on, la hardieſſe de promettre qu'ils prouveroient cette accuſation par l'épreuve du feu. On prit donc jour pour cette cérémonie, & ce fut le mécredi de la premiére ſemaine du Carême. Deux buchers furent dreſſés, chacun de dix pieds de long ſur cinq de large, ſéparés par un ſentier d'un pied & demi de largeur, rempli de bois ſec. Les deux buchers ayant été allumés & cet eſpace réduit en charbons, un Moine Minime, nommé Aldobrandin, paſſe à travers ſur ce ſentier à pas graves & meſurés, & revient même prendre au milieu des flammes ſon manipule qu'il avoit laiſſé tomber. Voilà ce que pluſieurs Hiſtoriens diſent, qu'on ne peut nier qu'en renverſant tous les fondemens de l'Hiſtoire ; mais il eſt ſûr qu'on ne peut le croire ſans

O 3

ren-

renverfer tous les fondemens de la Raifon.

Il fe peut faire fans-doute qu'un homme paffe très-rapidement entre deux buchers & même fur des charbons, fans être tout-à-fait brulé ; mais y paffer & y repaffer d'un pas grave pour reprendre fon manipule, c'eft une de ces avantures de la *Légende Dorée*, dont il n'eft plus permis de parler à des hommes raifonnables.

La derniére épreuve que je rapporterai, eft celle dont on fe fervit pour décider en Efpagne après la prife de Toléde, fi on devoit réciter l'Office Romain, ou celui qu'on appelloit Mofarabique ? On convint d'abord unanimement de terminer la querelle par le duël. Deux champions armés de toutes piéces combattirent dans toutes les régles de la Chevalerie. Don Ruis de Montania, Chevalier du Miffel Mofarabique, fit perdre les

ar-

arçons à son adversaire, & le renversa mourant. Mais la Reine qui
avoit beaucoup d'inclination pour
le Missel Romain, voulut qu'on
tentât l'épreuve du feu. Toutes
les Loix de la Chevalerie s'y op-
posoient. Cependant on jetta au
feu les deux Missels, qui probablement furent brulés ; & le Roi
pour ne mécontenter personne,
fit en sorte que quelques Eglises
prieroient Dieu selon le Rituel Romain, & que d'autres garderoient
le Mosarabique. Dans la plupart
des choses que je viens de rapporter, on croiroit lire une rela-
tion des Hottentots ou de Né-
gres ; & il faut l'avouer, nous
leur ressemblons encore en quelque chose.

Fin du premier Tome.

ABREGÉ

DE

L'HISTOIRE

UNIVERSELLE,

DEPUIS

CHARLEMAGNE,

JUSQUES A'

CHARLEQUINT.

PAR

M. de VOLTAIRE.

TOME SECOND.

A LA HAYE,
Chez JEAN NEAULME,
MDCCLIII.

ABREGÉ

DE
L'HISTOIRE
UNIVERSELLE.

DE L'EMPIRE,
DE
L'ITALIE,

De Rome & des Papes depuis Henri III. jusqu'à Frédéric II.

IL est tems de revenir aux ruines de Rome & à cette ombre du trône des Césars, qui reparoissoit en Allemagne. Le droit des Empereurs de nommer les Papes commençoit à s'affermir ; mais on sent bien que tout devoit changer à la premiére circonstance favorable. Elle arriva bientôt à la minorité de l'Empereur Henri IV. reconnu du vivant

Tom. II.   A   de

1056. de Henri III. son pére pour son successeur.

Dès le tems même de Henri III. la puissance Impériale diminuoit en Italie. Sa sœur Comtesse ou Duchesse de Toscane, mére de cette véritable bienfaitrice des Papes, la Comtesse Matilde, contribua plus que personne à soulever l'Italie contre son frére. Elle possédoit avec le Duché de Mantoue une grande partie de la Toscane & de la Lombardie. Ayant eu l'imprudence de venir à la Cour d'Allemagne, on l'arrêta longtems prisonniére. Sa fille la Comtesse Matilde hérita de son ambition & de sa haine pour la Maison Impériale.

Pendant la minorité de Henri IV. les brigues, l'argent & les guerres civiles firent plusieurs Papes. Enfin on élut en 1054 Alexandre II. sans consulter la Cour Impériale. Envain cette Cour nomma un autre Pape, son parti n'étoit pas le plus fort en Italie. Alexandre II.
l'em-

l'emporta, & chassa de Rome son compétiteur.

Henri IV. devenu majeur, se vit Empereur d'Italie & d'Allemagne presque sans pouvoir. Une partie des Princes Séculiers & Ecclésiastiques de sa patrie se liguérent contre lui, & l'on sait qu'il ne pouvoit être maître de l'Italie qu'à la tête d'une armée qui lui manquoit. Son pouvoir étoit peu de chose, son courage étoit au-dessus de sa fortune. Accusé dans 1073. la Diéte de Wirtsbourg d'avoir voulu faire assassiner les Ducs de Souabe & de Carintie, il offrit de se battre en duël contre l'accusateur, qui étoit un simple Gentilhomme. Le jour fut déterminé pour le combat, & l'accusateur en ne paroissant pas, justifia l'Empereur.

Dès que l'autorité d'un Prince est contestée, ses mœurs sont toujours attaquées. On lui reprochoit publiquement d'avoir des maîtres-

ses,

ſes, tandis que les moindres Clercs en avoient impunément. Il vouloit ſe ſéparer de ſa femme, fille d'un Marquis de Ferrare, avec laquelle il diſoit n'avoir jamais pu conſommer ſon mariage. Quelques emportemens de ſa jeuneſſe aigriſſoient encore les eſprits, & ſa conduite affoibliſſoit ſon pouvoir.

Il y avoit alors à Rome un Moine de Cluny, devenu Cardinal, homme inquiet, ardent, entreprenant, qui ſavoit mêler quelquefois l'artifice aux fureurs de ſon zéle pour les prétentions de l'Egliſe. Hildebrand étoit le nom de cet homme audacieux, qui fut depuis ce célébre Gregoire VII. né à Soane en Toſcane, de parens inconnus, élevé à Rome, reçu Moine de Cluny ſous l'Abbé Odilon, député depuis à Rome pour les intérêts de ſon Ordre, employé après par les Papes dans toutes ces affaires qui demandent de la ſoupleſſe & de la fermeté. Il gouverna le

Pon-

Pontificat sous Alexandre II. Il vit alors dans les troubles d'Allemagne le tems favorable pour un coup d'éclat. Il engagea Alexandre II. à excommunier son Souverain Henri IV. La raison de l'excommunication étoit le bruit qui couroit que Henri vendoit secrétement les Bénéfices, & aimoit publiquement les femmes. Cette audace n'eut alors d'autres suites que d'aprendre aux Romains à mépriser l'Empereur, & c'étoit beaucoup.

Alexandre II. étant mort, Hildebrand eut le crédit de se faire élire & introniser par le Peuple Romain sans attendre la permission de l'Empereur. Bientôt il obtint cette permission, en promettant d'être fidéle. Henri IV. reçut ses excuses. Son Chancelier d'Italie alla confirmer à Rome l'élection du Pape; & Henri, que tous ses Courtisans avertissoient de craindre Gregoire VII. dit hautement, que ce

Pa-

Pape ne pouvoit être ingrat à son bienfaiteur; mais à peine Gregoire est-il assuré de ce Pontificat, qu'il déclare excommuniés tous ceux qui recevront des Bénéfices des mains de Laïques, & tout Laïque qui les conférera. Il avoit connu le dessein d'ôter à tous les Collateurs Séculiers le droit d'investir les Ecclésiastiques. C'étoit mettre l'Eglise aux prises avec tous les Rois. Son humeur violente éclate en même tems contre Philippe I. Roi de France. Il s'agissoit de quelques Marchands Italiens, que les François avoient rançonnés. Le Pape écrit une Lettre circulaire aux Evêques de France: „ votre Roi, leur dit-il, est moins „ Roi que Tyran; il passe sa vie „ dans l'infamie & dans le crime "; & après ces paroles indiscrétes, suit la menace ordinaire de l'excommunication.

1075. Bientôt après, tandis que l'Empereur Henri est occupé dans une guer-

guerre civile contre les Saxons. Le Pape lui envoye deux Légats pour lui ordonner de venir répondre aux accusations intentées contre lui d'avoir donné l'investiture des Bénéfices, & pour l'excommunier en cas de refus. Les deux porteurs d'un ordre si étrange trouvent l'Empereur vainqueur des Saxons, comblé de gloire & plus puissant qu'on ne l'espéroit. On peut se figurer avec quelle hauteur un Empereur de vingt-cinq ans, victorieux & jaloux de son rang, reçut une telle ambassade. Il n'en fit pas le châtiment exemplaire, que l'opinion de ces tems-là ne permettoit pas, & n'opposa en apparence que du mépris à l'audace, & abandonna ces Légats indiscrets aux insultes des valets de sa Cour.

Presque au même tems le Pape excommunia encore ces Normands Princes de la Pouille & de la Cabre qui avoient pris quelques Terres revendiquées par l'Eglise. Tant

d'exd'excommunications à la fois paroîtroient aujourd'hui l'effet d'un accès de folie: mais qu'on fasse réflexion que Gregoire VII. en menaçant le Roi de France, adreſſoit ſa Bulle au Duc d'Aquitaine Vaſſal du Roi, auſſi puiſſant que le Roi même; que, quand il éclatoit contre l'Empereur, il avoit pour lui une partie de l'Italie, la Comteſſe Matilde, Rome, & la moitié de l'Allemagne; qu'à l'égard des Normands, ils étoient ſes ennemis déclarés; alors Gregoire VII. paroîtra plus violent & plus audacieux qu'inſenſé. Il ſentoit qu'en élevant ſa dignité au-deſſus de l'Empereur & de tous les Rois, il ſeroit ſecondé des autres Egliſes, flattées d'être les membres d'un Chef qui écraſoit la Puiſſance Séculiére. Son deſſein étoit formé non ſeulement de ſecouer le joug des Empereurs, mais de mettre Rome, Empereurs & Rois ſous le joug de la Papauté. Il pouvoit lui en couter la vie,

il

il devoit même s'y attendre, & le péril donne au moins de la gloire.

Henri IV. trop occupé en Allemagne ne pouvoit paſſer en Italie. Il parut ſe venger d'abord moins comme un Empereur Allemand que comme un Citoyen Italien. Au lieu d'employer un Général & une armée, il ſe ſervit, dit-on, d'un Bandi nommé Senecius, très-conſidéré par ſes brigandages, qui ſaiſit le Pape dans Sainte Marie Majeure dans le tems qu'il officioit; des ſatellites déterminés frappèrent le Pontife & l'enſanglantèrent. On le mena priſonnier dans une tour dont Senecius s'étoit rendu maître.

Henri IV. agit un peu plus en Prince, en convoquant à Worms un Concile d'Evêques, d'Abbés & de Docteurs, dans lequel il fit dépoſer le Pape. Toutes les voix à deux près concoururent à la dépoſition. Mais il manquoit à ce Concile des troupes pour l'aller faire

A 5

reſ-

respecter à Rome. Henri ne fit que commettre son autorité en écrivant au Pape qu'il le déposoit, & au Peuple Romain qu'il lui défendoit de reconnoître Gregoire.

Dès que le Pape eut reçu ces Lettres inutiles, il parla ainsi dans un Concile à Rome : ,, de la part ,, de Dieu tout-puissant & par *votre* ,, autorité je défends à Henri ,, fils de notre Empereur Henri ,, de gouverner le Royaume Teu-,, tonique & l'Italie : j'absous tous ,, les Chrétiens du serment qu'ils ,, lui ont fait ou feront, & je dé-,, fends que qui que ce soit le ser-,, ve jamais comme Roi ''. On sait que c'est-là le premier exemple d'un Pape qui prétend ôter la couronne à un Souverain. Nous avons vu auparavant des Evêques déposer Louis le Débonnaire, mais il y avoit au moins un voile à cet attentat. Ils condamnoient Louis en apparence seulement à la pénitence publique, & personne n'avoit

ja-

jamais ofé parler depuis la fondation de l'Eglife comme Gregoire
VII. Les Lettres circulaires du Pape refpirérent le même efprit que
fa fentence. Il y redit plufieurs fois
que les Evêques font au-deffus des
Rois & faits pour les juger, ex-
preffions non moins adroites qu'au-
dacieufes.

Il y a grande apparence que
quand Gregoire VII. dépofa ainfi
fon Souverain par de fimples paroles, il favoit bien qu'il feroit fe-
condé par les guerres civiles d'Allemagne, qui recommencérent avec
plus de fureur. La mort d'un Evêque d'Utrecht qui avoit le plus
fervi à faire condamner le Pape,
fervit encore à ramener beaucoup
d'Allemands à Gregoire. On prétendit que cet Evêque mourant
d'une mort foudaine & douloureu-
fe, s'étoit repenti de la dépofition
du Pape comme d'un facrilége. Les
remords vrais ou faux de l'Evêque
en donnérent au peuple. Ce n'é-

toit

toit plus le tems où l'Allemagne étoit unie fous les Ottons. Henri IV. fe vit entouré près de Spire par l'armée des Confédérés, qui fe prévaloient de la Bulle du Pape.

Les Princes confédérés ne donnérent la liberté à Henri IV. qu'à condition qu'il vivroit en particulier & en excommunié dans Spire, fans faire aucune fonction ni de Chrétien ni de Roi , en attendant que le Pape vînt préfider dans Ausbourg à une Affemblée de Princes & d'Évêques, qui devoit le juger.

Il eft certain que des Princes qui avoient le droit d'élire l'Empereur, avoient auffi celui de le dépofer; mais vouloir faire préfider le Pape à ce jugement, c'étoit le reconnoître pour juge naturel de l'Empereur & de l'Empire. Ce fut le triomphe de Gregoire VII. & de la Papauté. Henri IV. réduit à ces extrémités, augmenta encore beaucoup le triomphe.

Il

Il voulut prévenir ce jugement
fatal d'Ausbourg, & par une réfo-
lution inouïe, paſſant les Alpes du
Tyrol avec peu de domeſtiques, il
alla demander au Pape ſon abſolu-
tion. Gregoire VII. étoit alors avec
la Comteſſe Matilde dans la Ville
de Canoſſe, l'ancien Canuſium ſur
l'Apennin près de Régio, Forte-
reſſe qui paroiſſoit pour lors impre-
nable. Cet Empereur déjà célébre
par des batailles gagnées, ſe préſente à la porte de la Forthereſſe
ſans gardes, ſans ſuite. On l'arrête dans la ſeconde enceinte. On le
dépouille de ſes habits. On le re-
vêt d'un Cilice. Il reſte pieds nuds
dans la cour, c'étoit au mois de
Janvier 1077. On le fit jeûner
trois jours, ſans l'admettre à bai-
ſer les pieds du Pape, qui pendant
ce tems étoit enfermé avec la Comteſſe Matilde, dont il étoit depuis
longtems le Directeur. Il n'eſt pas
ſurprenant que les ennemis de ce
Pape lui ayent reproché ſa conduite

A 7

avec

avec Matilde. Il est vrai qu'il avoit soixante-deux ans, mais il étoit Directeur, Matilde étoit femme, jeune & foible. Le langage de la dévotion qu'on trouve dans les Lettres du Pape à la Princesse, comparé avec les emportemens de son ambition, pouvoit faire soupçonner que la Religion servoit de masque à toutes ses passions. Mais d'ailleurs aucun fait, ni aucun indice n'a jamais pu faire tourner ces soupçons en certitude.

Enfin l'Empereur eut la permission de se prosterner aux pieds du Pontife, qui voulut bien l'absoudre, en le faisant jurer qu'il attendroit le jugement juridique du Pape à Ausbourg, & qu'il lui seroit en tout parfaitement soumis. Quelques Évêques & quelques Seigneurs Allemands du parti de l'Empereur, firent la même soumission. Gregoire VII. se croyant alors, non sans raison, le maître des couronnes de la Terre, écrivit dans plusieurs Lettres

tres que son devoir étoit d'abaisser les Rois.

La Lombardie qui tenoit encore pour l'Empereur, fut si indignée de l'avilissement où il s'étoit réduit, qu'elle fut prête de l'abandonner. On y détestoit Gregoire VII. beaucoup plus qu'en Allemagne. Heureusement pour l'Empereur, cette haine des violences du Pape l'emporta sur l'indignation qu'inspiroit la bassesse du Prince. Il en profita, & par un changement de fortune inouï pour des Empereurs Teutoniques, il se trouva enfin très-fort en Italie, quand l'Allemagne l'abandonnoit. Toute la Lombardie fut en armes contre le Pape, tandis que Gregoire VII. soulevoit l'Allemagne contre l'Empereur.

D'un côté ce Pape agissoit sous main pour faire élire un autre César en Allemagne, & Henri n'omettoit rien pour faire élire un autre Pape par les Italiens. Les Allemands

mands élurent donc pour Empereur Rodolphe Duc de Souabe, & d'abord Gregoire VII. écrivit qu'il jugeroit entre Henri & Rodolphe, & qu'il donneroit la couronne à celui qui lui seroit le plus soumis. Henri s'étant plus fié à ses troupes qu'au Saint Pére, mais ayant eu quelques mauvais succès, le Pape plus fier excommunia encore Henri en 1080. „ Je lui ôte la cou-„ ronne, dit il, & je donne le „ Royaume Teutonique à Rodol-„ phe": & pour faire croire qu'il donnoit en effet les Empires, il fit présent à ce Rodolphe d'une couronne d'or où ce vers étoit gravé.

Petra dedit Petro, Petrus diadema Rodolpho,
La pierre a donné à Pierre la couronne
Et Pierre la donne à Rodolphe.

On voit que ce vers rassemble à la fois le jeu de mots le plus méprisable & la fierté la plus hautaine.

Le tems rétablissoit cependant

en

en Allemagne le parti de Henri.
Ce même Prince qui couvert d'un
cilice & pieds nuds avoit attendu
trois jours la miséricorde de celui
qu'il croyoit son sujet, prit deux
résolutions plus hardies, de déposer le Pape & de combattre son
compétiteur. Il rassemble en 1080
une vingtaine d'Evêques dans le
Tyrol, qui chargés de la procura-
tion des Prélats de Lombardie, ex-
communient & déposent Gregoire
VII. On élit pour Pape dans cette
assemblée Guibert Archevêque de
Ravenne. Tandis que ce nouveau
Pape court en Lombardie exciter
les peuples contre Gregoire, Henri IV. à la tête d'une armée, va combattre son rival Rodolphe. Il l'atteint la même année en Octobre
auprès de Merspurg en Saxe. La
victoire fut indécise, mais il gagna
plus qu'une victoire.

Godefroi de Bouillon, beau-frére de la Comtesse Matilde, le même qui depuis conquit Jérusalem,

tua

tua dans la mêlée cet Empereur que le Pape ſe vantoit d'avoir nommé. Qui croiroit qu'alors le Pape au lieu de rechercher Henri, écrivit à tous les Evêques Teutoniques, qu'il falloit élire un autre Souverain, à condition qu'il rendroit hommage au Pape comme ſon vaſſal? De telles Lettres prouvent que la faction contre Henri en Allemagne étoit encore très-puiſſante.

C'étoit dans ce tems même que ce Pape ordonnoit à ſes Légats en France d'exiger en tribut un Denier d'argent par an pour chaque maiſon ainſi qu'en Angleterre.

Il traitoit l'Eſpagne plus deſpotiquement, il prétendoit être le Seigneur Suzerain & Domanial; & il dit dans ſa ſeiziéme Epître, qu'il vaut mieux qu'elle appartienne aux Sarrazins, que de ne pas rendre hommage au Saint Siége.

Il écrivit au Roi de Hongrie: Salomon, Roi d'un Pays à peine Chré-

Chrétien, „ vous pouvez aprendre
„ des anciens de votre Pays que le
„ Royaume de Hongrie appar-
„ tient à l'Eglise Romaine ".

Quelque téméraires que paroiſ-
ſent les entrepriſes, elles ſont toujours la ſuite de l'eſprit du tems.
Il faut certainement que l'ignorance eût mis alors dans beaucoup de
têtes, que l'Egliſe étoit la Maîtreſ-
ſe des Royaumes; puiſque le Pape
écrivoit toujours de ce ſtile.

Son inflexibilité avec Henri n'é-
toit pas non plus ſans fondement.
Il avoit tellement prévalu ſur l'eſprit de la Comteſſe Matilde, qu'elle avoit fait une donation autentique de ſes Etats au Saint Siége,
s'en réſervant ſeulement l'uſufruit
ſa vie durant. Cette donation avoit
été faite peu de tems après que
l'Empereur ſe fut humilié devant
le Pape à Canoſſe. Henri IV. étoit
l'héritier de Matilde & comme
parent & comme Seigneur Suzerain.

Hen-

1081. Henri IV. vint enfin affiéger le Pape dans Rome. Il prend cette partie de la Ville en-deçà du Tibre, qu'on appelle la Léonine. Il négocie avec les citoyens tandis qu'il menace le Pape, il gagne les principaux de Rome par argent. Le peuple se jette aux genoux de Gregoire, pour le prier de détourner les malheurs d'un siége & de fléchir sous l'Empereur. Le Pontife inébranlable répond qu'il faut que l'Empereur renouvelle sa pénitence s'il veut obtenir son pardon.

Cependant le siége traînoit en longueur. Henri IV. tantôt présent au siége, tantôt forcé de courir éteindre des révoltes en Allema-
1084. gne, prit enfin la Ville d'assaut. Il est singulier que les Empereurs d'Allemagne ayent pris tant de fois Rome, & n'y ayent jamais régné. Restoit Gregoire VII. à prendre. Réfugié dans le Château Saint Ange, il y bravoit & excommunioit son vainqueur.

Ro-

Rome étoit bien punie de l'ambition de son Pape. Robert Guichard Duc de la Pouille, l'un de ces fameux Normands dont j'ai parlé, prit le tems de l'absence de l'Empereur pour venir délivrer le Pape ; mais en même tems il pilla Rome également ravagée & par les Impériaux qui assiégeoient le Pontife, & par les Napolitains qui le délivroient. Gregoire VII mourut quelque tems après à Salerne le 24 de Mai 1086, laissant une mémoire chére & respectable au Clergé Romain, qui partagea sa fierté, exécrable aux Empereurs, & à tout bon citoyen qui considére les effets de son ambition inflexible.

La Comtesse Matilde n'ayant plus le Pape Gregoire, se remaria bientôt après avec le jeune Prince Guelfe fils de Guelfe Duc de Baviére. On vit alors de quelle imprudence étoit sa donation. Elle avoit quarante-deux ans, & elle
pou-

pouvoit encore avoir des enfans qui euſſent hérité d'une guerre civile.

La mort de Gregoire VII. n'éteignit point l'incendie qu'il avoit allumé. Ses ſucceſſeurs ſe gardérent bien de faire aprouver leurs élections par l'Empereur. L'Egliſe étoit bien loin de rendre hommage, elle en exigeoit, & l'Empereur excommunié n'étoit pas d'ailleurs compté au rang des hommes. Un Moine, Abbé du Mont Caſſin, élu Pape après le Moine Hildebrand, & penſant en tout comme lui, mais qui ne fit que paſſer, Urbain II. né en France dans l'obſcurité, qui ſiéga onze ans, furent de nouveaux ennemis de l'Empereur.

Il me paroît ſenſible que le vrai fond de la querelle étoit que les Papes & les Romains ne vouloient point d'Empereurs à Rome; & le prétexte qu'on vouloit rendre ſacré, étoit que les Papes dépoſitai-
res

res des droits de l'Eglise, ne pouvoient souffrir que des Princes profanes investissent les Evêques par la crosse & l'anneau. Il étoit bien clair que les Evêques sujets des Princes & enrichis par eux, devoient un hommage des Terres qu'ils tenoient de leurs bienfaits. Les Empereurs & les Rois ne prétendoient pas donner le Saint Esprit, mais ils vouloient l'hommage du temporel qu'ils avoient donné. La forme d'une crosse & d'un anneau étoient des accessoires à la question principale. Mais il arriva ce qui arrive presque toujours dans les disputes; on négligea le fond, & on se battit pour une cérémonie indifférente.

Henri IV. toujours excommunié & toujours persécuté sur ce prétexte par tous les Papes de son tems, éprouva les malheurs que peuvent causer les guerres de Religion & les guerres Civiles. Urbain II. suscita contre lui son pro-

pre

pre fils Conrad , & après la mort
de ce fils dénaturé , son frére qui
fut depuis Empereur Henri V. fit
la guerre à son pére. Ce fut pour
la seconde fois depuis Charlemagne que les Papes contribuérent à
mettre les armes aux mains des enfans contre leur pére.

Henri IV. trompé par Henri son
fils , comme Louis le Débonnaire
l'avoit été par le sien , fut enfermé dans Mayence. Deux Légats l'y
déposent, deux Députés de la Diéte envoyés par son fils lui arra-
chent les ornemens Impériaux , tandis que le pére au désespoir prononçoit envain ces paroles , ,, Dieu
,, des vengeances, vous vengerez
,, ce crime ".

Bientôt après échappé de sa prison , pauvre , errant & sans secours,
il mourut à Liége plus misérable
encore que Gregoire VII. & plus
obscurément , après avoir si longtems tenu les yeux de l'Europe
ouverts sur ses victoires , sur ses
gran-

grandeurs, fur fes infortunes, fes vices & fes vertus.

Ce même Henri V. qui avoit détrôné fon pére, une Bulle du Pape à la main, foutint les mêmes droits de fon pére contre l'Eglife, dès qu'il fut maître.

Déjà les Papes favoient fe faire un appui des Rois de France contre les Empereurs. Les prétentions de la Papauté attaquoient, il eft vrai, tous les Souverains, mais on ménageoit par des Négociations ceux qu'on infultoit par des Bulles. Les Rois de France ne prétendoient rien à Rome. Ils étoient voifins & jaloux de l'Allemagne. Ils étoient donc les alliés naturels des Papes. Auffi Pafcal II. vint en France, implora le fecours du Roi Philippe, fes fucceffeurs en uférent fouvent de même. Tant de donations faites à l'Eglife de Rome, & même celle de la Comteffe Mathilde, ne faifoient point encore du Pape un Souverain puiffant. Toutes ces Terres étoient ou conteſtées ou poſſédées par d'autres. L'Empereur ſoutenoit non ſans vraiſemblance, que les Etats de Mathilde lui devoient revenir comme un Fief de l'Empire ; ainſi les Papes combattoient pour le ſpirituel & pour le temporel. Paſcal II. n'obtint du Roi Philippe que la permiſſion de **1107.** tenir un Concile à Troye. Le Gouvernement étoit trop foible, trop diviſé pour lui donner des troupes.

Henri V. ayant terminé par des Traités une guerre de peu de durée contre la Pologne, ſut tellement intéreſſer les Princes de l'Empire à ſoutenir ſes droits, que ces mêmes Princes qui avoient aidé à détrôner ſon pére en vertu des Bulles des Papes, ſe réunirent avec lui pour faire annuller dans Rome ces mêmes Bulles.

1111. Il deſcend donc des Alpes avec une armée, & Rome fut encore teinte de ſang pour cette querelle

de

de la Crosse & de l'Anneau. Les
Traités, les parjures, les excommunications & les meurtres se suivirent avec rapidité. Pascal II.
ayant solemnellement rendu les investitures avec serment sur l'Evangile, fit annuller son serment par
les Cardinaux; nouvelle maniére de
manquer à sa parole. Il se laissa
traiter de lâche & de prévaricateur
en plein Concile, afin d'être forcé
à reprendre ce qu'il avoit donné.
Alors nouvelle irruption de l'Empereur à Rome ; car presque jamais ces Césars n'y allérent que
pour des querelles Ecclésiastiques,
dont la plus grande étoit le Couronnement. Enfin après avoir créé,
déposé, chassé, rappellé des Papes, Henri V. aussi souvent excommunié que son pére, & inquié-
té comme lui par ses grands Vassaux d'Allemagne, fut obligé de
terminer la guerre des Investitures,
en renonçant à cette Crosse & à cet
Anneau.

1120.

B 2

II

Il fut donc décidé dans un Concile tenu à Rome, que les Rois ne donneroient plus aux Bénéficiers canoniquement élus les investitures par un bâton recourbé, mais par une baguette. L'Empereur ratifia en Allemagne les decrets de ce Concile, ainsi finit cette guerre sanglante & absurde. Mais le Concile en décidant avec tant de mesures, avec quelle espéce de bâton on donneroit les Evêchés, se garda bien d'entamer la question, si l'Empereur devoit donner l'Evêché de Rome? Si le Pape étoit son vassal? Si tous les biens de la Comtesse Mathilde appartenoient à l'Eglise ou à l'Empire? Il sembloit qu'on tînt en réserve ces alimens d'une guerre nouvelle.

Après la mort de Henri V. qui ne laissa point d'enfans, l'Empire toujours électif, fut conféré par le soin d'un Archevêque de Mayence à un Prince de la Maison de Saxe, c'est Lothaire II. Il y avoit
bien

bien moins d'intrigues & de discorde pour le Trône Impérial que
pour la Chaire Pontificale; car quoiqu'en 1059 un Concile tenu par
Nicolas III. eût ordonné que le
Pape seroit élu par les Cardinaux
Evêques, nulle forme & régle certaine n'étoit encore introduite dans
les élections. Ce vice essentiel du
Gouvernement venoit des assemblées des premiers Chrétiens. C'é-
toient des hommes obscurs, qui
liés ensemble par la crainte commune des Magistrats, gouvernoient
secrétement leur Société pauvre à
la pluralité des voix. Les richesses
ayant pris depuis la place de l'indigence, il ne resta de la primitive Eglise que cette liberté populaire devenue licence. Les Cardinaux,
Evêques, Prêtres & Clercs qui formoient le Conseil des Papes, a-
voient une grande part à l'élection, mais le reste du Clergé vouloit joüir de son ancien droit; le
Peuple croyoit son suffrage néces-
B 3 saire,

faire , & toutes ces voies réunies n'étoient rien au jugement des Empereurs.

1130. Pierre de Léon , fils d'un Juif très-opulent , fut élu par une faction. Innocent II. le fut par une autre. Ce fut encore une guerre civile. Le fils du Juif comme le plus riche resta maître de Rome , & fut protégé par Roger Roi de Sicile ; l'autre , plus habile & plus heureux , fut reconnu en France & en Allemagne.

C'est ici un trait d'Histoire qu'il ne faut pas négliger. Cet Innocent II. pour avoir le suffrage de l'Empereur , lui céde à lui & à ses enfans l'usufruit de tous les domaines de la Comtesse Mathilde par un Acte daté du 13 Juin 1133. Enfin le Pape Juif étant mort, après avoir siége huit ans, Innocent II. fut possesseur paisible, & il y eut quelques années de trêve entre l'Empire & le Sacerdoce. L'enthousiasme des Croisades , qui étoit

alors

alors dans fa force, entraînoit ailleurs les efprits.

Mais Rome ne fut pas tranquile. L'ancien amour de la liberté reproduifoit de tems en tems quelques racines. Plufieurs Villes d'Italie avoient profité de ces troubles pour fe mettre en Républiques, comme Florence, Sienne, Bologne, Milan, Pavie. On avoit les grands exemples de Gennes, de Venife, de Pife, & Rome fe fouvenoit d'avoir été la Ville des Scipions. Le Peuple rétablit une ombre de Sénat, que les Cardinaux avoient aboli. On créa un Patrice au lieu de deux Confuls. Le nouveau Sénat fignifia au Pape Lucius II. que la Souveraineté réfidoit dans le Peuple Romain, & que l'Evêque ne devoit avoir foin que des confciences.

Ces Sénateurs s'étant retranchés au Capitole, le Pape Lucius les affiégea en perfonne. Il y reçut un coup de pierre à la tête, & en

B 4

mou-

mourut quelques jours après.

En ce tems Arnaud de Breſſe, un de ces hommes à enthouſiaſme, dangereux aux autres & à eux-mêmes, prêchoit de ville en ville contre les richeſſes immenſes des Eccléſiaſtiques & contre leur luxe. Il vint à Rome, où il trouva les eſprits diſpoſés à l'entendre. Il ſe flattoit de réformer les Papes, & de contribuer à rendre Rome libre. Eugéne III. auparavant Moine à Citeaux & à Clervaux, étoit alors Pontife. Saint Bernard lui écrivoit, „ Gardez-vous des Ro-„ mains ; ils ſont odieux au Ciel „ & à la Terre, impies envers „ Dieu, ſéditieux entre eux : ja-„ loux de leurs voiſins, cruels en-„ vers les étrangers : ils n'aiment „ perſonne, & ne ſont aimés de „ perſonne ; & voulant ſe faire „ craindre de tous, ils craignent „ tout le monde, &c ". Si on comparoit ces antithéſes de Saint Bernard avec la vie de tant de Papes

que nous avons vu , on excuſeroit
un Peuple qui portant le nom de
Romain , cherchoit à n'avoir point
de maître.

Le Pape Eugéne III. ſut ramener ce Peuple accoutumé à tous les
jougs. Le Sénat ſubſiſta encore
quelques années. Mais Arnaud de 1155.
Breſſe pour fruit de ſes fermens,
fut brulé à Rome ſous Adrien IV.
Deſtinée ordinaire des Réformateurs qui ont plus d'indiſcrétion
que de puiſſance.

Je crois devoir obſerver que cet
Adrien IV. né Anglois, étoit parvenu à ce faîte des grandeurs du
plus vil état où les hommes puiſ-
ſent naître. Fils d'un mendiant &
mendiant lui-même , errant de
Pays en Pays avant de pouvoir
être reçu valet chez des Moines de
Valence en Dauphiné, il étoit enfin devenu Pape. On n'a jamais
que les ſentimens de ſa fortune
préſente.

Adrien IV. eut d'autant plus

B 5

d'éd'élevation dans l'esprit, qu'il étoit parvenu d'un état plus abject. Régnoit alors en Allemagne Frédéric I. qu'on nomme communément *Fréderic Barberousse*, élu par les Princes après la mort de son oncle Conrad. Homme comparable aux Othons & aux Charlemagnes. Il fallut aller prendre à Rome cette Couronne Impériale, que les Papes donnoient à la fois avec fierté & avec regret, voulant couronner un Vassal, & affligés d'avoir un Maître. Cette situation toujours équivoque des Papes, des Empereurs des Romains & des principales Villes d'Italie, faisoit répandre du sang à chaque couronnement d'un César. La coutume étoit que quand l'Empereur s'aprochoit pour se faire couronner, le Pape se fortifioit, le Peuple se cantonnoit, l'Italie étoit en armes. L'Empereur promettoit qu'il n'attenteroit ni à la vie, ni aux membres, ni à l'honneur du Pape,

pe , des Cardinaux & des Magif-
trats : un Chevalier armé d'une
armure complette fit ce ferment au
nom de Frédéric fur la croix. Le
Pape alla donc trouver cet Empereur à quelques milles de Rome.
Le Cérémonial Romain étoit établi que l'Empereur devoit fe pro-
fterner devant le Pape , lui baifer
les pieds, lui tenir l'étrier , & conduire la haquenée blanche du Saint
Pére par la bride l'efpace de neuf
pas Romains. Ce n'étoit pas ainfi
que les Papes avoient reçu Charlemagne ; aux genoux duquel ils s'é-
toient profternés. Ils n'étoient pas
alors plus Papes que fous Charlemagne. Leur temporel qu'ils devoient à cet Empereur, n'augmentoit pas leur droit , & le petit E-
tat de la Comteffe Mathilde, que
l'Empereur revendiquoit toujours,
ne les faifoit guéres plus puiffans.
L'Empereur Frédéric trouva le cérémonial infolent , & refufa de s'y
foumettre. Alors tous les Cardi-

1146.

B 6

naux.

naux s'enfuirent, comme si le Prince par un sacrilége avoit donné le
signal d'une guerre civile. Mais la
Chancellerie Romaine, qui tenoit
régistre de tout, lui fit voir que
ses prédécesseurs avoient rendu ces
devoirs. Je ne sai si aucun autre
Empereur que Lothaire II. successeur de Henri V. avoit mené le
cheval du Pape par la bride. La
cérémonie de baiser les pieds, qui
étoit d'usage, ne révoltoit point la
fierté de Frédéric, & celle de la
bride & de l'étrier l'indignoit,
parce qu'elle parut nouvelle. Son
orgueil accepta enfin ces deux affronts, qu'il n'envisagea que comme de vaines marques d'humilité
Chrétienne, & que la Cour de
Rome regardoit comme des preuves de sujettion.

Les Députés du Peuple Romain
devenus aussi plus hardis depuis
que presque toutes les Villes de l'I-
talie avoient sonné le tocsin de la
liberté, voulurent traiter de leur
cô-

côté avec l'Empereur ; mais ayant commencé leur harangue en difant, „ Grand Roi, nous vous a- „ vons fait notre Citoyen & no- „ tre Prince d'étranger que vous „ étiez” ; l'Empereur fatigué de tous côtés de tant d'orgueil , leur impofa filence, & leur dit en propres mots. „ Rome n'eft plus ce „ qu'elle a été ; il n'eft pas vrai „ que vous m'ayez appellé & fait „ votre Prince, Charlemagne & „ Othon vous ont conquis par la „ valeur. Je fuis votre Maître par „ une poffeffion légitime”. Il les renvoya ainfi, & fut inauguré hors des murs par le Pape , qui lui mit le fceptre & l'épée en main & la couronne fur la tête.

1155.
18 Juin.

On favoit fi peu ce que c'étoit que l'Empire. Toutes les prétentions étoient fi contradictoires, que d'un côté le Peuple Romain fe fouleva, & il y eut beaucoup de fang verfé, parce que le Pape avoit couronné l'Empereur fans l'ordre du

B 7 Sé-

Sénat & du Peuple ; & de l'autre côté le Pape Adrien écrivoit dans toutes ses lettres, qu'il avoit conféré à Frédéric le Bénéfice de l'Empire Romain, *beneficium Imperii Romani*. Ce mot de *beneficium* signifioit un Fief à la lettre. Il fit de plus exposer en public à Rome un Tableau, qui représentoit Lothaire II. aux genoux du Pape Alexandre II. tenant les mains jointes entre celles du Pontife, ce qui étoit la marque distinctive de la vassalité. L'Inscription du Tableau étoit :

Rex venit ante fores jurans prius urbis honores,
Post homo fit Papæ sumit quo dante coronam.

„ Le Roi jure à la porte le main-
„ tien des honneurs de Rome,
„ devient Vassal du Pape, qui lui
„ donne la couronne".
Frédéric étant à Besançon (car ce que nous nommons la Franche-Comté, reste du Royaume de

Bour-

Bourgogne, appartenoit à Frédéric par son mariage) apprit ces attentats & s'en plaignit. Un Cardinal présent répondit, „ Eh de qui „ tient-il donc l'Empire, s'il ne le „ tient du Pape ” ? Paroles pour lesquelles Othon Comte Palatin fut prêt de le percer de l'épée de l'Empire, qu'il tenoit à la main. Le Pape en fut quitte pour donner à toutes ces expressions un sens équivoque.

Roger, vainqueur en Sicile des Musulmans & au Royaume de Naples, des Chrétiens, avoit en baisant les pieds du Pape Urbain II. son prisonnier, obtenu de lui l'investiture, & avoit fait modérer la redevance à six cens *besans d'or* ou *squifates*, monnoie qui vaut environ une pistole. Le Pape Adrien en 1156 assiégé par Guillaume, lui céda jusqu'à des prétentions Ecclésiastiques. Il consentit qu'il n'y eût jamais dans l'Ile de Sicile ni légation ni appellation au Saint

Saint Siége, que quand le Roi le voudroit ainsi. C'est depuis ce tems que les Rois de Sicile, seuls Rois vassaux des Papes, font eux-mêmes d'autres Papes dans cette Ile. Les Pontifes de Rome ainsi adorés & maltraités ressembloient, si on ose le dire, aux Idoles que les Indiens battent pour en obtenir des bienfaits.

Adrien IV. se dédommageoit avec les autres Rois qui avoient besoin de lui. Il écrivoit ainsi au Roi d'Angleterre Henri II. ,, On ne doute ,, pas, & vous le savez, que l'Ir- ,, lande & toutes les Iles qui ont ,, reçu la Foi, appartiennent à l'E- ,, glise de Rome : or vous voulez ,, entrer dans cette Ile pour en ,, chasser les vices, y faire obser- ,, ver les Loix, & faire payer le ,, Denier de Saint Pierre par an ,, pour chaque maison, nous vous ,, l'accordons avec plaisir ".

Si quelques réflexions me sont permises dans cet Essai sur l'Histoi-

re

re de ce Monde, je confidére qu'il eſt bien étrangement gouverné. Un mendiant d'Angleterre devenu Evêque d'Italie donne de ſon autorité l'Ile d'Irlande à un homme qui veut l'uſurper.   Les Papes avoient ſoutenu des guerres pour cette inveſtiture par la croſſe & l'anneau, & Adrien IV. avoit envoyé au Roi Henri II. un anneau en ſigne de l'inveſtiture de l'Irlande. Un Roi qui eût donné un anneau en conférant une Prébende, eût été ſacrilége.

L'intrépide activité de Frédéric Barberouſſe ſuffiſoit à peine pour ſubjuguer & les Papes qui conteſtoient l'Empire, & Rome qui refuſoit le joug, & toutes les Villes d'Italie qui vouloient la liberté. Il falloit reprimer en même tems la Bohême qui l'inquiétoit, les Polonois qui lui faiſoient la guerre. Il vint à bout de tout. La Pologne vaincue fut érigée par lui en Royaume tributaire. Il pacifia la Bohême

hême érigée déjà en Royaume par Henri IV. en 1086. On dit que le Roi de Dannemarc reçut de lui l'investiture. Il s'assura de la fidélité des Princes de l'Empire, en se rendant redoutable aux étrangers, & revola dans l'Italie qui fondoit sa liberté sur les embarras du Monarque. Il la trouva toute en confusion, moins encore par ces efforts des Villes pour leur liberté, que par cette fureur de parti, qui caractérisoit, comme je l'ai dit, les élections des Papes.

Après la mort d'Adrien IV. deux factions élisent en tumulte ceux qu'on nomme Victor II. & Alexandre III. Il falloit bien que les Alliés de l'Empereur reconnussent le même Pape que lui, & que les Rois jaloux de l'Empereur reconnussent l'autre. Le scandale de Rome étoit donc nécessairement le signal de la division de l'Europe. Victor II. fut le Pape de Frédéric Barberousse. L'Allemagne, la Bohême,

hême, la moitié de l'Italie lui ad-
hérérent. Le reste reconnut Alexandre. Ce fut en l'honneur de
cet Alexandre que les Milanois, ennemis de l'Empereur, bâtirent Alexandrie. Les partisans de Frédéric voulurent envain qu'on la nom-
mât *Céſarée*, mais le nom du Pape prévalut, & elle fut nommée
Alexandrie de la paille, ſurnom
qui fait ſentir la différence de cette petite Ville, & des autres de ce
nom bâties autrefois en l'honneur
du véritable Alexandre.

Heureux ce Siécle s'il n'eût produit que de telles diſputes ! Mais
Milan pour avoir voulu être libre,
fut raſée juſques dans ſes fondemens, & l'Empereur fit ſemer du
ſel ſur ſes débris. Breſcia, Plai-
ſance, furent démantelées par le
vainqueur. Les autres Villes qui
avoient aſpiré à la liberté, perdirent leurs priviléges. Mais le Pape Alexandre qui les avoit toutes
excitées, revint à Rome après la
mort

1162

mort de son rival. Il rapporta a-
vec lui la guerre civile. Frédéric
fit élire un autre Pape, & celui-ci
mort, il en fit nommer encore un
autre. Alors Alexandre III. se réfugie
en France, azile naturel de tout
Pape ennemi d'un Empereur. Mais
le feu qu'il a allumé, reste dans
toute sa force. Les Villes d'Italie
se liguent ensemble pour le main-
tien de leur liberté. Les Milanois
rebâtissent Milan malgré l'Empereur. Le Pape enfin en négociant
fut plus fort que l'Empereur en
combattant. Il fallut que Frédéric
Barberousse pliât. Venise eut l'hon-
1177. neur de la réconciliation. L'Empereur, le Pape, une foule de Princes & de Cardinaux se rendirent
dans cette Ville déjà maîtresse de
la Mer, & une des Merveilles du
Monde. L'Empereur y finit la querelle en reconnoissant le Pape, en
baisant ses pieds, & en tenant son
étrier sur le rivage de la Mer.
Tout fut à l'avantage de l'Eglise.
Fré-

Frédéric Barberouffe promit de reftituer ce qui appartenoit au St. Siége, cependant les Terres de la Comteffe Mathilde ne furent pas fpécifiées. L'Empereur fit une trê-ve de fix ans avec les Villes d'Ita-lie. Milan qu'on rebâtiffoit , Pa-vie , Brefcia & tant d'autres remer-ciérent le Pape de leur avoir ren-du cette liberté précieufe pour laquelle elles combattoient ; & le St. Pére pénétré d'une joie pure s'écrioit , „ Dieu a voulu qu'un „ Vieillard & qu'un Prêtre triom-„ phât fans combattre , d'un Em-„ pereur puiffant & terrible.

Il eft très-remarquable que dans ces longues diffenfions le Pape A-xandre III. qui avoit fait fouvent cette cérémonie d'excommunier l'Empereur , n'alla jamais jufqu'à le dépofer. Cette conduite ne prouve-t-elle pas non feulement beaucoup de fageffe dans ce Pontife , mais une condamnation générale des excès de Gregoire VII ?

Après

Après la pacification de l'Italie, Frédéric Barberousse partit pour les guerres des Croisades, & mourut pour s'être baigné dans le Cidnus, de la maladie dont Alexandre le Grand avoit échappé autrefois si difficilement, pour s'être jetté tout en sueur dans ce Fleuve. Cette maladie étoit probablement une pleurésie.

Pour le Pape Alexandre, il vécut encore quatre ans dans un repos glorieux, chéri dans Rome & dans l'Italie. Il établit dans un nombreux Concile, que desormais pour être élu Pape canoniquement, il suffiroit d'avoir les deux tiers des voix des seuls Cardinaux. Mais cette régle ne put prévenir les schismes, qui furent depuis causés par ce qu'on appelle en Italie *la rabbia papale.*

Cependant l'esprit de l'Empire Allemand & l'esprit de Rome étoient les mêmes. Henri VI. fils de Frédéric Barberousse, vient se

faire

faire couronner à Rome par le vieux Céleſtin III. âgé de 86 ans. Ce vieillard prend le tems que l'Empereur lui baiſoit les pieds, ayant la couronne en tête, & jette à terre cette couronne d'un coup de pied.

Toutes ces témérités ne ſont que les triomphes des foibles. Le Pape fut alors forcé de recevoir l'hommage d'un Vaſſal trop puiſſant, & de donner à ce Henri VI. l'inveſtiture de Naples & de Sicile, que l'Empereur vouloit enlever à la race des Normands.

Il ſemble qu'il y a des Peuples faits pour ſervir toujours, & pour attendre quel ſera l'étranger qui voudra s'emparer d'eux. Les habitans de Naples & de Sicile, incapables de ſe gouverner eux mêmes & de ſe donner un Roi, ne ſavoient encore s'ils devoient obéir à un Tancréde bâtard de la race Normande, ou à cet Allemand Henri VI. qui avoit épouſé une

fille

fille de cette race. L'Allemand l'emporta fur les Normands, & pour éteindre la race de ces Avanturiers illuſtres, il fit châtrer & aveugler l'enfant qui reſtoit de Tancréde. Ainſi paſſérent Naples & Sicile aux Allemands, ainſi vingt Provinces ont été fous la domination des Souverains que la Nature a placé à trois cens lieues d'elles. Eternel ſujet de diſcorde, & preuve de la ſageſſe d'une Loi telle que la *Salique* ; Loi qui ſeroit encore plus utile à un petit Etat qu'à un grand.

A la mort de Henri VI. l'Empire d'Allemagne eſt diviſé. La France ne l'étoit pas ; c'eſt que les Rois de France avoient été aſſez prudens ou aſſez heureux pour établir l'ordre de la ſucceſſion. Mais ce titre d'Empire que l'Allemagne affectoit, ſervoit à rendre la couronne élective. Tout Evêque & tout grand Seigneur donnoit ſa voix. Ce droit d'élire & d'être élu, flattoit l'ambition des Princes, &

fit

fit quelquefois les malheurs de l'Etat.

Le jeune Frédéric II. fils de Henri VI. fortoit du berceau. Une faction l'élit Empereur, & donne à fon oncle Philippe le titre de *Roi des Romains.* Un autre parti couronne Othon de Saxe. Les Papes tirérent bien un autre fruit des divifions de l'Allemagne, que les Empereurs n'avoient fait de celles d'Italie.

Innocent III. fils d'un Gentilhomme d'Agnani près de Rome, bâtit enfin l'édifice de la puiffance temporelle dont fes prédéceffeurs avoient amaffé les matériaux pendant quatre cens ans. Excommunier Philippe, vouloir détrôner le jeune Frédéric, prétendre exclure à jamais du trône d'Allemagne & d'Italie cette Maifon de Soüabe fi odieufe aux Papes, fe conftituer juges des Rois, c'étoit le ftile devenu ordinaire depuis Gregoire VII. Mais Innocent III. ne s'en

Tom. II. C tint

tint pas à ces formules. L'occasion étoit trop belle, il recouvra tout cet ancien patrimoine de St Pierre si longtems contesté, & presque tout l'héritage de la bienfaictrice Mathilde.

Ainsi la Romagne, l'Ombrie, la Marche d'Ancone, Orbitello, Viterbe, reconnurent le Pape pour Souverain. Il domina en effet d'une Mer à l'autre. La République Romaine n'en avoit pas plus conquis dans ces quatre premiers siécles, & ces Pays ne lui valoient pas ce qu'ils valoient aux Papes. Innocent III. conquit même Rome, ce nouveau Sénat plia sous lui. Il fut le Sénat du Pape, & non des Romains. Le titre de Consul fut aboli. Les Pontifes de Rome commencérent alors à être Rois en effet, & la Religion les rendoit suivant les occurrences les maîtres des Rois. Mais cette grande puissance temporelle en Italie ne fut pas de durée.

C'é-

C'étoit un spectacle intéressant
que ce qui se passoit alors entre
les Chefs de l'Eglise, la France,
l'Allemagne & l'Angleterre. On a
vu les querelles du Sacerdoce & de
l'Empire jusqu'au Pape Innocent
III. & aux Empereurs Philippe,
Henri & Othon, pendant que Frédéric II. étoit jeune encore. Il
faut jetter les yeux sur la France
& sur l'Angleterre, & sur les intérêts que ces Royaumes avoient à
démêler avec l'Allemagne.

C 2   ETAT

ETAT DE LA

FRANCE

ET DE

L'ANGLETERRE,

Jusqu'au régne de Saint Louis & de Jean sans terre, & de Henri III. pendant le XII. Siécle.

LE Gouvernement Féodal étoit en vigueur dans presque toute l'Europe, & les Loix de la Chevalerie par-tout à peu près les mêmes. Il étoit surtout établi en France par les Loix, que si le Seigneur d'un Fief disoit à son homme-lige, „ Venez-vous-en avec moi, car je „ veux guerroyer le Roi mon Sei- „ gneur qui me dénie justice”, l'homme-lige devoit d'abord aller

trou-

trouver le Roi, & lui demander s'il étoit vrai qu'il eût refusé justice à ce Seigneur. En cas de refus l'homme-lige devoit marcher contre le Roi au service de ce Seigneur le nombre de jours prescrits, ou perdre son Fief. Un tel Réglement pouvoit être intitulé *Ordonnance pour faire la guerre civile.*

Le Roi Louis le Gros ne fut occupé qu'à combattre à sept ou huit lieues de Paris contre les Barons.

Louis le Jeune avoit acquis un grand domaine par un mariage, mais il le perdit par un divorce. Eléonore sa femme, héritiére de la Guyenne & du Poitou, lui fit des affronts qu'un mari devoit ignorer. Fatiguée de l'accompagner dans ces Croisades illustres & malheureuses, elle se dédommagea des ennuis que lui causoit, à ce qu'elle disoit, un Roi qu'elle traitoit toujours de Moine. Le Roi fit casser son mariage sous prétexte de pa-

C 3   renté.

renté. Ceux qui ont blâmé ce Prince de ne pas retenir la dot en répudiant la femme, ne songent pas qu'alors un Roi de France n'étoit pas assez puissant pour commettre une telle injustice.

Un descendant du Conquérant Guillaume, Henri II. depuis Roi d'Angleterre, déjà maître de la Normandie, du Maine, de l'Anjou, de la Touraine, moins difficile que Louis le Jeune, crut pouvoir sans honte épouser une femme galante, qui lui donnoit la Guyenne & le Poitou. Bientôt après il fut Roi d'Angleterre, & le Roi de France en reçut l'hommage-lige qu'il eût voulu rendre au Roi Anglois pour tant d'Etats

Le Gouvernement Féodal déplaisoit également aux Rois de France, d'Angleterre & d'Allemagne. Ces Rois s'y prirent presque de même, & presqu'en même tems, pour avoir des troupes indépendamment de leurs vassaux. Le Roi

Louis le Jeune donna des priviléges à toutes les Villes de son domaine, à condition que chaque Paroisse marcheroit à l'armée sous la banniére du Saint de son Eglise, comme les Rois marchoient eux-mêmes sous la banniére de Saint Denis. Plusieurs serfs alors affranchis, devinrent citoyens, & les citoyens eurent le droit d'élire leurs Officiers municipaux, leurs Echevins & leurs Maires.

C'est vers les années 1137 & 1138, qu'il faut fixer cette époque du rétablissement de ce gouvernement municipal des Cités & des Bourgs. Henri II. Roi d'Angleterre, donna les mêmes priviléges à plusieurs Villes pour en tirer de l'argent avec lequel il pourroit lever des troupes.

Les Empereurs en usérent à peu près de même en Allemagne. Spire, par exemple, acheta en 1166 le droit de se choisir des Bourgue-maîtres, malgré l'Evêque qui s'y

    op-

oppofa. La liberté naturelle aux hommes renâquit du befoin d'argent où étoient les Princes. Mais cette liberté n'étoit qu'une moindre fervitude en comparaifon de ces Villes d'Italie, qui alors s'érigèrent en Républiques.

L'Italie citérieure fe formoit fur le plan de l'ancienne Gréce. La plupart de ces grandes Villes libres & confédérées fembloient devoir former une République refpectable, mais de petits & de grands tyrans la détruifirent bientôt.

Les Papes avoient à négocier à la fois avec chacune de ces Villes, avec le Royaume de Naples, l'Allemagne, la France, l'Angleterre & l'Efpagne. Tous eurent avec les Papes des démêlés, & l'avantage demeura toujours au Pontife.

Le Roi Louis le Jeune en 1142, ayant donné l'exclufion à un de fes Sujets, nommé Pierre la Chartre, pour l'Evêché de Bourges, l'Evêque

que élu malgré lui & soutenu par Rome, mit en interdit les domaines royaux de son Evêché : de-là suit une guerre civile, mais elle ne finit que par une négociation, en reconnoissant l'Evêque & en priant les Papes de faire lever l'interdit.

Les Rois d'Angleterre eurent bien d'autres querelles avec l'Eglise. Un des Rois, dont la mémoire est le plus respectée chez les Anglois, est Henri I. le troisiéme Roi depuis la conquête, qui commença à régner en 1100. Ils lui savent bon gré d'avoir aboli la loi du couvre-feu, qui les gênoit. Il fixa dans ses Etats les mêmes poids & les mêmes mesures, ouvrage d'un sage Législateur, qui fut aisément exécuté en Angleterre & toujours inutilement proposé en France. Il confirma les loix de St. Edouard, que son pére Guillaume le Conquérant avoit abrogées. Enfin pour mettre le Clergé dans ses intérêts, il renonça au droit de Ré-

gale,

gale, qui lui donnoit l'ufufruit des Bénéfices vacans.

Il figna fur-tout une Chartre remplie de priviléges qu'il accordoit à la Nation. Premiére origine des libertés d'Angleterre, tant accrues dans la fuite. Guillaume le Conquérant fon pére avoit traité les Anglois en efclaves, qu'il ne craignoit pas. Si Henri fon fils les ménagea tant, c'eft qu'il en avoit befoin. Il étoit cadet, il raviffoit le fceptre à fon aîné Robert. Voilà la fource de tant d'indulgence. Mais tout adroit & maître qu'il étoit, il ne put empêcher fon Clergé & Rome de s'élever contre lui pour ces mêmes inveftitures. Il fallut qu'il s'en défiftât, & qu'il fe contentât de l'hommage que les Evêques lui faifoient pour le temporel.

Pour la France, elle étoit exemte de ces troubles, parce que la cérémonie de la Croffe & de l'Anneau n'y étoit pas introduite.

Il

Il s'en falloit peu que les Evêques Anglois ne fussent Princes temporels dans leurs Evêchés, du moins
les plus grands Vassaux de la Couronne ne les surpassoient pas en
grandeur & en richesses. Sous Etienne successeur de Henri I. un Evêque de Salisbury, nommé Roger,
marié & vivant publiquement avec
celle qu'il connoissoit pour sa femme, fait la guerre au Roi son Souverain, & dans un de ses Châteaux pris pendant cette guerre,
on trouva, dit-on, quarante
mille marcs d'argent, qui à huit
onces au marc, font deux millions de livres au cours présent de
France. Somme incroyable dans
un tems où l'espéce étoit aussi rare
que le commerce resserré.

Après ce régne d'Etienne, troublé par des guerres civiles, l'Angleterre prenoit une nouvelle face sous Henri II. qui réunissoit
la Normandie, l'Anjou, la Touraine, la Saintonge, le Poitou,

C 6

la

la Guyenne avec l'Angleterre, excepté Cornouaille non encore soumise. Tout y étoit tranquile lorsque ce bonheur fut troublé par la grande querelle du Roi, & de Thomas Becquet qu'on appelle St. Thomas de Cantorbery.

Ce Thomas Becquet, Avocat élevé par le Roi Henri II. à la dignité de Chancelier, & enfin à celle d'Archevêque de Cantorbery, Primat d'Angleterre & Légat du St. Siége, devint l'ennemi de la premiére personne de l'Etat, dès qu'il fut la seconde. Un Prêtre commit un meurtre. Le Primat ordonna qu'il seroit seulement privé de son Bénéfice. Le Roi indigné lui reprocha qu'un Laïque en cas pareil étant puni de mort, c'étoit inviter les Ecclésiastiques au crime que de proportionner si peu la peine au délit. L'Archevêque soutint qu'aucun Ecclésiastique ne pouvoit être puni de mort, & renvoya ses Lettres de Chancelier pour être entié-

tiérement indépendant. Le Roi
dans un Parlement proposa qu'aucun Evêque n'allât à Rome, qu'aucun Sujet n'appellât au St. Siége,
qu'aucun Vassal & Officier de la
Couronne ne fût excommunié &
suspendu de ses fonctions, sans
permission du Souverain ; qu'enfin
les crimes du Clergé fussent soumis aux Juges ordinaires. Tous
les Pairs Séculiers passérent ces propositions, Thomas Becquet les rejetta d'abord. Enfin il signa des
loix si justes, mais il s'accusa auprès du Pape d'avoir trahi les droits
de l'Eglise, & promit de n'avoir
plus de telles complaisances.

Accusé devant les Pairs d'avoir
malversé pendant qu'il étoit Chancelier, il refusa de répondre, sous
prétexte qu'il étoit Archevêque.
Condamné à la prison comme séditieux par les Pairs Ecclésiastiques
& Séculiers, il s'enfuit en France,
& alla trouver Louis le Jeune ennemi naturel de Henri II. Il fit
C 7 hu-

humainement ce qu'il put pour en-
gager l'Archevêque à rentrer dans
son devoir. Il prit dans un de ses
voyages Louis le Jeune son Seigneur Suzerain pour arbitre : „ Que
l'Archevêque, dit - il à Louis en
propres mots, „ agisse avec moi
„ comme le plus saint de ses pré-
„ décesseurs en a usé avec le moin-
„ dre des miens; & je serai satis-
„ fait”. Il se fit une paix simulée
entre le Roi & le Prélat. Becquet
revint donc en Angleterre, mais
il n'y revint que pour excommu-
1170. nier tous les Ecclésiastiques, Evêques, Chanoines, Curés qui s'é-
toient déclarés contre lui. Ils se
plaignirent au Roi, qui étoit alors
en Normandie Henri II. outré de
colére, s'écria, „ Est-il possible
„ qu'aucun de mes serviteurs ne me
„ vengera de ce brouillon de Pré-
„ tre”?
Ces paroles plus qu'indiscrétes
sembloient mettre le poignard à la
main de quiconque croiroit le servir,

vir, en affassinant celui qui ne devoit être puni que par les Loix.

Quatre de ses domestiques allérent à Cantorbery, ils assommérent à coups de massue l'Archevêque au pied de l'Autel. Ainsi un homme qu'on auroit pu traiter de rebelle, devint un martir, & le Roi fut chargé de la honte & de l'horreur de ce meurtre.

L'Histoire ne dit point quelle justice on fit de ces quatre assassins, il semble qu'on n'en ait fait que du Roi.

On a déjà vu comme Adrien IV. donna à Henri II. la permission d'usurper l'Irlande ; mais il faut dire ici qu'il ne la lui donna qu'à condition qu'il feroit serment qu'il n'avoit jamais commandé cet assassinat, & qu'il iroit pieds nuds recevoir la discipline sur le tombeau de l'Archevêque par la main des Chanoines. Le Roi contre lequel ses enfans se révoltoient, accomplit sa pénitence après avoir subjugué

gué l'Irlande. La plupart des Anglois se sont élevés depuis contre
cette pénitence de leur Roi, parce qu'elle étoit commandée par une
puissance ennemie des Rois. L'intérêt des hommes cependant n'é-
xige-t-il pas qu'il y ait un frein qui
retienne les Souverains & qui met-
te à couvert la vie des Sujets ? Ce
frein de la Religion auroit pu être
par une convention universelle dans
la main des Papes, mais il leur en
falloit un à eux-mêmes : ainsi les
hommes sont réduits à n'avoir pour
leur défense que les mœurs & les
loix de chaque Pays.

L'Angleterre fut tranquile sous
Richard Cœur de lion, fils & successeur de Henri-II. Il fut malheureux par les Croisades, mais son
Pays ne le fut pas. Richard eut a-
vec Philippe Auguste quelques-unes
de ces guerres inévitables entre un
suzerain & un vassal puissant. Elles ne changèrent rien à la fortune
de leurs Etats. Il faut regarder

toutes

toutes les guerres pareilles entre les Princes Chrétiens comme des tems de contagion , qui dépeuplent des Provinces sans en changer les limites , les usages & les mœurs. Ce qu'il y eut de plus remarquable dans ces guerres, c'est que Richard enleva à Philippe Auguste son Chartrier qui le suivoit par-tout ; il contenoit un détail des revenus du Prince , une liste de ses vassaux, un état des esclaves & des affranchis. Le Roi de France fut obligé de faire un nouveau Chartrier , dans lequel ses droits furent plutôt augmentés que diminués.

1194.

Un autre fait digne d'attention, c'est la captivité d'un Evêque de Beauvais pris les armes à la main par le Roi Richard. Le Pape Célestin III. redemanda l'Evêque : „ Vous devez me rendre mon fils", écrivoit-il à Richard : mais le Roi en envoyant au Pape la cuirasse de l'Evêque , lui répondit par les paroles de l'Histoire de Joseph „ Con-
„ noif-

„ noiſſez-vous la tunique de votre
„ fils ?

Il faut obſerver encore à l'égard
de cet Evêque guerrier, que ſi les
Loix des Fiefs n'obligeoient pas les
Evêques à ſe battre, elles les obligeoient pourtant d'amener leurs
vaſſaux au rendez-vous des troupes.

Philippe Auguſte ſaiſit le temporel des Evêques d'Orléans &
d'Auxerre, pour n'avoir pas rempli cet abus, devenu un devoir.
Ces Evêques condamnés, commencérent par mettre le Royaume
en interdit, & finirent par demander pardon.

Nous verrons dans les Croiſades les autres avantures de Richard Cœur de lion. Jean ſans terre
ſon fils qui lui ſuccéda, devoit être
le plus grand terrien de l'Europe ;
car outre les domaines de ſon pére,
il eut encore la Bretagne, qu'il
uſurpa ſur le Prince Artur ſon neveu, à qui cette Province étoit
échue

échue par sa mére.   Mais pour a-
voir voulu ravir ce qui ne lui appartenoit pas , il perdit tout ce qu'il
avoit , & devint enfin un grand
exemple qui doit intimider les
mauvais Rois. Il commença par
chercher à s'emparer de la Bretagne, qui appartenoit à son neveu
Artur. Il le prit dans un combat,
il le fit enfermer dans la tour de
Rouen , sans qu'on ait jamais pu
savoir ce que devint ce jeune Prince.   L'Europe accusa avec raison
le Roi Jean de la mort de son neveu. Heureusement pour l'instruc-
tion de tous les Rois , on peut dire
que ce premier crime fut la cause
de tous ses malheurs. Les Loix Féo-
dales, qui d'ailleurs faisoient naître tant de désordres , furent signalées ici par un exemple mémorable de justice. La Comtesse de
Bretagne , mére d'Artur, fit présenter à la Cour des Pairs de France une Requête signée des Barons
de Bretagne. Le Roi d'Angleterre
fut

fut sommé par les Pairs de comparoître. La citation lui fut signi-
fiée à Londres par des Sergens-
d'armes. Le Roi accusé envoya un
Evêque demander à Philippe Auguste un sauf-conduit. Qu'il vienne,
dit le Roi, il le peut. Y aura-t-il
sureté pour le retour ? demanda
l'Evêque. Oui si le jugement des
Pairs le permet, répondit le Roi.
L'accusé n'ayant point comparu,
les Pairs de France le condamné-
rent à mort, & déclarérent toutes
ses terres situées en France acqui-
ses & confisquées au Roi. Philippe se mit bientôt en devoir de re-
cueillir le fruit du crime du Roi
son vassal. Il paroît que le Roi
Jean étoit du naturel des Rois tirans & lâches. Il se laissa prendre
la Normandie, la Guyenne, le Poitou, & se retira en Angleterre, où
il étoit haï & méprisé. Il trouva
d'abord quelque ressource dans la
fierté de la Nation Angloise, indignée de voir son Roi condamné

en

en France, mais les Barons d'Angleterre se lassérent bientôt de donner de l'argent à un Roi qui n'en savoit pas user. Pour comble de malheur Jean se brouilla avec la Cour de Rome pour un Archevêque de Cantorbery, que le Pape vouloit nommer de son autorité malgré les loix.

Innocent III. cet homme sous lequel le Saint Siége fut si formidable, mit l'Angleterre en interdit, & défendit à tous les sujets de Jean de lui obéir. Cette foudre Ecclésiastique étoit en effet terrible, parce que le Pape la remettoit entre les mains de Philippe Auguste, auquel il transféra le Royaume d'Angleterre en héritage perpétuel, l'assurant de la remission de tous ses péchés, s'il réussissoit à s'emparer de ce Royaume. Il accorda même pour ce sujet les mêmes indulgences qu'à ceux qui alloient à la Terre Sainte. Le Roi de France ne publia pas alors qu'il n'appartenoit

pas

pas au Pape de donner des Couronnes. Lui-même avoit été excommunié quelques années auparavant en 1199, & son Royaume avoit aussi été mis en interdit par ce même Pape Innocent III. parce qu'il avoit voulu changer de femme. Il avoit déclaré alors les censures de Rome insolentes & abusives. Il avoit saisi le temporel de tout Evêque & de tout Prêtre assez mauvais François pour obéir au Pape. Il pensa tout différemment quand il se vit l'exécuteur d'une Bulle qui lui donnoit l'Angleterre. Alors il reprit sa femme dont le divorce lui avoit attiré tant d'excommunications, & ne songea qu'à exécuter la sentence de Rome. Il employa une année à faire construire 170 vaisseaux, & à préparer la plus belle armée qu'on eût jamais vu en France. La haine qu'on portoit en Angleterre au Roi Jean, valoit au Roi Philippe encore une autre armée. Philippe Au-

Auguste étoit prêt de partir, &
Jean de son côté faisoit un dernier
effort pour le recevoir. Tout haï
qu'il étoit d'une partie de la Nation, l'éternelle émulation des Anglois contre la France, l'horreur
du procédé du Pape, les prérogatives de la Couronne toujours puissantes, lui donnérent enfin pour
quelques semaines une armée de
près de soixante mille hommes, à
la tête de laquelle il s'avança jusqu'à Douvres pour recevoir celui
qui l'avoit jugé en France, & qui
venoit le détrôner en Angleterre.

L'Europe s'attendoit donc à une
bataille décisive entre les deux
Rois, lorsque le Pape les joua
tous deux, & prit adroitement pour
lui ce qu'il avoit donné à Philippe. Un Soudiacre son domesti-
que nommé Pandolfe, Légat en
France & en Angleterre, consom-
ma cette singuliére négociation. Il
passe à Douvres sous prétexte de
négocier avec les Barons en faveur
du

1213. du Roi de France. Il voit le Roi Jean, „ Vous êtes perdu, lui dit-il, „ l'armée Françoise va mettre à la „ voile, la vôtre va vous abandon- „ ner; vous n'avez qu'une ressour- „ ce, c'est de vous rapporter entiére- „ ment au Saint Siége". Jean y con- sentit, en fit serment, & seize Ba- rons jurérent la même chose sur l'ame du Roi. Etrange serment qui les obligeoit à faire ce qu'ils ne savoient qu'on leur proposeroit. L'artificieux Italien intimida telle- ment le Prince, disposa si bien les Barons, qu'enfin le 15 Mai 1213 dans la maison des Chevaliers du Temple au Faubourg de Douvres, le Roi à genoux mettant ses mains entre celles du Légat, prononça ces paroles.

„ Moi Jean par la grace de „ Dieu Roi d'Angleterre & Sei- „ gneur d'Hibernie, pour l'expia- „ tion de mes péchés & de ma „ pure volonté, & de l'avis de mes „ Barons, je donne à l'Eglise de „ Ro-

,, Rome, au Pape Innocent & à
,, ses successeurs, les Royaumes
,, d'Angleterre & d'Irlande avec
,, tous les droits, je les tiendrai
,, comme Vassal du Pape, je serai
,, fidéle à Dieu, à l'Eglise Romai-
,, ne, au Pape mon Seigneur & à
,, ses successeurs légitimement élus.
,, Je m'oblige de lui payer une re-
,, devance de mille marcs d'argent
,, par an, savoir sept cens pour le
,, Royaume d'Angleterre & trois
,, cens pour l'Hibernie ".

Alors on mit de l'argent entre les mains du Légat comme premier payement de la redevance. On lui remit la couronne & le sceptre. Le Diacre Italien foula l'argent aux pieds, & garda la couronne & le sceptre cinq jours. Il rendit ensuite ces ornemens au Roi, comme un bienfait du Pape leur commun Maître.

Philippe Auguste n'attendoit à Boulogne que le retour du Légat pour se mettre en mer. Le Légat revient à lui pour lui apprendre qu'il ne lui eſt plus permis d'attaquer l'Angleterre devenue Fief de l'Egliſe Romaine, & que le Roi Jean eſt ſous la protection de Rome.

Le préſent que le Pape avoit fait de l'Angleterre à Philippe, pouvoit alors lui devenir funeſte. Un autre excommunié, neveu du Roi Jean, s'étoit ligué avec lui pour s'oppoſer à la France, qui devenoit trop à craindre.

Othon IV. diſputoit l'Empire au jeune Frédéric II. fils de Henri VI. & diſputoit en même tems l'Italie au Pape. Il avoit même arraché quelques Villes au St. Siége. Mais le Roi de France prêt à envahir l'Angleterre, fit bientôt revenir Othon d'Italie. Le Comte de Flandre, Ferrand fils de Sanche I. Roi de Portugal, Comte de Flandre par ſa femme, ſe joignit à l'Angleterre & à l'Allemagne. Ferrand étoit Vaſſal de Philippe;

mais

mais c'étoit par cette raison min-
ce qu'il se déclara contre lui aussi
bien que contre le Comte de Boulogne.   Ainsi Philippe pour avoir
voulu accepter le présent du Pape , se mit au point d'être oppri-
mé.   Sa fortune & son courage le
firent sortir de ce péril avec la plus
grande gloire qu'ait jamais mérité
un Roi de France.

Entre Lille & Tournay est un petit Village nommé Bouvines, près
duquel Othon IV. à la tête d'une
armée qu'on dit forte de plus de
100000 combattans, vint attaquer
le Roi qui n'en avoit guéres que
la moitié. On commençoit alors à
se servir d'arbalétes.   Cette arme
commença à être en usage sous
Louis le Gros.   Mais ce qui déci-
doit d'une journée , c'étoit cette
pesante Cavalerie toute couverte
de fer. L'armure complette du Chevalier étoit une prérogative d'honneur , à laquelle les Ecuyers ne pouvoient prétendre.   Il ne leur étoit

pas permis d'être invulnerables. Tout ce qu'un Chevalier avoit à craindre, étoit d'être blessé au visage quand il levoit la visiére de son casque ; ou dans le flanc au défaut de la cuirasse, quand il étoit abattu & qu'on avoit levé sa chemise de mailles ; enfin sous les aisselles, quand il levoit le bras.

Il y avoit encore des troupes de Cavalerie tirées du corps des Communes bien moins armées que les Chevaliers. Pour l'Infanterie, elle portoit des armes défensives à leur gré, & les offensives étoient l'épée, la fléche, la massue, la fronde.

Ce fut un Evêque qui rangea en bataille l'armée de Philippe Auguste. Il s'appelloit Guerin, & venoit d'être nommé à l'Evêché de Senlis. Cet Evêque de Beauvais, si longtems prisonnier du Roi Richard d'Angleterre, se trouva aussi à cette bataille. Il s'y servit toujours d'une massue, disant qu'il seroit irrégulier s'il versoit le sang hu-

humain. On ne sait point comment l'Empereur & le Roi disposérent leurs troupes. Philippe avant le combat, fit chanter le Pseaume, *Exsurgat Deus & dissipentur inimici ejus*, comme si Othon avoit combattu contre Dieu. Auparavant les François chantoient des vers en l'honneur de Charlemagne & de Rolland, l'Etendart Impérial d'Othon étoit sur quatre roues. C'étoit une longue perche qui portoit un dragon de bois peint, & sur le dragon s'élevoit une aigle de bois doré. L'Etendart Royal de France étoit un bâton doré avec un drapeau de soye blanche semée de fleurs de lis : ce qui n'avoit été longtems qu'une imagination de Peintre, commençoit à servir d'armoiries aux Rois de France. D'anciennes couronnes des Rois Lombards dont on voit des estampes fidéles dans Muratori, sont surmontées de cet ornement, qui n'est autre chose

D 3

que

que le fer d'une lame liée avec deux autres fers recourbés.

Outre l'Etendart Royal, Philippe Augufte fit porter l'oriflame de Saint Denis. Lorfque le Roi étoit en danger on hauffoit ou baiffoit l'un ou l'autre de ces étendarts. Chaque Chevalier avoit auffi le fien, & les grands Chevaliers faifoient porter un autre drapeau qu'on nommoit banniére. Ce terme de banniére fi honorable étoit pourtant commun aux drapeaux de l'Infanterie, prefque toute compofée de ferfs. Le cri de guerre des François étoit *mon joye Saint Denis*. Il n'eft pas dit quel étoit le cri des Allemands.

Une preuve que les Chevaliers bien armés ne couroient guéres d'autre rifque que d'être démontés, & n'étoient bleffés que par un très-grand hazard, c'eft que le Roi Philippe Augufte renverfé de fon cheval, fut longtems entouré d'ennemis, & reçut des coups de toute

ef-

efpéce d'armes fans verfer une goute de f ng.

On raconte même qu'étant couché par terre, un foldat Allemand voulut lui enfoncer dans la gorge un javelot à double crochet, & n'en put jamais venir à bout. Aucun Chevalier ne périt dans la bataille, finon Guillaume de Longchamp, qui malheureufement mourut d'un coup dans l'œil adreffé par la vifiére de fon cafque.

On compte du côté des Allemands vingt-cinq Chevaliers bannerets & fept Comtes de l'Empire prifonniers, mais aucun de bleffé.

L'Empereur Othon perdit la bataille. On tua, dit-on, 30000 Allemands. Nombre probablement exagéré. On ne voit pas que le Roi de France fit aucune conquête du côté de l'Allemagne après la victoire de Bouvines, mais il en fut bien plus puiffant fur fes vaffaux.

Celui qui perdit le plus à cette bataille, fut Jean d'Angleterre,

D 4

dont

dont l'Empereur Othon fembloit
la derniére reffource. Cet Empereur mourut bientôt après en 1218
comme un pénitent. Il fe faifoit,
dit-on, fouler aux pieds de fes Gar-
çons de cuifine & fouetter par des
Moines, felon l'opinion des Princes de ce tems-là, qui penfoient expier par quelques coups de difci-
pline le fang de milliers d'hommes.

Il n'eft point vrai, comme tant
d'Auteurs l'ont écrit, que Philippe
reçut le jour de la victoire de Bouvines la nouvelle d'une autre bataille gagnée par fon fils Louis
VIII. contre le Roi Jean. Au contraire Jean avoit eu quelque fuccès
en Poitou. Mais deftitué du fecours de fes alliés il fit une tréve
avec Philippe. Il en avoit befoin.
Ses propres fujets d'Angleterre devenoient fes plus grands ennemis.
Il étoit méprifé, parce qu'il s'étoit
fait vaffal de Rome. Les Barons
le forcérent de figner cette fameufe
Char-

Charte qu'on appelle la *Charte des libertés d'Angleterre.*

Il est étonnant qu'un homme, parce qu'il portoit le titre de Roi, se soit plaint d'avoir signé une telle Charte. Qu'y trouve-t-on en effet d'injurieux à l'Autorité Royale ? Qu'à la mort d'un Comte, son Fils majeur pour entrer en possession du fief, payera au Roi cent marcs d'argent, & un Baron cent schellings ; qu'aucun Bailli du Roi ne pourra prendre les chevaux des Paysans, qu'en payant cinq sous par jour par cheval. Qu'on parcoure toute la Charte, on trouvera seulement que les droits du Genre-humain n'y ont pas été assez défendus. On verra que les Communes qui portoient le plus grand fardeau, & qui rendoient les plus grands services, n'avoient nulle part à ce Gouvernement, qui ne pouvoit fleurir sans elles. Cependant Jean se plaignit, il demanda

jus-

justice au Pape son nouveau Souverain.

Ce Pape Innocent III. qui avoit excommunié le Roi, excommunie alors les Pairs d'Angleterre. Les Pairs outrés font ce qu'avoit fait ce même Pontife. Ils offrent la couronne d'Angleterre à la France. Philippe Auguste vainqueur de l'Allemagne, possesseur de presque tous les États de Jean en France, appellé au Royaume d'Angleterre, se conduisit en grand politique. Il engagea les Anglois à demander son fils Louis pour Roi. Alors les Légats de Rome vinrent lui représenter envain que Jean étoit feudataire du Saint Siége. Louis de concert avec son pére lui parle ainsi en présence du Légat.

,, Monsieur, je suis votre hom-
,, me-lige pour li fiefs que vous
,, m'avez baillez en France ; mais
,, ne vous appartient de décider
,, du fait du Royaume d'Angleter-
      ,, re,

„ re, & si le faites, me pourvoi-
„ rai devant mes Pairs".

Après avoir parlé ainsi, il partit pour l'Angleterre malgré les
défenses publiques de son pére, qui
le secouroit en secret d'hommes &
d'argent. Innocent III. excommu- 1216.
nia envain le pére & le fils. Les
Evêques de France déclarérent
nulle l'excommunication du pére.
Remarquons pourtant qu'ils n'osérent infirmer celle de Louis, c'est-
à-dire qu'ils avouoient que les Papes avoient le droit d'excommunier
les Princes. Ils ne pouvoient disputer ce droit aux Papes, puisqu'ils
se l'arrogeoient eux-mêmes ; mais
ils se réservoient encore celui de
décider si l'excommunication du
Pape étoit juste ou injuste.

Le fils de Philippe Auguste fut
reconnu Roi solemnellement dans
Londres. Il ne laissa pas d'envoyer des Ambassadeurs plaider sa
cause devant le Pape. Ce Pontife

D 6 jouis-

jouiſſoit de l'honneur qu'avoit autrefois le Sénat Romain d'être le
Juge des Rois. Il mourut avant
de rendre ſon arrêt définitif.

Jean ſans terre errant de ville
en ville dans ſon Pays mourut dans
le même tems, abandonné de tout
le monde dans un Bourg de la
Province de Norfolck. Un Pair
de France avoit autrefois conquis
l'Angleterre, & l'avoit gardée, un
Roi de France ne la garda pas.

Louis VIII. du vivant même de
Philippe Auguſte, fut obligé de
ſortir de ce même Pays qui l'avoit
demandé pour Roi, & au-lieu de
défendre ſa conquête, il alla ſe
croiſer contre les Albigeois, qu'on
égorgeoit alors en exécution des
ſentences de Rome.

Philippe Auguſte laiſſoit à ſa
mort ſes domaines augmentés de
la Normandie, du Maine, du Poitou; mais le reſte des biens appar-
tenans à l'Angleterre étoit encore

re défendu par beaucoup de Seigneurs.

Du tems de Louis VIII. une partie de la Guyenne étoit Françoise,
l'autre étoit Angloise. Il n'y eut
alors rien de grand ni de décisif.

Le testament de Louis VIII. fait
en 1225, mérite seulement quelque attention. Il légue cent sous à
chacune des deux mille Léproseries
de son Royaume. Les Chrétiens
pour fruit de leurs croisades ne
remportérent enfin que la lépre. Il
faut que le peu d'usage du linge &
la malpropreté du peuple eût bien
augmenté le nombre des Lépreux.
Ce nom de Léproserie n'étoit pas
donné indifféremment aux autres
Hôpitaux; car on voit par le même
testament, que le Roi légue cent
livres de compte à deux cens Hô-
tels-Dieu. Le leg que fit Louis
VIII. de 30000 livres une fois pa-
yées à son épouse la célébre Reine
de Castille, revenoit à cinq cens

qua-

quarante mille livres d'aujour-
d'hui. J'infifte fouvent fur ces prix
des monnoies. C'eft me femble le
pouls d'un Etat, & une maniére
affez fure de reconnoître fes forces. Par exemple, il eft clair que
Philippe Augufte fut un très-puif-
fant Prince, puifqu'indépendamment des pierreries qu'il laiffa, les
fommes fpécifiées dans fon tefta-
ment montent à près de 900000
marcs de huit onces, qui valent
à préfent cinq millions à cinquante livres de compte le marc.

DE FRÉDÉRIC II.

DE SES

QUERELLES

Avec les Papes, & de l'Empire Allemand.

VErs le commencement du XIII. Siécle, tandis que Philippe Auguste régnoit encore, que Jean sans terre étoit dépouillé par Louis VIII. qu'après la mort de Jean & de Philippe Auguste, Louis VIII. chassé d'Angleterre régnoit en France & laissoit l'Angleterre à Henri VIII. dans ces tems, dis je, les entreprises des Croisades duroient toujours. L'Empereur Frédéric II. faisoit saigner les plaies de l'Allemagne & de l'Italie, mal fermées. La querelle de la Couronne

ne Impériale & de la Mitre de Rome , les factions des Guelphes & des Gibelins, les haines des Allemands & des Italiens troubloient le Monde plus que jamais. Frédéric II. fils de Henri VI. & neveu de Philippe , élu dès son enfance en 1211 , jouissoit de l'Empire qu'Othon avoit abandonné avant de mourir.

Les Empereurs étoient alors bien plus puissans que les Rois de France ; car outre la Souabe & les grandes Terres que Frédéric possédoit en Allemagne, il avoit aussi Naples & Sicile par héritage. La Lombardie lui appartenoit par cette longue possession des Empereurs ; mais cette liberté dont les Villes d'Italie étoient alors idolâtres , respectoit peu la possession des Césars d'Allemagne.

Rome n'avoit plus de Consuls. On élisoit tantôt plusieurs Sénateurs, tantôt un seul, mais qui n'étoient que des Magistrats municipaux

paux recevant les ordres du Pape.

Milan, Breſſe, Mantoue, Vicenze, Padoue, Trévize, Ferrare, & preſque toutes les Villes de la Romagne ſous la protection du Pape, étoient liguées entre elles contre l'Empereur.

Il avoit pour lui Crémone, Bergame, Modéne, Parme, Reggio, Trente. Beaucoup d'autres Villes étoient partagées entre les Factions Guelphes & Gibellines. L'Italie étoit le théatre non d'une guerre, mais de cent guerres civiles, qui en aiguiſant les eſprits & les courages, n'accoutumoient que trop les Italiens à l'aſſaſſinat & à l'empoiſonnement.

Frédéric fatigua quatre Papes de ſuite par ſa politique & par ſes armes, ſans en faire fléchir aucun. Les Vénitiens mettoient déjà un aſſez grand poids dans la balance d'Italie. Ils ſe liguérent avec les Villes qui prenoient d'eux l'exemple de la liberté.

Le

Le fils du Doge Tiépolo à la tête de l'armée de ces Villes libres attaqua Frédéric II. fous les murs de Milan, mais en aucun tems la fortune des Milanois n'a pu prévaloir contre les Empereurs. Frédéric vainqueur fit couper la tête à tous les Chefs, & à ce Tiépolo lui-même.

On ne voit guéres dans le monde que des cruautés inutiles. Cette victoire & cet abus de la victoire ne rendirent pas Frédéric II. plus heureux. Il perdit autant de Villes qu'il en fubjugea. Ferrare entre autres alors confidérable fut défendue par Azon d'Eft, auquel le Pape la donna comme un fief du Saint Siége, & c'eft de-là que les Princes d'Eft furent Ducs de Ferrare. D'ailleurs, ce qui étoit arrivé à Henri IV. dans les mêmes circonftances, arriva auffi à Frédéric II. Son propre fils qui fe nommoit Henri, fe révolta contre lui, Le pére eut l'adreffe de le faifir &

de

de l'enfermer dans un Château de la Pouille. Frédéric II. ne perdit point l'Empire comme Henri IV. mais sa vie fut un enchaînement de malheurs qu'il causa & qu'il essuya.

Si les Papes excitoient contre lui les Villes d'Italie, il soulevoit contre les Papes Rome même, toujours prête si elle l'avoit pu à chasser pour jamais & Papes & Empereurs. Gregoire IX. en 1232 fut chassé de la Ville par les Romains, dans le tems même que la puissance Papale sembloit être à son comble. Il se vit réduit à implorer le secours de ce même Frédéric, qui l'opprimoit secrétement à Rome, & ouvertement ailleurs.

La Sardaigne étoit encore un sujet de guerre entre l'Empire & le Sacerdoce, & par conséquent d'excommunications. L'Empereur s'empara en 1238 de presque toute l'Ile. Alors Gregoire IX. accusa publiquement Frédéric II. de ne

pas

pas croire en JESUS-CHRIST.
„ Nous avons des preuves, dit-il
„ dans sa Lettre circulaire du 1.
„ Juillet 1239, qu'il dit publique-
„ ment, que l'Univers a été trom-
„ pé par trois Imposteurs, Moy-
„ se, JESUS-CHRIST & MA-
„ HOMET. Mais il place JESUS-
„ CHRIST fort au-dessous des au-
„ tres; car il dit, ils ont vécu
„ pleins de gloire, & l'autre n'a
„ été qu'un homme de la lie du
„ peuple, qui prêchoit à ses pa-
„ reils. L'Empereur, ajoûte-t-il,
„ soutient qu'un Dieu unique &
„ Créateur ne peut être né d'une
„ femme, & surtout d'une vier-
„ ge".
Ces accusations qui n'avoient
rien de commun avec leurs querelles politiques, n'empêchérent pas
que l'Empereur ne gardât la Sardaigne. Frédéric s'étoit croisé selon la mode du tems, & avoit fait
des Traités avantageux avec les
Musulmans. Mais Gregoire révéré

ré dans Rome publia une croisade contre lui , & en effet presque tous les Guelphes portérent alors une croix sur l'épaule.

Un Cardinal nommé Jaques, Evêque de Palestine, apporta en France au jeune Louis IX. des Lettres de ce Pape Gregoire, par lesquelles Sa Sainteté ayant déposé Frédéric II. transféroit de son autorité l'Empire à Robert Comte d'Artois, frére du jeune Roi de France. C'étoit mal prendre son tems, la France & l'Angleterre étoient en guerre , les Barons de France souleyés dans la minorité de Louis.

Rien ne fait mieux connoître les mœurs & les usages de ce tems, que ce qui se passa au sujet de cette demande du Pape.

Il s'adressa aux Moines de Citeaux , chez lesquels il savoit que Saint Louis devoit venir en pélérinage avec sa mére. Il écrivit au Chapitre, ,, Conjurez le Roi qu'il
,, pren-

„ prenne la protection du Pape
„ contre le fils de Satan Frédéric ;
„ il est nécessaire que le Roi me
„ reçoive dans son Royaume, com-
„ me Alexandre III. y fut reçu
„ contre la persécution de Frédé-
„ ric I. & Saint Thomas de Can-
„ torbery contre celle de Henri II.
„ Roi d'Angleterre ".

Le Roi alla en effet à Citeaux, où il fut reçu par cinq cens Moines, qui le conduisirent au Chapitre. Là ils se mirent tous à genoux devant lui, & les mains jointes le priérent de laisser passer le Pape en France. Louis se mit aussi à genoux devant les Moines, leur promit de défendre l'Eglise ; mais il leur dit expressément qu'il ne pouvoit recevoir le Pape sans le consentement des Barons du Royaume, dont un Roi de France devoit suivre les avis.

Le Pape Innocent IV. s'arrêta donc dans la Ville de Lyon. Cette Ville démembrée du Royaume

de

de Bourgogne, avoit été usurpée par les Archevêques avec un territoire immense, dont ils faisoient hommage aux Empereurs.

Le Pape y convoqua en 1245 le XIII. Concile général, qui a cette inscription dans la Bibliothéque du Vatican. *XIII. Concile général, premier de Lyon. Frédéric II. y est déclaré ennemi de l'Eglise, & privé du Siége Impérial.*

Frédéric II. ne négligea pas d'envoyer à ce Concile, où il devoit être accusé, des Ambassadeurs pour le défendre.

Le Pape qui se constituoit juge à la tête du Concile, fit aussi la fonction de son propre Avocat; & après avoir beaucoup insisté sur les droits temporels de Naples & de Sicile, sur le patrimoine de la Comtesse Mathilde, il accusa Frédéric d'avoir fait la paix avec les Mahométans, d'avoir eu des concubines Mahométanes, & en un mot d'être hérétique. Les Ambassadeurs de

de l'Empereur parlérent en sa faveur avec fermeté, & accusérent le
Pape à leur tour de rapine & d'u-
sure. Il y avoit à ce Concile des
Ambassadeurs de France & d'Angleterre. Ceux-ci se plaignirent
bien autant des Papes que le Pape
se plaignoit de l'Empereur. „ Vous
„ tirez par vos Italiens, dirent-
„ ils, plus de 60000 marcs par
„ an du Royaume d'Angleterre;
„ vous nous avez en dernier lieu
„ envoyé un Légat qui a donné
„ tous les Bénéfices à des Italiens.
„ Il extorque de tous les Religieux
„ des taxes excessives, & il excom-
„ munie quiconque se plaint de ses
„ vexations. Remédiez-y promp-
„ tement, car nous ne souffrirons
„ pas plus longtems ces avanies ".
Le Pape rougit, ne répondit
rien, & prononça la déposition de
l'Empereur. Il est très à remarquer
qu'il fulmina cette sentence, non
pas, dit-il, de l'approbation du
Concile, mais en présence du Concile,

cile. Tous les Péres tenoient des cierges allumés, quand le Pape prononçoit. Ils les éteignirent ensuite. Une partie signa l'arrêt, une autre partie sortit en gémissant.

L'Empereur étoit à Turin, qui n'appartenoit point encore à la Maison de Savoye. C'étoit un Fief de l'Empire gouverné par le Marquis de Suze. Il demanda une cassette. On la lui apporta. Il en tira la Couronne Impériale. ,, Ce ,, Pape & ce Concile, dit-il, ne ,, me l'ont pas ravie, & avant ,, qu'on m'en dépouille, il y aura ,, bien du sang répandu". Il ne manqua pas d'écrire d'abord à tous les Princes d'Allemagne & de l'Europe par la plume de son fameux Chancelier, Pierre des Vignes, tant accusé d'avoir composé le Livre des *trois Imposteurs*. ,, Je ne suis ,, pas le premier, disoit-il dans ,, ses Lettres, que le Clergé ait ,, ainsi indignement traité, & je

Tom. II. ne

„ ne ferai pas le dernier. Vous en
„ êtes caufe en obéiffant à ces hi-
„ pocrites dont vous connoiffez
„ l’ambition fans bornes. Com-
„ bien, fi vous vouliez, découvri-
„ riez-vous dans la Cour de Ro-
„ me d’infamies qui font frémir la
„ pudeur? Livrés au Siécle, eni-
„ vrés de délices, l’excès de leurs
„ richeffes étouffe en eux tout fen-
„ timent de Religion. C’eft une
„ œuvre de charité de leur ôter ces
„ richeffes pernicieufes, qui les ac-
„ cablent, & c’eft à quoi vous de-
„ vez travailler tous avec moi, &c.
Cependant le Pape ayant déclaré l’Empire vacant, écrivit à fept
Princes ou Evêques : c’étoit les
Ducs de Baviére, de Saxe, d’Autriche & de Brabant, les Archevêque de Saltzbourg, de Cologne &
de Mayence. Voilà ce qui a fait
croire que fept Electeurs étoient
alors folemnellement établis. Mais
les autres Princes de l’Empire &
les

les autres Evêques prétendoient aussi d'avoir le même droit.

Les Empereurs & les Papes tâchoient ainsi de se faire déposer mutuellement. Leur grande politique consistoit à exciter des guerres civiles.

On avoit déjà élu Roi des Romains en Allemagne Conrad fils de Frédéric II. mais il falloit pour plaire au Pape, choisir un autre Empereur. Ce nouveau César ne fut choisi ni par les Ducs de Saxe, ou de Brabant, ou de Baviére, ou d'Autriche, ni par aucun Prince de l'Empire. Les Evêques de Strasbourg, de Wirtsbourg, de Spire, de Metz avec ceux de Mayence, de Cologne & de Tréves, créérent cet Empereur. Ils choisirent un Landgrave de Thuringe, qu'on appella le *Roi des Prêtres*.

C'étoit un étrange Empereur de Rome qu'un Landgrave qui recevoit la couronne de quelques Evêques de son Pays. Alors le Pape

fait

fait renouveller la croisade contre Frédéric. Elle étoit prêchée par les Fréres Prêcheurs, que nous appellons *Dominicains*, & par les Fréres Mineurs que nous appellons *Cordeliers* ou *Francifcains*. Cette nouvelle milice des Papes commençoit à s'établir en Europe. Le Saint Siége ne s'en tint pas à ces mefures. Il ménagea des confpirations contre la vie d'un Empereur qui favoit réfifter aux Conciles, aux Moines, aux Croifades ; du moins l'Empereur fe plaignit que le Pape fufcitoit des affaffins contre lui, & le Pape ne répondit point à ces plaintes.

Les mêmes Prélats qui s'étoient donné la liberté de faire un Céfar, en firent encore un autre après la mort de leur Thuringien, & ce fut un Comte de Hollande. La prétention de l'Allemagne fur l'Empire Romain ne fervit donc jamais qu'à la déchirer. Ces mêmes Evêques qui élifoient des Empereurs,

fe

se divisérent entre eux, leur Comte de Hollande fut tué dans cette guerre civile.

Frédéric II. avoit à combattre les Papes depuis l'extrémité de la Sicile jusqu'à celle de l'Allemagne. On dit qu'étant dans la Pouille il découvrit que son Médecin, séduit par le Pape Innocent IV. vouloit l'empoisonner. Le fait me paroît douteux; mais dans les doutes que fait naître l'Histoire de ces tems, il ne s'agit que du plus ou du moins de crimes.

Frédéric voyant avec horreur qu'il lui étoit impossible de confier sa vie à des Chrétiens, fut obligé de prendre des Mahométans pour sa garde. On prétend qu'ils ne le garantirent pas des fureurs de Mainfroy l'un de ses bâtards, qui l'étouffa, dit-on, dans sa derniére maladie. Quoi qu'il en soit, ce grand & malheureux Empereur, Roi de Sicile dès le berceau, ayant porté trente-huit ans la vaine cou-

1249.

E 3

ronne

ronne de Jérusalem & celle des Césars trente-trois ans, mourut à cin-
quante-deux ans dans le Royaume
de Naples, & laissa le Monde aussi
troublé à sa mort qu'à sa naissance.

Depuis la mort de Frédéric II.
jusqu'en 1268, l'Allemagne fut sans
Chef, non pas comme l'avoit été
la Gréce, l'ancienne Gaule, l'ancienne Germanie, & l'Italie avant
qu'elle fût soumise aux Romains.
L'Allemagne ne fut ni une République, ni un Pays partagé entre
plusieurs Souverains, mais un Corps
sans tête, dont les membres se dé-
chiroient.

C'étoit une belle occasion pour
les Papes, mais ils n'en profitérent
pas. On leur arracha Brescia,
Crémone, Mantoue, & beaucoup
de petites Villes. Il eût fallu alors
un Pape guerrier pour les reprendre, mais rarement un Pape eut
ce caractére. Ils ébranloient à-la-
vérité le Monde avec leurs Bulles.

Ils

Ils donnoient des Royaumes. Le Pape en 1247 déclara de sa propre autorité Haquin Roi de Norwégue en le faisant enfant légitime de bâtard qu'il étoit. Un Légat du Pape couronna ce Roi Haquin & reçut de lui un tribut de 15000 marcs d'argent, & 500 marcs des Eglises de Norvégue, ce qui étoit peut-être la moitié de l'argent comptant qui rouloit dans un Pays si peu riche.

Le même Pape Innocent IV. 1251. créa aussi un certain Mandog Roi de Lithuanie, mais Roi relevant de Rome. Les Papes sembloient donc les maîtres du Monde, & ne pouvoient être maîtres chez eux ; il ne leur en coutoit que du papier pour donner ainsi des Etats ; mais ce n'étoit qu'à force d'intrigues qu'ils pouvoient se ressaisir d'un Village auprès de Mantoue ou de Ferrare.

Voilà quelle étoit la situation des affaires de l'Europe. L'Allemagne

&

& l'Italie déchirées, la France encore foible, l'Espagne partagée entre les Chrétiens & les Musulmans. Ceux-ci entiérement chaffés de l'Italie, l'Angleterre commençant à difputer fa liberté contre fes Rois, le Gouvernement Féodal établi par-tout, la Chevalerie à la mode, les Prêtres devenus Princes & guerriers, une Politique prefqu'en tout différente de celle qui anime aujourd'hui l'Europe, il fembloit que les Pays de la Communion Romaine fuffent une grande République, dont l'Empereur & les Papes vouloient être les Chefs; & cette République quoique divifée, s'étoit accordée longtems dans le projet des croifades, qui ont produit de fi grandes & de fi infames actions, de nouveaux Royaumes, de nouveaux établiffemens, de nouvelles miféres, & enfin beaucoup plus de malheur que de gloire.

DE

DE L'ORIENT
ET DES
CROISADES.

LEs Religions durent toujours plus que les Empires. Le Mahométisme florissoit, & l'Empire des Califes étoit détruit par la Nation des Turcomans. On se fatigue à rechercher l'origine de ces Turcs. Elle est la même que celle de tous les Peuples conquérans. Ils ont tous été des sauvages, vivant de rapine. Les Turcs habitoient autrefois au-delà du Taurus & de Limmaus, & bien loin, dit-on, de l'Araxe. Ils étoient compris parmi ces Tartares que l'Antiquité nommoit Scithes. Ce grand Continent de la Tartarie quatre fois plus vaste que l'Europe, n'a jamais été habité que par des Bar-

bares.

bares. Leurs antiquités ne méritent guéres mieux une histoire suivie que les loups & les tigres de leur Pays. Ils se répandoient vers le XI. Siécle du côté de la Moscovie. Ils inondérent les bords de la Mer Noire & ceux de la Mer Caspienne. Les Arabes sous les premiers successeurs de Mahomet avoient soumis presque toute l'Asie Mineure, la Syrie & la Perse ; les Turcomans vinrent enfin qui soumirent les Arabes.

Bagdat, Siége de l'Empire des Califes, tomba en 1055 entre les mains de ces nouveaux ravisseurs. Il faut se souvenir que comme ces Turcomans imitoient les Francs, les Normands & les Goths dans leurs irruptions, ils les imitoient aussi en se soumettant aux loix, aux mœurs & à la religion des vaincus. C'est ainsi que d'autres Tartares en ont usé avec les Chinois ; & c'est l'avantage que tout Peuple policé quoique le plus foible, doit

avoir

avoir sur le barbare quoique le plus fort.

Ainsi donc les Califes n'étoient plus que les Chefs de la Religion, ce que les Papes avoient été sous les Rois Lombards. Les Princes des Turcomans prenoient le nom de Sultans. Il y eut bientôt parmi eux, comme ailleurs, des hommes illustres. L'Empire de Constantinople se soutenoit, tous les Princes n'avoient pas été indignes de régner. Constantin Porphirogénéte fils de Léon le Philosophe, & philosophe lui-même, fit renaître, comme son pére, des tems heureux. Si le gouvernement tomba dans le mépris sous Romain fils de Constantin, il devint respectable aux Nations sous Nicéphore Phocas, qui avoit repris Candie en 961, avant d'être Empereur. Si Jean Zimiscés assassina ce Nicéphore & souilla de sang le Palais, s'il joignit l'hipocrisie à ses crimes, il fut d'ailleurs le défen-

seur

seur de l'Empire contre les Turcs
& les Bulgares. Mais sous Michel
Paphlagonate on avoit perdu la
Sicile, sous Romain Diogéne presque tout ce qui restoit vers l'O-
rient, excepté la Province de Pont,
& cette Province qu'on appelle aujourd'hui Turcomanie, tomba bientôt après sous le pouvoir du Turc
Soliman, qui maître de la plus grande partie de l'Asie Mineure, établit
le Siége de sa domination à Nicée, & menaçoit de-là Constantinople au tems ou commencérent
les Croisades.

L'Empire Grec étoit donc borné
alors presqu'à la Ville Impériale du
côté des Turcs, mais il s'étendoit
dans toute la Gréce, la Macé-
doine, l'Epire, la Thessalie, la
Thrace, l'Illyrie, & avoit même encore l'Ile de Candie. Les guerres
continuelles quoique toujours malheureuses contre les Turcs, entre-
tenoient un reste de courage. Tous
les riches Chrétiens d'Asie, qui
n'a-

n'avoient pas voulu subir le joug
Mahométan, s'étoient retirés dans
la Ville Impériale, qui par-là même
s'enrichit des dépouilles des Provinces. Enfin malgré tant de per-
tes, malgré les crimes & les révolutions du Palais, cette Ville à-
la-vérité déchue, mais immense,
peuplée, opulente & respirant les
délices, se regardoit comme la
première du Monde. Les habitans s'appelloient Romains & non
Grecs. Leur Etat étoit l'Empire
Romain; & les Peuples d'Occident qu'ils nommoient Latins, n'é-
toient à leurs yeux que des barbares révoltés.

La Palestine n'étoit que ce qu'elle est aujourd'hui, le plus mauvais
Pays de tous ceux qui font habi-
tés dans l'Asie. Cette petite Province est dans la longueur d'environ 45 lieues, & de 30 à 35 en
largeur. Elle est couverte presque
par-tout de rochers arides, sur
lesquels il n'y a pas une ligne de

E 7

terre.

terre. On ne peut mieux comparer cette petite Province qu'à la
Suiffe. La Riviére du Jourdain,
large d'environ 50 pieds dans le
milieu de fon cours, reffemble à la
Riviére d'Aar chez les Suiffes, qui
coule dans une vallée moins ftérile
que le refte. La Mer de Tibéria-
de peut être comparée au Lac de
Laufanne. Cependant les voya-
geurs qui ont bien examiné la Suiffe
& la Paleftine, donnent tous la
préférence à la Suiffe. Il eft vrai-
femblable que la Judée fut plus cultivée autrefois, quand elle étoit pof-
fédée par les Juifs. Ils avoient été
forcés de porter un peu de terre
fur les rochers pour y planter des
vignes. Ce peu de terre liée avec
les éclats des rochers, étoient fou-
tenus par de petits murs dont on
y voit encore des reftes de diftance
en diftance.

La Paleftine malgré tous ces efforts, n'eut jamais de quoi nourir
fes habitans, & de même que les
XIII.

XIII. Cantons envoient le super-
flu de leurs peuples servir dans les
armées des Princes qui peuvent les
payer, les Juifs alloient faire le
métier de courtiers en Asie & en
Afrique. A peine Alexandrie étoit-
elle bâtie, qu'ils s'y étoient établis. Les Juifs commmerçans n'habitoient guéres Jérusalem ; & je
doute que dans le tems le plus flo-
rissant de ce petit Etat, il y ait
jamais eu des hommes aussi opu-
lens que le font aujourd'hui plusieurs Hébreux d'Amsterdam & de
la Haye.

Lorsqu'Omar, successeur de
Mahomet, s'empara des fertiles
Pays de la Syrie, il prit la Contrée
de la Palestine ; & comme Jérusalem est une Ville sainte pour les
Mahométans, il l'enrichit d'une
magnifique Mosquée de marbre,
couverte de plomb, ornée en de-
dans d'un nombre prodigieux de
lampes d'argent, parmi lesquelles
il y en avoit beaucoup d'or pur.
Tel

Tel étoit l'état de l'Asie Mineure, lorsqu'un Pélerin d'Amiens suscita les croisades. Il n'avoit d'autre nom que *Coucoupétre* ou *Cucuprêtre*, comme le dit la fille de l'Empereur Comnéne, qui vit à Constantinople cet Hermite. Nous le connoissons sous le nom de l'*Hermite Pierre*, où plutôt *Pierre l'Hermite*. Quoi qu'il en soit, ce Picard qui avoit toute l'opiniâtreté de son Pays, fut si outré des avanies qu'on lui fit à Jérusalem, en parla à son retour à Rome d'une maniére si vive, & fit des tableaux si touchans, que le Pape Urbain II. crut cet homme propre à seconder le grand dessein que les Papes avoient depuis longtems d'armer la Chrétienté contre le Mahométisme. Il envoie Pierre de Province en Province communiquer par son imagination forte l'ardeur de ses sentimens & semer l'enthousiasme.

1094. Urbain II. tint ensuite vers Plaisance un Concile en rase campagne,

où

où se trouvérent plus de 30000
Séculiers outre les Ecclésiastiques.
On y proposa la maniére de venger les Chrétiens. L'Empereur des
Grecs Alexis Comnéne, pére de
cette Princesse qui écrivit l'histoire
de son tems, envoya à ce Concile
des Ambassadeurs pour demander
quelques secours contre les Musulmans ; mais ce n'étoit ni du Pape ni
des Italiens qu'il devoit l'attendre.
Les Normands qui enlevoient alors
Naples & Sicile aux Grecs, & le
Pape qui vouloit être au moins
Seigneur Suzerain de ces Royaumes, étant d'ailleurs rival de l'E-
glise Grecque, devenoit par son
état nécessairement l'ennemi déclaré des Empereurs d'Orient, comme il étoit l'ennemi couvert des
Empereurs Teutoniques. Le Pape
loin de secourir les Grecs, vouloit
soumettre l'Orient aux Latins.

Au reste le projet d'aller faire la
guerre en Palestine, fut vanté par
tous les assistans au Concile de
Plai-

Plaisance, & ne fut embrassé par personne. Les principaux Seigneurs Italiens avoient chez eux trop d'intérêts à ménager, & ne vouloient point quitter un Pays délicieux pour aller se battre vers l'Arabie Pétrée.

1095. On fut donc obligé de tenir un autre Concile à Clermont en Auvergne. Le Pape y harangua dans la grande Place. On avoit pleuré en Italie sur les malheurs des Chrétiens de l'Asie. On s'arma en France. Ce Pays étoit peuplé d'une foule de nouveaux Seigneurs, inquiets, indépendans, aimant la dissipation & la guerre, plongés pour la plupart dans les crimes que la débauche entraîne, & dans une ignorance qui égaloit leurs débauches. Le Pape leur proposoit la remission de tous leurs péchés & leur ouvroit le Ciel, en leur imposant pour pénitence de suivre la plus grande de leurs passions, d'aller faire la guerre. On prit donc la croix à l'envi. Les Egli-

Eglises & les Cloîtres achetérent alors à vil prix beaucoup de terres des Seigneurs qui crurent n'avoir besoin que d'un peu d'argent & de leurs armes pour aller conquérir des Royaumes en Asie. Godefroy de Bouillon, par exemple, Duc de Brabant, vendit sa Terre de Bouillon au Chapitre de Liége, & Sténay à l'Evêque de Verdun. Baudouin, frére de Godefroy, vendit au même Evêque le peu qu'il avoit en ce Pays-là. Les moindres Seigneurs Châtelains partirent à leurs frais, les pauvres Gentilshommes servirent d'Ecuyers aux autres. On enrôla une Infanterie innombrable, & de simples Cavaliers sous mille drapeaux différens. Cette foule de Croisés se donna rendez-vous à Constantinople. Moines, Femmes, Marchands, Vivandiers, Ouvriers, tout partit, comptant de ne trouver sur la route que des Chrétiens qui gagneroient des indulgences en les nourissant. Plus de 80000

de

de ces vagabonds se rangérent sous le drapeau de *Coucoupétre*, que j'appellerai toujours l'*Hermite Pierre*. Il marchoit en sandale & ceint d'une corde, à la tête de l'armée. Nouveau genre de vanité!

La premiére expédition de ce Général Hermite fut d'assiéger une Ville Chrétienne en Hongrie, nommée *Malavilla*, parce que l'on avoit refusé des vivres à ses soldats de JESUS-CRHIST, qui malgré leur sainte entreprise se conduisoient en voleurs de grand-chemin. La Ville fut prise d'assaut, livrée au pillage, les habitans égorgés. L'Hermite ne fut plus alors le maître de ses croisés enivrés de la soif du brigandage. Un des Lieutenans de l'Hermite, nommé *Gautier sans argent*, qui commandoit la moitié des troupes, agit de même en Bulgarie. On se réunit bientôt contre ces brigands, qui furent presque tous exterminés, & l'Hermite arriva enfin

fin devant Constantinople avec 20000 personnes mourant de faim.

Un Prédicateur Allemand nommée *Godescalc*, qui voulut jouer le même rôle, fut encore plus mal-traité. Dès qu'il fut arrivé avec ses disciples dans cette même Hongrie, où ses prédécesseurs avoient fait tant de désordres, la seule vue de la croix rouge, qu'ils portoient, fut un signal auquel ils furent tous massacrés.

Une autre horde de ces avantu-riers, composée de plus de 200000 personnes, tant Femmes que Prê-tres, Paysans, Ecoliers, croyant qu'elle alloit défendre JESUS-CHRIST, s'imagina qu'il falloit exterminer tous les Juifs qu'on ren-contreroit; il y en avoit beaucoup sur les frontiéres de France. Tout le commerce étoit entre leurs mains. Les Chrétiens croyant venger Dieu, firent main - basse sur tous ces mal-heureux. Il n'y eut jamais depuis Adrien un si grand massacre de

cette

cette Nation. Ils furent égorgés à Verdun, à Spire, à Worms, à Cologne, à Mayence, & plusieurs se tuérent eux-mêmes, après avoir fendu le ventre à leurs femmes, pour ne pas tomber entre les mains des Barbares. La Hongrie fut encore le tombeau de cette troisiéme armée de Croisés.

Cependant l'Hermite Pierre trouva devant Constantinople d'autres Vagabonds & Italiens Allemands, qui se joignirent à lui, & ravagérent les environs de la Ville. L'Empereur Alexis Comnéne, qui régnoit, étoit assurément sage & modéré. Il se contenta de se défaire au-plutôt de pareils hôtes. Il leur fournit des bateaux pour les transporter au-delà du Bosphore. Le Général Pierre se vit enfin à la tête d'une armée Chrétienne contre les Infidéles. Soliman, Soudan de Nicée, tomba avec ses Turcs aguerris sur cette multitude dispersée. *Gautier sans argent* y périt avec

beau-

beaucoup de pauvre Nobleſſe.
L'Hermite retourna cependant à
Conſtantinople , regardé comme
un fanatique qui s'étoit fait ſuivre
par des furieux.

Il n'en fut pas de même des Chefs
des Croiſés, plus politiques, moins
enthouſiaſtes , plus accoutumés au
commandement, & conduiſant des
troupes un peu plus réglées. Godefroy de Bouillon menoit 70000
hommes de pied & 10000 Cavaliers couverts d'une armure complette ſous pluſieurs banniéres de
Seigneurs tous rangés ſous la ſien-
ne.

Cependant Hugues , frére du
Roi de France Philippe I. marchoit par l'Italie avec d'autres Seigneurs qui s'étoient joints à lui. Il
alloit tenter la fortune. Preſque
tout ſon établiſſement conſiſtoit
dans le titre de frére d'un Roi très-
peu puiſſant par lui-même. Ce qui
eſt plus étrange , c'eſt que Robert
Duc de Normandie , fils aîné de
Guil-

Guillaume le Conquérant de l'Angleterre, quitta cette Normandie, où il étoit à peine affermi. Chassé d'Angleterre par son cadet Guillaume le Roux, il lui engagea encore la Normandie pour subvenir aux frais de son armement. C'étoit, dit-on, un Prince voluptueux & superstitieux. Ces deux qualités qui ont leur source dans la foiblesse, l'entraînérent à ce voyage.

Le vieux Raimond Comte de Toulouse, maître du Languedoc & d'une partie de la Provence, qui avoit déjà combattu contre les Musulmans en Espagne, ne trouva ni dans son âge ni dans les intérêts de sa Patrie aucune raison contre l'ardeur d'aller en Palestine. Il fut un des premiers qui s'arma & passa les Alpes, suivi, dit-on, de près de 100000 hommes. Il ne prévoyoit pas que bientôt on prêcheroit une croisade contre sa propre famille.

Le plus politique de tous ces Croi-

Croisés, & peut-être le seul, fut Bohémond, fils de ce Robert Guiſchard Conquérant de la Sicilé. Toute cette famille de Normands tranſplantée en Italie, cherchoit à s'agrandir, tantôt aux dépens des Papes, tantôt ſur les ruines de l'Empire Grec. Ce Bohémond avoit lui-même longtems fait la guerre à l'Empereur Alexis en Epire & en Gréce ; & n'ayant pour tout héritage que la petite Principauté de Tarente & ſon courage, il profita de l'enthouſiaſme épidémique de l'Europe, pour raſſembler ſous ſa banniére juſqu'à 10000 Cavaliers bien armés & quelque Infanterie, avec leſquels il pouvoit conquérir des Provinces, ſoit ſur les Chrétiens, ſoit ſur les Mahométans.

La Princeſſe Anne Comnéne dit que ſon pére fut allarmé de ces émigrations prodigieuſes, qui fondoient dans ſon Pays. On eût cru, dit-elle, que l'Europe arrachée de ses fondemens, alloit tomber sur l'Asie.

On proposa au Pape de se mettre à la tête de ces armées immenses qui restoient encore. C'étoit la seule maniére de parvenir à la Monarchie universelle, devenue l'objet de la Cour Romaine. Cette entreprise demandoit le génie d'un Mahomet ou d'un Alexandre.

L'Espagne & les Princes croisés avoient dans ce grand appareil leurs vues différentes, & Constantinople les redoutoit toutes. On y haïssoit les Latins, qu'on y regardoit comme des Hérétiques & des Barbares.

Ce que les Grecs craignoient le plus, & avec raison, c'étoit ce Bohémond & ses Napolitains, ennemis de l'Empire. Mais quand même les intentions de Bohémond eussent été pures, de quel droit tous ces Princes d'Occident venoient-ils prendre pour eux des Provinces que les Turcs avoient

ar-

arrachées aux Empereurs Grecs?

On peut juger d'ailleurs quelle étoit l'arrogance féroce des Seigneurs croisés, par le trait que rapporte la Princesse Anne Comnéne de ne je ne sai quel Comte François, qui vint s'asseoir à côté de l'Empereur sur son trône dans une cérémonie publique. Baudouin frére de Godefroy de Bouillon prenant cet homme indiscret pour le faire retirer, le Comte dit tout haut dans son jargon barbare ,, voi-,, là un plaisant rustre que ce Grec, ,, de s'asseoir devant des gens ,, comme nous ''. Ces paroles furent interprétées à Alexis, qui ne fit que sourire. Une ou deux indiscrétions pareilles suffisent pour décrier une Nation.

Il étoit moralement impossible que de tels hôtes n'exigeassent des vivres avec dureté, & que les Grecs n'en refusassent avec malice. C'étoit un sujet de combats continuels, entre les peuples & l'armée de Go-

de-

defroy, qui parut la premiére après les brigandages des Croisés de Pierre l'Hermite. Godefroy en vint jusqu'à attaquer les Fauxbourgs de Constantinople, & l'Empereur les défendit en personne. L'Evêque Dupuy en Auvergne, nommé Monteil, Légat du Pape dans les armées de la Croisade, vouloit absolument qu'on commençât les entreprises contre les Infidéles, par le siége de la Ville où résidoit le premier Prince des Chrétiens. Tel étoit l'avis de Bohémond, qui étoit alors en Sicile, & qui envoyoit couriers sur couriers à Godefroy pour l'empêcher de s'accorder avec l'Empereur. Hugues frére du Roi de France eut alors l'imprudence de quitter la Sicile, où il étoit avec Bohémond, & de passer presque seul sur les Terres d'Alexis. Il joignit à cette indiscrétion celle de lui écrire des lettres pleines d'une fierté peu séante à qui n'avoit point d'armées. Le fruit de ces démar-
ches

ches fut d'être arrêté quelque tems prisonnier. Enfin la politique de l'Empereur Grec vint à bout de détourner tous ces orages. Il fit donner des vivres. Il engagea tous les Seigneurs à lui prêter hommage pour les Terres qu'ils conquére- roient. Il les fit tous passer en Asie les uns après les autres, après les avoir comblés de présens. Bohé- mond qu'il redoutoit le plus, fut celui qu'il traita avec le plus de magnificence. Quand ce Prince vint lui rendre hommage à Constanti- nople, & qu'il lui fit voir les ra- retés du Palais, Alexis ordonna qu'on remplît un cabinet de meu- bles précieux d'ouvrages d'or & d'argent, de bijoux de toute es- péce, entassés sans ordre, & de laisser la porte du cabinet entre- ouverte. Bohémond vit en passant ces trésors, auxquels les conducteurs affectoient de ne faire nulle atten- tion. „ Est-il possible, s'écria-t-il, „ qu'on néglige de si belles choses?

„ Si

„ Si je les avois, je me croirois
„ le plus puissant des Princes".
Le soir même l'Empereur lui envoya tout le cabinet. Voilà ce que
rapporte sa fille, témoin oculaire.
C'est ainsi qu'en usoit ce Prince,
que tout homme desintéressé appel-
lera sage & magnifique, mais que
la plupart des Historiens des
Croisades ont traité de perfide,
parce qu'il ne voulut pas être l'esclave d'une multitude dangereuse.

Enfin, quand il s'en fut heureusement débarassé, & que tout fut
passé dans l'Asie Mineure, on fit
la revue près de Nicée, & il se trouva 100000 Cavaliers & 600000
de pied en comptant les femmes.
Ce nombre joint avec les premiers
Croisés qui périrent sous l'Hermite
& sous d'autres, fait environ
1100000. Il justifie ce qu'on dit
des armées des Rois de Perse, qui
avoient inondé la Gréce, & ce
qu'on raconte des transplantations
de tant de Barbares. Les François
en-

enfin, & sur-tout Raimond de Toulouse, se trouvérent par-tout sur le même terrain que les Gaulois méridionaux avoient parcouru 1300 ans auparavant, quand ils allérent ravager l'Asie Mineure & donner leur nom à la Province de Galatie.

Les Historiens nous informent rarement comment on nourrissoit ces multitudes. C'étoit une entreprise qui demandoit autant de soins que la guerre même. Les Vénitiens ne voulurent d'abord pas s'en charger. Ils s'enrichissoient plus que jamais par leur commerce avec les Mahométans, & craignoient de perdre les priviléges qu'ils avoient chez eux. Les Génois, les Pisans & les Grecs équipérent des vaisseaux chargés de provisions, qu'ils vendoient aux Croisés en côtoyant l'Asie Mineure. La fortune des Génois s'en accrut, & on fut étonné bientôt après de voir Génes devenue une Puissance.

F 4

Le

Le vieux Soliman ni son fils ne purent résister au premier torrent de tous ces Princes croisés. Leurs troupes étoient mieux choisies que celles de Pierre l'Hermite, & disciplinées autant que le permettoit la licence & l'enthousiasme.

1097. On prit Nicée, on battit deux fois les armées du jeune Soliman. Les Turcs & les Arabes ne soutinrent point dans ces commencemens le choc de ces multitudes couvertes de fer, & de leurs grands chevaux de bataille, & des forêts de lances auxquelles ils n'étoient point 1098. accoutumés. Bohémond eut l'adresse de se faire céder par les Croisés le fertile Pays d'Antioche. Baudouin alla jusqu'en Mésopotamie s'emparer de la Ville d'Edesse, & s'y forma un petit Etat. Enfin on mit le siége devant Jérusalem, dont le Calife d'Egypte s'étoit saisi par ses Lieutenans. La plupart des Historiens disent que l'armée des assiégeans diminuée par les com-

bats,

bats, par les maladies & par les garnifons mifes dans les Villes conquifes, étoit réduite à 20000 hommes de pied & à 1500 chevaux, & que Jérufalem pourvue de tout, étoit défendue par une garnifon de 40000 foldats. On ne manque pas d'ajoûter qu'il y avoit outre cette garnifon 20000 habitans déterminés. Il n'y a point de lecteur fenfé, qui ne voie qu'il eft moralement impoffible qu'une armée de 20000 hommes en affiége une de 60000 dans une place fortifiée, mais les Hiftoriens ont toujours voulu du merveilleux.

Ce qui eft vrai, c'eft qu'après cinq femaines de fiége la Ville fut emportée d'affaut, & que tout ce qui n'étoit pas Chrétien, fut maffacré. L'Hermite Pierre de Général devenu Chapelain, fe trouva à la prife & au maffacre. Quelques Chrétiens que les Mufulmans avoient laiffé vivre dans la Ville, conduifirent les vainqueurs dans

les

les caves les plus reculées, où les méres se cachoient avec leurs enfans, & rien ne fut épargné. Tous les Historiens conviennent, qu'après cette boucherie les Chrétiens tout dégoutans de sang, allérent en procession à l'endroit qu'on dit être le sépulcre de JESUS-CHRIST, & fondirent en larmes. Il est très-vraisemblable qu'ils y donnérent des marques de religion ; mais cette tendresse qui se manifesta par des pleurs, n'est guéres compatible avec cet esprit de vertige, de fureur, de débauche & d'emportement. Le même homme peut être furieux & tendre, mais non dans le même tems.

Les Seigneurs, maîtres de Jérusalem, s'assembloient déjà pour donner un Roi à la Judée. Les Ecclésiastiques suivant l'armée, se rendirent dans l'assemblée, & osérent déclarer nulle l'élection qu'on alloit faire, parce qu'il falloit, disoient-ils, faire un Patriarche

avant

avant de faire un Souverain.

Cependant Godefroy de Bouillon fut élu non pas Roi, mais Duc
de Jérusalem. Quelques mois après
arriva un Légat nommé d'Amber-
to, qui se fit nommer Patriarche
par le Clergé; & la première chose que fit ce Patriarche, ce fut de
prétendre le petit Royaume de Jérusalem pour lui-même. Il fallut
que Godefroy de Bouillon qui a-
voit conquis la Ville au prix de
son sang, la cédât à cet Évêque.
Il se réserva le Port de Joppé &
quelques droits dans Jérusalem.

Les mêmes circonstances produisent les mêmes effets. On a vu
que quand les successeurs de Mahomet eurent conquis tant d'Etats,
la discorde les divisa. Les Croisés
éprouvérent un sort à peu près
semblable. Ils conquirent moins,
& furent divisés plutôt. Voilà déjà trois petits Etats Chrétiens formés tout d'un coup en Asie. Antioche, Jérusalem & Edesse. Il s'en

 for-

forma quelques années après un quatriéme, ce fut celui de Tripoli de Syrie, qu'eut le jeune Bertrand fils du Comte de Toulouse. Mais pour conquérir Tripoli, il fallut avoir recours aux vaisseaux des Vénitiens. Ils prirent alors part à la Croisade, & se firent céder une partie de cette nouvelle conquête.

De tous ces nouveaux Princes qui avoient promis de faire hommage de leurs acquisitions à l'Empereur Grec, aucun ne tint sa promesse, & tous furent jaloux les uns des autres. En peu de tems ces nouveaux Etats divisés & subdivisés passérent en beaucoup de mains différentes. Il s'éleva comme en France de petits Seigneurs, des Comtes de Joppé, des Marquis de Galilée, de Sidon, d'Acre, de Césarée. Soliman qui avoit perdu Antioche & Nicée, tenoit toujours la campagne, habitée d'ailleurs par des Colons Musulmans; & sous Soliman, & après lui on vit dans l'A-

sie

fie un mélange de Chrétiens , de
Turcs, d'Arabes, fe faifant tous la
guerre. Un Château Turc étoit
voifin d'un Château Chrétien, de
même qu'en Allemagne les Terres des Proteftans & des Catholi-
ques font mutuellement intercep-
tées.

De ce million de Croifés bien
peu reftoient alors. Au bruit de
leurs fuccès groffis par la renommée , de nouveaux effains partirent encore de l'Occident. Ce
Prince Hugues, frére de Philippe I.
ramena une nouvelle multitude
groffie par des Italiens & des Allemands. On en compta 300000,
mais en réduifant ce nombre aux
deux tiers, ce font encore 200000
hommes qu'il en couta à la Chrétienté. Ceux-là furent traités vers
Conftantinople à peu près comme
les fuivans de Pierre l'Hermite.
Ceux qui abordérent en Afie, furent détruits par Soliman , & le
Prince Hugues mourut prefqu'a-

 ban-

bandonné dans l'Asie Mineure.

Ce qui prouve encore, me semble, l'extrême foiblesse de la Principauté de Jérusalem, c'est l'établissement de ces religieux Soldats, Templiers & Hospitaliers. Il faut bien que ces Moines fondés d'abord pour servir les malades, ne fuſſent pas en sureté, puiſqu'ils prirent les armes. D'ailleurs, quand la Société générale est bien gouvernée, on ne fait guéres d'associations particuliéres.

Les Religieux consacrés au service des bleſſés, ayant fait vœu de se battre vers l'an 1118, il se forma tout d'un coup une Milice semblable, sous le nom de *Templiers*, qui prirent ce titre, parce qu'ils demeuroient auprès de cette Eglise, qui avoit, disoit-on, été autrefois le Temple de Salomon. Ces établiſſemens ne font dûs qu'à des François. Raimond Dupuy, premier Grand-Maître & Inſtituteur

de la Milice des Hospitaliers, étoit
de Dauphiné.

A peine ces deux autres furent-
ils établis par les Bulles des Papes,
qu'ils devinrent riches & rivaux.
Ils se battirent les uns contre les
autres aussi souvent que contre les
Musulmans. Bientôt après un nouvel Ordre s'établit encore en faveur des pauvres Allemands abandonnés dans la Palestine, & ce fut
l'Ordre des Moines Teutoniques,
qui devint après en Europe une
Milice de conquérans.

Enfin la situation des Chrétiens
étoit si peu affermie, que Baudouin
premier Roi de Jérusalem, qui régna après la mort de Godefroy son
frére, fut pris presqu'aux portes
de la Ville par un Prince Turc.

Les conquêtes des Chrétiens s'af-
foiblissoient tous les jours. Les
premiers conquérans n'étoient plus,
leurs successeurs étoient amollis.
Déjà l'Etat d'Edesse étoit repris
par les Turcs en 1140, & Jérusalem

lem menacée. Les Empereurs ne voyant dans les Princes d'Antioche leurs voisins que de nouveaux usurpateurs, leur faisoient la guerre, non sans justice. Les Chrétiens d'Asie prêts d'être accablés de tous côtés, sollicitérent en Europe une nouvelle Croisade.

La France avoit commencé la première inondation, ce fut à elle qu'on s'adressa pour la seconde. Le Pape Eugéne III. naguéres disciple de Saint Bernard Fondateur de Clervaux, choisit avec raison son premier Maître pour être l'organe d'un nouveau dépeuplement. Jamais Religieux n'avoit mieux concilié le tumulte des affaires avec l'austérité de son Etat. Aucun n'étoit arrivé comme lui à cette considération purement personnelle, qui est au-dessus de l'autorité même. Son contemporain l'Abbé Suger étoit premier Ministre de France. Son disciple étoit Pape, mais Bernard simple Abbé

de

de Clervaux étoit l'oreille de la France & de l'Europe.

A Vézélai en Bourgogne fut 1146. dreffé un échaffaut dans la Place publique, où Bernard parut à côté de Louis le Jeune Roi de France. Il parla d'abord, & le Roi parla enfuite. Tout ce qui étoit préfent, prit la croix. Louis la prit le premier des mains de Saint Bernard. Le Miniftre Suger ne fut point d'avis que le Roi abandonnât le bien certain qu'il pouvoit faire à fes Etats, pour tenter en Hongrie des conquêtes incertaines. Mais l'éloquence de Bernard & l'efprit du tems, fans lequel cette éloquence n'étoit rien, l'emportérent fur les confeils du Miniftre.

On nous peint Louis le Jeune comme un Prince plus rempli de fcrupule que de vertus. Dans une de ces petites guerres civiles que le Gouvernément Féodal rendoit inévitables en France, les troupes du Roi avoient brulé l'Eglife de

Vi-

Vitry, & le peuple réfugié dans cette Eglise, avoit péri dans les flammes. On persuada aisément au Roi qu'il ne pouvoit expier qu'en Palestine ce crime, qu'il eût mieux réparé en France par une administration sage. Sa jeune femme, Eléonore de Guyenne, se croisa avec lui, soit qu'elle l'aimât alors, soit qu'il fût de la bienséance de ces tems d'accompagner son mari dans de telles guerres.

Bernard s'étoit acquis un crédit si singulier, que dans une nouvelle assemblée à Chartres on le choisit lui-même pour le Chef de la Croisade. Ce fait paroît presqu'incroyable, mais tout est croyable de l'emportement religieux des peuples. Saint Bernard avoit trop d'esprit pour s'exposer au ridicule qui le menaçoit. L'exemple de l'Hermite Pierre étoit récent. Il refusa l'emploi de Général, & se contenta de celui de Prophéte.

De France il court en Allemagne.

gne. Il y trouve un autre Moine
qui prêchoit la Croisâde. Il fit
taire ce rival, qui n'avoit pas la
miſſion du Pape. Il donne enfin
lui-même la croix rouge à l'Empereur Conrad VII. & il promet publiquement de la part de Dieu
des victoires contre les Infidéles.
Bientôt après un de ſes diſciples,
nommé Philippe, écrivit en France que Bernard avoit fait beaucoup
de miracles en Allemagne. Ce
n'étoient pas à-la-vérité des morts
reſſuſcités, mais les aveugles a-
voient vu, les boiteux avoient
marché, les malades avoient été
guéris. On peut compter parmi
ces prodiges, qu'il prêchoit par-
tout en François aux Allemands.

L'eſpérance d'une victoire certaine entraîna à la ſuite de l'Empereur & du Roi de France la
plupart des Chevaliers de leurs E-
tats. On compta, dit-on, dans
chacune des deux armées 70000
Gens-d'armes avec une Cavalerie

légére

légére prodigieuſe. On ne compta point les Fantaſſins. On ne peut guéres réduire cette ſeconde émigration à moins de 300000 perſonnes, qui joints aux 1300000 que nous avons précédemment trouvé, fait juſqu'à cette époque 1600000 habitans tranſplantés. Les Allemands partirent les premiers , les François enſuite. Il eſt naturel que de ces multitudes qui paſſent ſous un autre climat , les maladies en emportent une grande partie.

L'intempérance ſurtout cauſa la mortalité dans l'armée de Conrad vers les plaines de Conſtantinople. De-là ces bruits répandus dans l'Occident, que les Grecs avoient empoiſonné les puits & les fontaines. Les mêmes excès que les premiers Croiſés avoient commis, furent renouvellés par les ſeconds, & donnérent les mêmes allarmes à Manuel Comnéne, qu'ils avoient donné à ſon grand-pére Alexis.

Conrad après avoir paſſé le Boſphore,

phore, se conduisit avec l'imprudence attachée à ces expéditions.
La Principauté d'Antioche subsistoit. On pouvoit se joindre à ces
Chrétiens de Syrie, attendre le
Roi de France Alors le grand
nombre devoit vaincre. Mais l'Empereur Allemand, jaloux du Prince d'Antioche & du Roi de France, s'enfonça au milieu de l'Asie
Mineure. Un Sultan d'Icone, plus
habile que lui, attira dans des rochers cette pesante Cavalerie Allemande, fatiguée, rebutée, incapable d'agir dans ce terrain. Les
Turcs n'eurent que la peine de
tuer. L'Empereur blessé, & n'ayant
plus auprès de lui que quelques
troupes fugitives, se sauva vers Antioche, & de-là fit le voyage de
Jérusalem en Pélerin, au-lieu d'y
paroître en Général d'armée. Le
fameux Frédéric Barberousse, son
neveu & son successeur à l'Empire
d'Allemagne, le suivoit dans ces
voyages, apprenant chez les Turcs
un

un courage que les Papes devoient mettre à de plus grandes épreuves.

L'entreprise de Louis le Jeune eut le même succès. Il faut avouer que ceux qui l'accompagnoient, n'eurent pas plus de prudence que les Allemands, & eurent beaucoup moins de justice. A peine fut-on arrivé dans la Thrace, qu'un Evêque de Langres proposa de se rendre maître de Constantinople. Mais la honte d'une telle action étoit trop sure, & le succès trop incertain. L'armée Françoise passa l'Hellespont sur les traces de l'Empereur Conrad.

Il n'y a personne, je crois, qui n'ait observé que ces puissantes armées de Chrétiens firent la guerre dans ces mêmes Pays où Alexandre remporta toujours la victoire avec bien moins de troupes contre des ennemis incomparablement plus puissans que ne l'étoient alors les Turcs & les Arabes. Il falloit
qu'il

qu'il y eût dans la Discipline mili-
taire de ces Princes croisés un défaut radical, qui devoit nécessairement rendre leur courage inutile.
Ce défaut étoit probablement l'esprit d'indépendance que le Gouvernement Féodal avoit établi en
Europe. Des Chefs sans expérience & sans art conduisoient dans
des Pays inconnus des multitudes
déréglées. Le Roi de France surpris comme l'Empereur dans des
rochers vers Laodicée, fut battu
comme lui. Mais il essuya dans
Antioche des malheurs domestiques
plus sensibles que les calamités publiques. Raimond Prince d'Antioche, chez lequel il se réfugia
avec la Reine Eléonore sa femme,
fut soupçonné d'aimer cette Princesse. On dit même qu'elle ou-
blioit toutes les fatigues d'un si
cruel voyage avec un jeune Turc
d'une rare beauté, nommé Saladin.
La conclusion de toute cette entreprise fut que l'Empereur Conrad
re-

retourna prefque feul en Allemagne, & le Roi ne ramena en France que fa femme & quelques courtifans. A fon retour il fit caffer
fon mariage avec Eléonore de Guyenne, & perdit ainfi cette belle
Province de France, après avoir
perdu en Afie la plus floriffante
armée que fon Pays eût encore mis
fur pied. Mille familles défolées
éclatérent envain contre les pro-
phéties de Saint Bernard, qui en
fut quitte pour fe comparer à Moy-
fe, lequel, difoit-il, avoit comme
lui promis de la part de Dieu aux
Ifraélites de les conduire dans une
Terre heureufe, & qui vit périr la
premiére génération dans les déferts.

Après ces malheureufes expéditions, les Chrétiens de l'Afie furent plus divifés que jamais entre
eux. La même fureur régnoit chez
les Mufulmans. Le prétexte de la
Religion n'avoit plus de part aux
affaires politiques. Il arriva même

vers

vers l'an 1166 qu'Amauri Roi de
Jérusalem se ligua avec le Soudan
d'Egypte contre les Turcs. Mais
à peine le Roi de Jérusalem avoit-
il signé ce Traité, qu'il le viola.

Au milieu de tous ces troubles
s'élevoit le grand Saladin neveu
de Noradin Soudan d'Egypte. Il
conquit la Syrie, l'Arabie, la Perse & la Mésopotamie. Saladin
maître de tant de Pays songea bientôt à conquérir le Royaume de Jérusalem. De violentes factions dé-
chiroient ce petit Etat, & hâtoient
sa ruine. Guy de Lusignan couronné Roi, mais à qui on disputoit la couronne, rassembla dans la
Galilée tous ces Chrétiens divisés
que le péril réunissoit, & marcha
contre Saladin, l'Evêque de Ptolémaïs portant la chaîne par-dessus
sa cuirasse, & tenant entre ses
bras une croix, qu'on persuada aux
Chrétiens être la même qui avoit
été l'instrument de la mort de Jesus-Christ. Cependant tous les

Tom. II.   G   Chré-

Chrétiens furent tués ou pris. Le Roi captif qui ne s'attendoit qu'à la mort, fut étonné d'être traité par Saladin, comme aujourd'hui les prisonniers de guerre le sont par les Généraux les plus humains.

Saladin présenta de sa main à Lusignan une coupe de liqueur rafraîchie dans de la neige. Le Roi après avoir bu, voulut donner sa coupe à un de ses Capitaines, nommé Renaud de Châtillon. C'étoit une coutume inviolable établie chez les Musulmans, & qui se conserve encore chez quelques Arabes, de ne point faire mourir les prisonniers auxquels ils avoient donné à boire & à manger. Ce droit de l'ancienne hospitalité étoit sacré pour Saladin. Il ne souffrit pas que Renaud de Châtillon bût après le Roi. Ce Capitaine avoit violé plusieurs fois sa promesse. Le vainqueur avoit juré de le punir, & montrant qu'il savoit se venger comme pardonner, il abbattit d'un

coup

coup de fabre la tête du perfide, arrivé aux portes de Jérufalem qui ne pouvoit plus fe défendre. Il accorda à la Reine femme de Lufignan une capitulation qu'elle n'efpéroit pas. Il lui permit de fe retirer où elle voudroit. Il n'exigea aucune rançon des Grecs qui demeuroient dans la Ville. Lorfqu'il fit fon entrée dans Jérufalem, plufieurs femmes vinrent fe jetter à fes pieds, en lui redemandant les unes leurs maris, les autres leurs enfans, ou leurs péres qui étoient dans fes fers. Il les leur rendit avec une générofité qui n'avoit pas encore eu d'exemple dans cette partie du Monde. Saladin fit laver avec de l'eau-rofe par les mains même des Chrétiens la Mofquée qui avoit été changée en Eglife. Il y plaça une chaire magnifique, à laquelle fon oncle Noradin Soudan d'Alep avoit travaillé lui-même, & fit graver fur la porte ces paroles ,, le Roi Saladin Serviteur

,, de

1187. „ de Dieu, mit cette inscription „ après que Dieu eut pris Jérusa- „ lem par ses mains". Il établit des Ecoles Musulmanes, mais malgré son attachement à sa Religion, il rendit aux Chrétiens Orientaux l'Eglise du Saint Sépulcre. Il faut encore ajoûter que Saladin au bout d'un an, rendit la liberté à Guy de Lusignan, en lui faisant jurer qu'il ne porteroit jamais les armes contre son libérateur. Lusignan ne tint pas sa parole.

Nous avons vu il n'y a qu'un moment, Charlemagne convertir l'Allemagne Septentrionale avec le fer & le feu. Nous avons vu ensuite les Danois idolâtres faire trembler l'Europe, conquérir la Normandie, sans tenter jamais de faire recevoir l'idolâtrie chez les vaincus. A peine le Christianisme fut affermi dans le Dannemarc, dans la Saxe & dans la Scandinavie, qu'on y prêcha une croisade contre les Payens du Nord qu'on ap-

appelloit Sclaves ou Slaves, & qui ont donné le nom à ce Pays qui touche à la Hongrie, & qu'on appelle Sclavonie. Les Chrétiens s'armérent contre eux depuis Bréme jusqu'au fond de la Scandinavie. Plus de 100000 Croisés portérent la destruction chez ces Idolâtres. On tua beaucoup de monde. On ne convertit personne. On peut encore ajoûter la perte de ces 100000 hommes aux 1600000 que le fananisme de ces tems·là coutoit à l'Europe.

Cependant il ne restoit aux Chrétiens d'Asie qu'Antioche, Tripoli, Joppé, & la Ville de Tyr. Saladin possédoit tout le reste, soit par lui-même, soit par son gendre le Sultan d'Iconium ou de Cogni.

Au bruit des victoires de Saladin, toute l'Europe fut troublée. Le Pape Clément III. remua la France, l'Allemagne, l'Angleterre. Philippe-Auguste qui régnoit alors en France, & le vieux Henri

1188.

G 3 II.

II. Roi d'Angleterre, suspendirent leurs différends, & mirent toute leur rivalité à marcher à l'envi au secours de l'Asie. Ils ordonnérent chacun dans leurs Etats que tous ceux qui ne se croiseroient point, payeroient le dixiéme de leurs revenus & de leurs biens meubles pour les frais de l'armement. C'est ce qu'on appelle la *Dixme Saladine*. Taxe qui servoit de trophée à la gloire du Conquérant.

Cet Empereur Frédéric Barberousse, si fameux par les persécutions qu'il essuya des Papes, & qu'il leur fit souffrir, se croisa presqu'au même tems. Il sembloit être chez les Chrétiens d'Asie ce que Saladin étoit chez les Turcs. Politique, grand Capitaine, éprouvé par la fortune, il conduisoit une armée de 150000 combattans. Il prit le premier la précaution d'ordonner qu'on ne reçût aucun Croisé qui n'eût au moins 150 francs d'argent comptant, afin que

cha-

chacun pût par son industrie prévenir les horribles disettes qui avoient contribué à faire périr les armées précédentes. Il lui fallut d'abord combattre les Grecs.

La Cour de Constantinople fatiguée d'être continuellement menacée par les Latins, fit enfin une alliance avec Saladin. Cette alliance révolta l'Europe. Mais il est évident qu'elle est indispensable. On ne s'allie point avec un ennemi naturel sans nécessité. Nos alliances d'aujourd'hui avec les Turcs, moins nécessaires peut-être, ne causent pas tant de murmures. Frédéric s'ouvrit un passage dans la Thrace les armes à la main contre l'Empereur Isaac Lange, & victorieux des Grecs il gagna deux batailles contre le Sultan de Cogni; mais s'étant baigné tout en sueur dans les eaux d'une Riviére qu'on croit être le Cidnus, il en mourut, & ses victoires furent inutiles. Elles avoient couté cher sans-dou-

te,

te, puisque son fils le Duc de Souabe ne put rassembler de ces 150000 hommes que sept à huit mille tout au plus. Il les conduisit à Antioche, & joignit ces débris à ceux du Roi de Jérusalem, Gui de Lusignan, qui vouloit encore attaquer son vainqueur Saladin, malgré la foi des sermens & malgré l'inégalité des armes.

Après plusieurs combats dont aucun ne fut décisif, ce fils de Frédéric Barberousse, qui eut pu être Empereur d'Occident, perdit la vie près de Ptolémaïs. Ceux qui ont écrit qu'il mourut martir de la chasteté, & qu'il eut pu réchapper par l'usage des femmes, sont à la fois des Panégyristes bien hardis & des Physiciens peu instruits. On en dit autant depuis du Roi de France Louis VIII.

L'Asie Mineure étoit un goufre où l'Europe venoit se précipiter. Non seulement cette armée immense de l'Empereur Frédéric étoit

per-

perdue, mais des flottes d'Anglois, de François, d'Italiens, d'Allemands précédant encore l'arrivée de Philippe-Auguste & de Richard Cœur de Lion, avoient amené de nouveaux croisés & de nouvelles victimes.

Le Roi de France & le Roi d'Angleterre arrivérent enfin en Syrie devant Ptolémaïs. Presque tous les Chrétiens de l'Orient s'étoient rassemblés pour assiéger cette Ville. Saladin étoit embarassé vers l'Euphrate dans une guerre civile. Quand les deux Rois eurent joint leurs forces à celles des Chrétiens d'Orient, on compta plus de 300000 combattans.

Ptolémaïs à-la-vérité fut prise, 1190. mais la discorde qui devoit nécessairement diviser deux rivaux de gloire & d'intérêt, tels que Philippe & Richard, fit plus de mal que ces 300000 ne firent d'exploits heureux. Philippe fatigué de ces divisions, & plus encore de la su-

pé-

périorité & de l'ascendant que prenoit en tout Richard son vassal, retourna dans sa patrie, qu'il n'eût pas dû quitter peut-être, mais qu'il eût dû revoir avec plus de gloire.

Richard demeuré maître du champ d'honneur, mais non de cette multitude de Croisés plus divisés entre eux que ne l'avoient été les deux Rois, déploya vainement le courage le plus héroïque. Saladin qui revenoit vainqueur de la Mésopotamie, livra bataille aux Croisés près de Césarée. Richard eut la gloire de desarmer Saladin, ce fut presque tout ce qu'il gagna dans cette expédition mémorable.

1191.

Les fatigues, les maladies, les petits combats, les querelles continuelles ruinérent cette grande armée, & Richard s'en retourna avec plus de gloire à-la-vérité que Philippe-Auguste, mais d'une maniére bien moins prudente. Il partit avec un seul vaisseau, & son vaisseau

seau

feau ayant fait naufrage fur les côtes de Venife, il traverfa déguifé
& mal accompagné la moitié de
l'Allemagne. Il avoit offenfé en
Syrie par fes hauteurs un Duc d'Autriche, & il eut l'imprudence de
paffer par fes Terres. Ce Duc
d'Autriche le chargea de chaînes
& le livra à l'Empereur, qui le
garda en prifon comme un ennemi
qu'il auroit pris en guerre, & qui
exigea de lui 100000 marcs d'argent pour fa rançon.

Saladin qui avoit fait un Traité
avec Richard, par lequel il laiffoit
aux Chrétiens le rivage de la Mer
depuis Tyr jufqu'à Joppé, garda
fidélement fa parole. Il mourut 1195.
trois ans après à Damas, admiré
des Chrétiens même. Il avoit fait
porter dans fa derniére maladie,
au lieu du drapeau qu'on élevoit
devant fa porte, le drap qui devoit l'enfévelir, & celui qui tenoit
cet étendart de la mort crioit à
haute voix ,, Voilà tout ce que

G 6

Sa-

„ Saladin vainqueur de l'Orient,
„ remporte de ſes conquêtes ". On
dit qu'il laiſſa par ſon teſtament
des diſtributions égales d'aumônes
aux pauvres Mahométans, Juifs &
Chrétiens. Voulant faire entendre
par cette diſpoſition, que tous les
hommes ſont fréres, & que pour les
ſecourir il ne faut pas s'informer de
ce qu'ils croient, mais de ce qu'ils
ſoufrent.

L'ardeur des Croiſades ne s'a-
mortiſſoit pas, & les guerres de Phi-
lippe-Auguſte contre l'Angleterre
& contre l'Allemagne n'empêchérent pas qu'un grand nombre de
Seigneurs François ne ſe croiſât
encore. Le principal moteur de
cette émigration fut un Prince Fla-
mand, ainſi que Godefroy de Bouillon Chef de la premiére.

C'étoit Baudouin Comte de Flandres. Quatre mille Chevaliers, 9000
Ecuyers, & 20000 hommes de pied,
compoſérent cette croiſade nouvelle, qu'on peut appeller la cinquiéme. Ve-

Venise devenoit de jour en jour une République redoutable, qui appuyoit son commerce par la guerre. Il fallut s'adresser à elle préférablement à tous les Rois de l'Europe. Elle s'étoit mise en état d'équiper des flottes que les Rois d'Angleterre, d'Allemagne, de France ne pouvoient alors fournir. Ces Républicains industrieux gagnérent à cette croisade de l'argent & des terres. Premiérement ils se firent payer quatre-vingt-cinq mille marcs d'argent pour transporter seulement l'armée dans le trajet. Secondement ils se servirent de cette armée même, à laquelle ils joignirent cinquante galéres, pour faire d'abord des conquêtes en Dalmatie.

Le Pape Innocent les excommunia, soit pour la forme, soit qu'il craignît déjà leur grandeur. Ces Croisés excommuniés n'en prirent pas moins Zara & son territoire, qui accrut les forces de Venise.

1202

G 7

Cet-

Cette croisade fut différente de toutes les autres, en ce qu'elle trouva Constantinople divisée, & que les précédentes avoient eu en tête des Empereurs affermis. Les Vénitiens, le Comte de Flandres, le Marquis de Montferrat joints à eux, enfin les principaux Chefs toujours politiques virent que le tems étoit venu d'exécuter l'ancien projet contre l'Empire des Grecs.

Isaac Lange avoit été privé de la liberté & de l'usage de la vue par son frére Alexis. Le fils d'Isaac avoit un parti, & les Croisés lui offrirent leur dangereux secours. De tels auxiliaires furent également odieux à tous les partis. Ils campoient hors de la Ville, toujours pleine de tumulte. Le jeune Alexis détesté des Grecs pour avoir introduit les Latins, fut immolé bientôt à une nouvelle faction. Un de ses parens, surnommé Mursulphe, l'étrangla de ses mains.

Les Croisés qui avoient alors le pré-

prétexte de venger leur créature,
profitérent des séditions qui désoloient la Ville, pour la ravager. Ils
y entrérent presque sans résistance, & ayant tué tout ce qui se présenta, ils s'abandonnérent à tous
les excès de la fureur & de l'ava-
rice. Nicétas assure que le seul butin des Seigneurs de France fut de
400000 marcs d'argent. Les Eglises furent pillées, & ce qui marque assez le caractére de la Nation
qui n'a jamais changé, les François dansérent avec des femmes
dans le sanctuaire de l'Eglise de
Sainte Sophie.

Ce fut pour la première fois
que la Ville de Constantinople fut
prise & saccagée, & elle le fut
par des Chrétiens qui avoient fait
vœu de ne combattre que les Infidéles.

On ne voit pas que ce feu gre-
geois tant vanté par les Historiens,
ait fait le moindre effet. S'il étoit
tel qu'on le dit, il eut toujours
don-

donné fur terre & fur mer une victoire affurée. Si c'étoit quelque chofe de femblable à nos bofphores, l'eau pouvoit à-la-vérité le conferver, mais il n'auroit point eu d'action dans l'eau. Enfin, malgré ce fecret, les Turcs avoient enlevé prefque toute l'Afie Mineure aux Grecs, & les Latins leur arrachérent le refte.

Le plus puiffant des Croifés, Baudouin Comte de Flandres, fe fit élire Empereur. Ce nouvel ufurpateur condamna l'autre ufurpateur Murfulphe à être précipité du haut d'une colonne. Les autres Croifés partagérent l'Empire. Les Vénitiens fe donnérent le Péloponnéfe, l'Ile de Candie, & plufieurs Villes de côtes de Phrygie, qui n'avoient point fubi le joug des Turcs. Le Marquis de Montferrat prit la Theffalie. Ainfi Baudouin n'eut guéres pour lui que la Thrace & la Mœfie. A l'égard du Pape il y gagna du moins pour un tems toute te l'Eglife d'Orient. Cette conquête eût pu avec le tems valoir un Royaume, Conftantinople étoit autre chofe que Jérufalem.

Ces Croifés qui ruinoient des Chrétiens leurs fréres, auroient pu bien plus aifément que tous leurs prédéceffeurs chaffer les Turcs de l'Afie. Les Etats de Saladin étoient déchirés. Mais de tant de Chevaliers qui avoient fait vœu d'aller fecourir Jérufalem, il ne paffa en Syrie que le petit nombre de ceux qui ne purent avoir part aux dépouilles des Grecs. De ce petit nombre fut Simon de Montfort, qui ayant envain cherché un Etat en Gréce & en Syrie retourna enfuite en France, & fe mit à la tête d'une croifade contre les Albigeois.

Il reftoit beaucoup de Princes de la Famille Impériale des Comnénes, qui ne perdirent point courage dans la deftruction de leur Empire. Un d'eux, qui portoit

auffi

auffi le nom d'Alexis, fe réfugia avec quelques vaiffeaux vers la Colchide, & là entre la Mer & le Mont Caucafe forma un petit Etat qu'on appella *l'Empire de Trébizonde*, tant on abufoit de ce mot d'*Empire*.

Théodore Lafcaris reprit Nicée, & s'établit dans l'Abyffinie, en fe fervant à propos des Arabes contre les Turcs. Il fe donna auffi le titre d'Empereur, & fit élire un Patriarche de fa Communion. D'autres Grecs unis avec les Turcs même appellérent à leur fecours leurs anciens ennemis les Bulgares contre le nouvel Empereur Baudouin de Flandres, qui jouït à peine de fa conquête. Vaincu par eux près d'Andrinople, on lui coupa les bras & les jambes, & il expira en proie aux bêtes féroces.

1205.

On s'étonne que les fources de ces émigrations ne tariffent pas. On pourroit s'étonner du contraire. Les efprits des hommes étoient

en

en mouvement. Les Confesseurs ordonnoient aux pénitens d'aller à la Terre Sainte. Les fausses nouvelles qui en venoient tous les jours, donnoient de fausses espérances.

Un Moine Breton nommé Esloin conduisit en Syrie vers l'an 1204 une multitude de Bretons. La veuve d'un Roi de Hongrie se croisa avec quelques femmes, croyant qu'on ne pouvoit gagner le Ciel que par ce voyage. Cette maladie épidémique passa jusqu'aux enfans, & il y en eut des milliers qui conduits par des Maîtres d'école & des Moines, quittérent les maisons de leurs parens, sur la foi de ces paroles, *Seigneur, tu as tiré ta gloire des enfans.* Leurs Conducteurs en vendirent une partie aux Musulmans, le reste périt de misére.

L'Etat d'Antioche étoit ce que les Chrétiens avoient conservé de plus considérable en Syrie. Le Royau-

Royaume de Jérusalem n'existoit plus que dans Ptolémaïs. Cependant il étoit établi dans l'Occident qu'il falloit un Roi de Jérusalem. Un Emery de Lusignan, Roi titulaire, étant mort vers l'an 1205, l'Evêque de Ptolémaïs proposa d'aller demander en France un Roi de Judée. Philippe-Auguste nomma un cadet de la Maison de Brienne en Champagne, qui avoit à peine un patrimoine. On voit par le choix du Roi quel étoit le Royaume.

Ce Roi titulaire, ses Chevaliers, les Bretons qui avoient passé la mer, plusieurs Princes Allemands, un Duc d'Autriche, un Roi de Hongrie, nommé André, suivi d'assez belles troupes, les Templiers, les Hospitaliers, les Evêques de Munster & d'Utrecht, tout cela pouvoit encore faire une armée de conquérans, si elle avoit eu un Chef ; mais c'est ce qui manqua toujours.

Le

Le Roi de Hongrie s'étant retiré, un Comte de Hollande entreprit ce que tant de Rois & de Princes n'avoient pu faire. Les Chrétiens sembloient toucher au tems
de se relever, leurs espérances s'ac-
crurent par l'arrivée d'une foule
de Chevaliers qu'un Légat du Pape leur amena. Un Archevêque
de Bordeaux, les Evêques de Paris, d'Angers, d'Autun, de Beauvais accompagnérent le Légat avec
des troupes considérables. Quatre
mille Anglois, autant d'Italiens
vinrent sous diverses banniéres. Enfin Jean de Brienne qui étoit arrivé à Ptolémaïs presque seul, se
trouva à la tête de près de 100000
combattans.

Saphadin, frére du fameux Saladin qui avoit joint depuis peu
l'Egypte à ses autres Etats, venoit
de démolir les restes des murailles
de Jérusalem, qui n'étoit plus qu'un
Bourg ruiné. Mais comme Saphadin paroissoit mal affermi dans l'E-
gypte,

gypte, les Croisés crurent pouvoir s'en emparer.

De Ptolémaïs le trajet est court aux embouchures du Nil. Les vaisseaux qui avoient apporté tant de Chrétiens, les portérent en trois jours vers l'ancienne Peluse.

Près des ruines de Peluse est élevée Damiette sur une chaussée qui la défend des inondations du Nil. Les Croisés commencérent le siége pendant la derniére maladie de Saphadin, & le continuérent après sa mort. Mélédin, l'aîné de ses fils, régnoit alors en Egypte, & passoit pour aimer les Loix, les Sciences & le repos plus que la guerre. Corradin Sultan de Damas, à qui la Syrie étoit tombée en partage, vint le secourir contre les Chrétiens. Le siége qui dura deux ans fut mémorable en Europe, en Asie & en Afrique.

Saint François d'Assize, qui établissoit alors son Ordre, passa lui-même au camp des Assiégeans,

&

& s'étant imaginé qu'il pourroit aisément convertir le Sultan Mélédin, il s'avança avec son compagnon, frére illuminé, vers le camp des Egyptiens. On les prit, on les conduisit au Sultan. François le prêcha en Italien. Il proposa à Mélédin de faire allumer un grand feu dans lequel ses Imans d'un côté, & François illuminé de l'autre, se jetteroient pour faire voir quelle étoit la Religion véritable. Mélédin répondit en riant, que ses Prêtres n'étoient pas hommes à se jetter au feu pour leur foi. Alors François proposa de s'y jetter tout seul. Mélédin lui dit que s'il acceptoit une telle offre, il paroîtroit douter de sa Religion. Ensuite il renvoya François avec bonté, voyant bien qu'il ne pouvoit être un espion dangereux.

Damiette cependant fut prise, & sembloit ouvrir le chemin à la conquête de l'Egypte. Mais Pélage Albano, Bénédictin Espagnol, Légat

1220.

gat

gat du Pape & Cardinal, fut caufe de fa perte. Le Légat prétendoit que le Pape étant Chef de
toutes les Croifades, celui qui le
repréfentoit en étoit inconteſta-
blement le Général ; que le Roi
de Jéruſalem n'étant Roi que par
la permiffion du Pape, devoit o-
béir en tout au Légat. Ces divifions confumérent du tems. Il fallut écrire à Rome. Le Pape ordonna au Roi de retourner au
camp, & le Roi y retourna pour
fervir fous le Bénédictin. Ce Général engagea l'armée entre deux
bras du Nil, précifément au tems
que ce Fleuve commençoit à fe
déborder. Le Sultan par des éclu-
fes inonda le camp des Chrétiens.
D'un côté il brula leurs vaiffeaux,
de l'autre côté le Nil croiffoit &
menaçoit d'engloutir l'armée du
Légat. Elle fe trouvoit dans l'état
1221. où l'on peint les Egyptiens de Pha-
raon, quand ils virent la Mer prête à retomber fur eux.

Les

Les contemporains conviennent que dans cette extrémité on traita avec le Sultan. Il se fit rendre Damiette, il renvoya l'armée en Phénicie, après avoir fait jurer que de huit ans on ne lui feroit la guerre; & il garda le Roi Jean de Brienne en ôtage.

Les Chrétiens n'avoient plus d'espérance que dans l'Empereur Frédéric II. Jean de Brienne sorti d'ôtage lui donna sa fille & les droits au Royaume de Jérusalem pour dot.

L'Empereur Frédéric II. concevoit très-bien l'inutilité des croisades, mais il falloit ménager les esprits des Peuples & éluder les coups des Papes. Il me semble que la conduite qu'il tint, est un modéle de la plus parfaite politique. Il négocie à la fois avec le Pape & avec le Sultan Mélédin. Ce Traité étant signé entre le Sultan & lui, il part pour la Palestine, mais avec un cortége plutôt qu'avec une armée.   A peine eſt-il arrivé qu'il rend public le Traité par lequel on lui céde Jéruſalem, Nazaret, & quelques Villages. Il fait répandre dans l'Europe que ſans verſer une goute de ſang, il a repris les Saints Lieux.   On lui reprochoit d'avoir laiſſé par le Traité une Moſquée dans Jéruſalem.   Le Patriarche de cette Ville le traitoit d'Athée. Ailleurs il étoit regardé comme un Prince qui ſavoit régner.

Il faut avouer quand on lit l'Hiſtoire de ces tems, que ceux qui ont imaginé des Romans, n'ont guéres pu aller par leur imagination au-delà de ce que fournit ici la vérité.

C'eſt peu que nous ayons vu quelques années auparavant un Comte de Flandres, qui ayant fait vœu d'aller à la Terre Sainte, ſe ſaiſit en chemin de l'Empire de Conſtantinople. C'eſt peu que Jean de Brienne cadet de Champagne, devenu Roi de Jéruſalem, ait été

ſur

sur le point de subjuguer l'Egypte.
Ce même Jean de Brienne n'ayant
plus d'Etats, marche presque seul
au secours de Constantinople. Il
arrive pendant un interrégne, & on
l'élit Empereur. Son successeur Baudouin II. dernier Empereur Latin
de Constantinople, toujours pressé
par les Grecs, couroit une Bulle
du Pape à la main implorer envain
le secours de tous les Princes de
l'Europe. Tous les Princes étoient
alors hors de chez eux. Les Empereurs d'Occident couroient à la
Terre Sainte, les Papes étoient
presque toujours en France, & les
Rois prêts à partir pour la Palestine.

Thibaud de Champagne Roi
de Navarre, si célébre par son a-
mour pour la Reine mére de Saint
Louis & par ses chansons, fut aussi
un de ceux qui s'embarquérent a-
lors pour la Palestine. Il revint la
même année, & c'étoit être heureux. Environ soixante & dix Che-

1224.

1240.

H 2　　　va-

valiers François, qui voulurent se signaler avec lui, furent tous pris & menés au Grand Caire au neveu de Mélédin, nommé Mélecsala, qui ayant hérité des Etats & des vertus de son oncle, le traita humainement, & les laissa enfin retourner dans leur patrie pour une rançon modique.

En ce tems le Territoire de Jérusalem n'appartint plus ni aux Syriens ni aux Egyptiens, ni aux Chrétiens, ni aux Musulmans. Une révolution qui n'avoit point d'exemple, donnoit une nouvelle face à la plus grande partie de l'Asie. Gingiskan & ses Tartares avoient franchi le Caucase, le Taurus, l'Immaüs. Les Peuples qui fuyoient devant eux comme des bêtes féroces chassées de leurs repaires par d'autres animaux plus terribles, fondoient à leur tour sur les Terres abandonnées.

Les habitans du Chorazan qu'on 1244. nomma Corasmins, poussés par

les

les Tartares , se précipitérent sur
la Syrie , ainsi que les Goths au
IV. Siécle chassés par des Scythes,
étoient tombés sur l'Empire Romain. Ces Corasmins idolâtres é-
gorgérent ce qui restoit à Jérusalem de Turcs , de Chrétiens , de
Juifs. Les Chrétiens qui restoient
dans Antioche , dans Tyr , dans
Sydon & sur ces côtes de la Syrie,
suspendirent quelque tems leurs
querelles particuliéres pour résister
à ces nouveaux brigands. Ces
Chrétiens étoient alors ligués avec
le Soudan de Damas. Les Templiers , les Chevaliers de St. Jean ,
les Chevaliers Teutoniques étoient
des défenseurs toujours armés.
L'Europe fournissoit sans cesse quelques volontaires. Enfin, ce qu'on
put ramasser, combattit les Corasmins. La défaite des Croisés fut
entiére. Ce n'étoit pas là le terme
de leurs malheurs. De nouveaux
Turcs vinrent ravager ces côtes de
Syrie après les Corasmins , & ex-

H 3

ter-

terminérent presque tout ce qui restoit de Chevaliers. Mais ces torrens passagers laissérent toujours
aux Chrétiens les Villes de la côte.

Les Latins renfermés dans leurs
Villes maritimes se virent alors sans
secours, & leurs querelles augmen-
toient leurs malheurs. Les Princes
d'Antioche n'étoient occupés qu'à
faire la guerre à quelques Chrétiens d'Arménie. Les factions des
Vénitiens, les Génois & les Pisans se disputoient la Ville de Ptolémaïs. Les Templiers & les Chevaliers de St. Jean se disputoient
tout. L'Europe refroidie n'envoyoit presque plus de ces Pélerins
armés. Les espérances des Chrétiens d'Orient s'éteignoient quand
Saint Louis entreprit la derniére
croisade.

DE SAINT LOUIS
ET DE LA
DERNIERE CROISADE.

LOuis IX. paroiſſoit un Prince deſtiné à réformer l'Europe ſi elle avoit pu l'être, à rendre la France triomphante & policée, & à être en tout le modéle des hommes. Sa piété, qui étoit celle d'un Anachoréte, ne lui ôta aucune vertu de Roi. Sa libéralité ne déroba rien à une ſage œconomie. Il ſut accorder une politique profonde avec une juſtice exacte, & peut-être eſt-il le ſeul Souverain qui mérite cette louange. Prudent & ferme dans le conſeil, intrépide dans les combats ſans être emporté, compatiſſant comme s'il n'avoit jamais été que malheureux. Il n'eſt pas donné à l'homme de porter plus loin la vertu.

H 4

Une

Une fage adminiftration l'avoit mis en état de lever de fortes armées contre le Roi d'Angleterre Henri III. & contre des Vaffaux de France unis avec l'Angleterre. Henri III. moins riche, moins obéi de fes Anglois, n'eut ni d'auffi bonnes troupes, ni d'auffi-tôt prêtes. Louis le battit deux fois, & fur-tout à la Journée de Taillebourg en Poitou. Le Roi Anglois s'enfuit devant lui. Cette guerre fut fuivie d'une paix utile. Les Vaffaux de France rentrés dans leurs devoirs, n'en fortirent plus. Le Roi n'oublia pas même d'obliger l'Anglois à payer 5000 livres fterling pour les frais de la campagne.

L'an 1244 Louis attaqué d'une maladie violente, crut, dit-on, dans une létargie entendre une voix qui lui ordonnoit de prendre la croix contre les Infidéles. A peine put-il parler qu'il fit vœu de fe croifer. La Reine fa mére, la

Rei-

Reine sa femme, son Conseil, tout ce qui l'aprochoit, sentit le danger de ce vœu funeste. L'Evêque de Paris même lui en repréfenta les dangereufes conféquences, mais Louis regardoit ce vœu comme un lien facré qu'il n'étoit pas permis aux hommes de dénouer. Il prépara pendant quatre années cette expédition. Enfin laiffant à fa mére le gouvernement du Royaume, il part avec fa femme, fes trois fréres que fuivent auffi leurs époufes, prefque toute la Chevalerie de France l'accompagne. Il y eut dans l'armée près de 3000 Chevaliers-bannerets. Une partie de la flotte immenfe qui portoit tant de Princes & de foldats, part de Marfeille, l'autre d'Aiguemortes, qui n'eft plus un Port aujourd'hui.

Si la fureur des Croifades & la religion des Sermens avoient permis à la vertu de Louis d'écouter la raifon, non feulement il eût vu le mal qu'il faifoit à fon Pays,

H 5   mais

mais l'injustice extrême de cet armement qui lui paroissoit si juste.

Le projet n'eût-il été que d'aller mettre des François en possession de Jérusalem, ils n'y avoient aucun droit. Mais on marchoit contre le vieux & sage Mélecsala Soudan d'Egypte, qui certainement n'avoit rien à démêler avec le Roi de France. Mélecsala étoit Musulman, c'étoit-là le seul prétexte de lui faire la guerre. Mais il n'y avoit pas plus de raison à ravager l'Egypte, parce qu'elle suivoit les dogmes de Mahomet, qu'il n'y en auroit aujourd'hui à porter la guerre à la Chine, parce que la Chine est attachée à la morale de Confucius.

Louis mouilla dans l'Ile de Chypre, le Roi de cette Ile se joint à lui. On aborde en Egypte. Nos Historiens disent qu'on chassa d'abord les Barbares de Damiette. Mais les Historiens Arabes disent que les Arabes se rendirent maîtres

de

de Damiette. Le vieux Mélecſala 1249. malade demanda la paix. On la refuſa. Louis étoit renforcé par de nouveaux ſecours arrivés de France, ſuivi de 60000 combattans, obéi, aimé, ayant en tête des ennemis déjà vaincus, un Soudan qui touchoit à ſa fin. Qui n'eût cru que l'Egypte & bientôt la Syrie ne fuſſent domptées ? Cependant la moitié de cette armée floriſſante périt de maladie, l'autre moitié eſt vaincue près de la Maſſoure. St. Louis voit tuer ſon frére 1250. Robert d'Artois. Il eſt pris avec ſes deux autres fréres, le Comte d'Anjou & le Comte de Poitiers. Ce n'étoit plus alors Mélecſala qui régnoit en Egypte, c'étoit ſon fils Almoadan. Ce nouveau Soudan avoit certainement de la grandeur d'ame; car le Roi Louis lui ayant offert pour ſa rançon & pour celle des priſonniers un million de beſans d'or, Almoadan lui en remit la cinquiéme partie.

H 6   Ce

Ce Soudan fut maſſacré par les Mamélucs, dont ſon pére avoit établi une milice. Le Gouvernement partagé alors ſembloit devoir être funeſte aux Chrétiens. Cependant le Conſeil Egyptien continua de traiter avec le Roi. Le Sire de Joinville rapporte que ces Emirs même propoſérent dans une de leurs aſſemblées de choiſir Louis pour leur Soudan.

Joinville étoit priſonnier avec le Roi. Ce que raconte un homme de ſon caractére, a du poids ſans-doute. Mais qu'on faſſe réflexion, combien dans un camp, dans une maiſon, on eſt mal informé des faits particuliers qui ſe paſſent dans un camp voiſin, dans une maiſon prochaine : combien il eſt hors de vraiſemblance que des Muſulmans ſongent à ſe donner pour Roi un Chrétien ennemi, qui ne connoît ni leur langue, ni leurs mœurs, qui déteſte leur Religion, & qui ne peut être regardé par eux que comme me un Chef de Brigands étrangers, on verra que Joinville n'a rapporté qu'un discours populaire. Dire fidélement ce qu'on a entendu dire, c'est souvent rapporter de bonne foi des choses au moins suspectes.

Je ne saurois guéres encore concilier ce que les Historiens disent de la maniére dont les Musulmans traitérent les prisonniers. Ils racontent qu'on les faisoit sortir un à un d'une enceinte où ils étoient renfermés, qu'on leur demandoit s'ils vouloient renier Jesus-Christ, & qu'on coupoit la tête à ceux qui persistoient dans le Christianisme.

D'un autre côté ils attestent qu'un vieil Emir fit demander par interpréte aux captifs, s'ils croyoient en Jesus-Christ; & les captifs ayant dit qu'ils croyoient en lui : ,, Consolez-vous, dit l'E-,, mir ; puisqu'il est mort pour ,, vous, & qu'il a su ressusciter,

„ il ſaura bien vous ſauver ”.

Ces deux récits ſemblent un peu contradictoires , & ce qui eſt plus contradictoire encore , c’eſt que ces Emirs fiſſent tuer des captifs dont ils eſpéroient une rançon.

Au reſte ces Emirs s’en tinrent aux 800000 beſans auxquels leur Soudan avoit bien voulu ſe reſtraindre pour la rançon des captifs. 1250. Et lorſqu’en vertu du Traité les troupes Françoiſes qui étoient dans Damiette , rendirent cette Ville , on ne voit point que les vainqueurs fiſſent le moindre outrage aux femmes. On laiſſa partir la Reine & ſes belles‑ſœurs avec reſpect. Ce n’eſt pas que tous les ſoldats Muſulmans fuſſent modérés. Le vulgaire en tout Pays eſt féroce. Il y eut ſans‑doute beaucoup de violences commiſes , des captifs maltraités & tués. Mais enfin j’avoue que je ſuis étonné que le ſoldat Mahométan n’exterminât pas un plus grand nombre de ces étrangers,

gers, qui des Ports de l'Europe étoient venus sans aucune raison ravager les terres de l'Egypte.

Saint Louis délivré de captivité se retire en Palestine, & y demeure près de quatre ans avec les débris de ses vaisseaux & de son armée. Il va visiter Nazaret au lieu de retourner en France, & enfin ne retourne dans sa patrie qu'après la mort de la Reine Blanche la mére, mais il y rentre pour former une croisade nouvelle.

Son séjour à Paris lui procuroit continuellement des avantages & de la gloire. Il augmentoit ses domaines. Treize ans de sa présence réparoient en France tout ce que son absence avoit ruiné; mais sa passion pour les croisades l'entraînoit. Les Papes l'encourageoint. Clément lui accordoit une décime sur le Clergé pour trois ans. Il part enfin une seconde fois, & à peu près avec les mêmes forces. Son frére qu'il a fait Roi de Sicile, le, doit le fuivre. Mais ce n'eſt plus ni du côté de la Paleſtine, ni du côté de l'Egypte qu'il tourne ſa dévotion & ſes armes. Il fait cingler ſa flotte vers Tunis.

Les Chrétiens de Syrie n'étoient plus la race de ces premiers Francs établis dans Antioche & dans Tyr. C'étoit une génération mêlée de Syriens, d'Arméniens & d'Européens. On les appelloit *Poulains*, & ces reſtes ſans vigueur étoient pour la plupart ſoumis aux Egyptiens. Les Chrétiens n'avoient plus de Villes fortes que Tyr & Ptolémaïs.

Louis eſt aſſiégé lui-même dans ſon camp par les Maures réunis. Les mêmes maladies que l'intempérance de ſes Sujets tranſplantés & le changement de climat avoient attirées dans ſon camp en Egypte, déſolérent ſon camp de Carthage. Un de ſes fils né à Damiette pendant la captivité, mourut de cette eſpéce de contagion devant Tunis.

nis. Enfin le Roi en fut attaqué, il se fit étendre sur la cendre, & expira à l'âge de 55 ans. A peine est-il mort que son frére le Roi de Sicile arrive. On fait la paix avec les Maures, & les débris des Chrétiens sont ramenés en Europe. 127•.

On ne peut guéres compter moins de 100000 personnes sacrifiées dans les deux expéditions de Saint Louis. Joignez les 50000 qui suivirent Frédéric Barberousse, les 300000 de la croisade de Philippe - Auguste & de Richard, 200000 au moins au tems de Jean de Brienne ; comptez les 160000 Croisés qui avoient déjà passé en Asie, & n'oubliez pas ce qui périt dans l'expédition de Constantinople & dans les guerres qui suivirent cette révolution, sans parler de la Croisade du Nord & de celle contre les Albigeois ; on trouvera que l'Orient fut le tombeau de plus de deux millions d'Européans.

On

On dit que les Rois de France gagnérent à ces croisades , parce que Saint Louis augmenta ses domaines. Mais il ne les accrut que pendant ses treize années de séjour par son œconomie.

Le seul bien que ces entreprises procurérent , ce fut la liberté que plusieurs Bourgades achetérent de leurs Seigneurs. Le Gouvernement municipal s'accrut un peu des ruines des possesseurs des Fiefs.

Cependant ce peu de Chrétiens métifs cantonnés sur les côtes de Syrie , fut bientôt exterminé ou réduit en esclavage. Ptolémaïs, leur principale retraite, ne put résister aux forces du Soudan d'Egypte Mélecséraph. Il la prit en 1291. Tyr & Sydon se rendirent à lui vers la fin du XII. Siécle.

SUITE DE L'HISTOIRE
DE
CONSTANTINOPLE
PAR LES CROISÉS.

CE Gouvernement Féodal de France avoit produit, comme on l'a vu, bien des conquérans. Un Pair de France, Duc de Normandie, avoit subjugué l'Angleterre, de simple Gentilshommes la Sicile, & parmi les Croisés, des Seigneurs de France avoient eu pour quelque tems Antioche & Jérusalem. Enfin Baudouin, Pair de France & Comte de Flandres, avoit pris Constantinople. Nous avons vu les Mahométans d'Asie céder Nicée aux Empereurs Grecs fugitifs. Ces Mamétans même s'allioient avec les Grecs contre les Francs & les Latins.

tins leurs communs ennemis ; &
pendant ces tems-là les irruptions
des Tartares dans l'Asie & dans
l'Europe empêchoient les Musulmans d'opprimer ces Grecs. Les
Francs, maîtres de Constantinople, élisoient leurs Empereurs, les
Papes les confirmoient.

Pierre de Courtenay Comte
d'Auxerre de la Maison de France ayant été élu, fut couronné &
1216. sacré dans Rome par le Pape Ho-
norius III. Les Papes se flatoient
alors de donner les Empires d'O-
rient & d'Occident.

C'étoit si peu de chose que cet
Empire Latin de Constantinople,
que Pierre de Courtenay en reve-
nant de Rome, ne put éviter de
tomber entre les mains des Grecs,
& après sa mort ses successeurs
n'eurent précisément que la Ville
1218. de Constantinople & son territoire. Des François possédoient l'A-
chaïe, les Vénitiens avoient la
Morée.

Consf-

Constantinople autrefois si riche, étoit devenue si pauvre que Baudouin II. (j'ai peine à le nommer Empereur) mit en gage pour quelque argent entre les mains des Vénitiens la couronne d'épines de Jesus-Christ, ses langes, sa robe, sa serviéte, son éponge, & beaucoup de morceaux de la vraie croix. Saint Louis retira ces gages des mains des Vénitiens, & les plaça dans la Sainte Chapelle de Paris, avec d'autres reliques qui sont des témoignages de piété plutôt que de la connoissance de l'antiquité.

On vit ce Baudouin II. venir en 1245 au Concile de Léon, dans lequel le Pape Gregoire IX. excommunia si solemnellement Frédéric II. Il y implora vainement le secours d'une croisade, & ne retourna dans Constantinople que pour la voir enfin retomber au pouvoir des Grecs ses légitimes possesseurs. Michel Paléologue, Empepereur & Tuteur du jeune Empereur Lascaris , reprit la Ville par une intelligence secréte. Baudouin s'enfuit ensuite, où il vécut de l'argent que lui valut la vente de son Marquisat de Namur qu'il fit au Roi Saint Louis. Ainsi finit cet Empire des Croisés.

Les Grecs rapportérent leurs mœurs dans leur Empire. L'usage recommença de crever les yeux. Michel Paléologue se signala d'abord en privant son pupile de la vue & de la liberté. On se servoit auparavant d'une lame de métal ardente. Michel employa le vinaigre bouillant, & l'habitude s'en conserva ; car la mode entre jusque dans les crimes.

Paléologue ne manqua pas de se faire absoudre solemnellement de cette cruauté par son Patriarche & par ses Evêques , qui répandoient des larmes de joie, dit-on, à cette pieuse cérémonie.

L'Empire d'Orient reprit cependant

dant un peu de vie. La Gréce lui
étoit jointe avant les croisades,
mais il avoit perdu presque toute
l'Asie Mineure. La Gréce en fut
séparée après les croisades, mais
un peu de l'Asie restoit. Si quelque chose contribue à faire voir
que la Religion chez les Hommes
d'Etat n'est que le masque de la
politique, c'est la maniére dont les
Papes en usérent avec cet Empire
à peine rétabli. Michel Paléologue qui craignoit une croisade,
s'attachoit à flatter les Papes, &
ménageoit une réunion du Rit
Grec & du Rit Latin. Cependant
le Pape Martin s'unit avec le Roi
de Sicile frére de Saint Louis, &
avec les Vénitiens pour le détrôner.

DE CHARLES D'ANJOU

ROI DES

DEUX SICILES,

Et des Vêpres Siciliennes.

L'Empereur Frédéric II. avoit été à la fois Empereur des Papes, leur vaffal & leur ennemi. Il leur rendoit hommage-lige pour le Royaume de Naples & de Sicile. Son fils l'Empereur Conrad fe mit en poffeffion de ce Royaume. Je ne vois point d'Auteur qui n'affure que ce Conrad fut empoifonné par fon frére Manfréde ou Mainfroy, bâtard de Frédéric; mais je n'en vois aucun qui en apporte la plus légére preuve. Mainfroy fe rendit maître du Royaume, qui de droit appartenoit à fon neveu Con-

ra-

radin, fils de Conrad & petit-fils de Frédéric II. Le Pape paroissoit en droit comme Seigneur Suzerain de punir Mainfroy; mais lui étoit-il permis de déposséder Conradin? Ce qui sembloit utile parut permis. Les Papes haïssoient cette Maison & la craignoient. Il ne s'agissoit que de trouver un Prince, qui, en recevant l'investiture de Sicile, fût capable de la conquérir. Charles le Comte d'Anjou s'offrit au Pape; & le Pape conclut bientôt avec lui, quoiqu'on eût déjà promis l'investiture à d'autres.

Ce Comte d'Anjou possédoit déjà la Provence par son mariage; mais ce qui augmentoit sa puissance, c'étoit d'avoir soumis la Ville de Marseille. Il avoit encore une dignité qu'un homme habile pouvoit faire valoir, c'étoit celle de Sénateur unique de Rome. Le Pape qui redoutoit ce Prince, en l'appellant à son secours, ne lui

1264. donna l'inveſtiture qu'à condition qu'il renonceroit à cette dignité au bout de trois ans, qu'il payeroit 3000 onces d'or au Saint Siége chaque année pour la mouvance du Royaume de Naples, & que, ſi jamais le payement étoit différé plus de deux mois, il ſeroit excommunié. Charles ſouſcrivit aiſément à ces conditions & à toutes les autres. Le Pape lui accorda la levée d'une décime ſur les Biens Eccléſiaſtiques de France. Il

1266. part avec de l'argent & des troupes, ſe fait couronner à Rome, livre bataille à Mainfroy dans les Plaines de Bénévent, & eſt aſſez heureux pour que Mainfroy ſoit tué en combattant. Il uſa durement de la victoire, & parut auſſi cruel que ſon frére Saint Louis étoit humain.

Cependant le jeune Conradin, véritable héritier du Royaume de Naples, étoit en Allemagne

gne pendant cet interrégne qui la désoloit, & pendant qu'on lui ravissoit le Royaume de Naples, ses partisans l'excitent à venir défendre son héritage. Il n'avoit encore que quinze ans. Son courage étoit au-dessus de son âge. Il se met avec le Duc d'Autriche son parent à la tête d'une armée, & vient soutenir ses droits. Les Romains étoient pour lui. Conradin excommunié est reçu à Rome aux acclamations de tout le peuple, dans le tems même que le Pape n'osoit approcher de sa Capitale.

On peut dire que de toutes les guerres de ce siécle, la plus juste étoit celle que faisoit Conradin. Elle fut la plus infortunée. Le Pape fit prêcher la croisade contre lui ainsi que contre les Turcs. Il est défait & pris dans la Pouille, avec son parent Frédéric Duc d'Autriche. Charles d'Anjou, qui devoit honorer leur courage, les

1268.

 fit

1268. fit condamner par des Jurisconsultes. La sentence portoit qu'il méritoit la mort pour avoir pris les armes contre l'Eglise. Ces deux Princes furent exécutés publiquement à Naples par la main du bourreau. Le Pape Innocent IV. auquel on sembloit les sacrifier, n'osa approuver cette barbarie, d'autant plus exécrable qu'elle étoit revêtue des formes de la Justice. Je ne puis assez m'étonner que Saint Louis n'ait jamais fait de reproches à son frére d'une action si deshonorante; lui que les Egyptiens avoient épargné dans une circonstance bien moins favorable, devoit condamner plus qu'un autre la fureur de Charles d'Anjou. Le vainqueur, au-lieu de ménager les Napolitains, les irrita par des oppressions; les François & lui furent en horreur.

C'est une opinion générale, qu'un Gentilhomme de Sicile, nommé Jean

Jean de Procida, déguisé en Cordelier, trama cette fameuse conspiration, par laquelle tous les François devoient être égorgés à la même heure le jour de Pâques au son de la cloche de Vêpres. Il est sûr que ce Jean de Procida avoit en Sicile préparé tous les esprits à une révolution, qu'il avoit passé à Constantinople & en Arragon, & que le Roi d'Arragon, Pierre, gendre de Mainfroy s'étoit ligué avec l'Empereur Grec contre Charles d'Anjou: mais il n'est pas vraisemblable qu'on eût tramé la conspiration des *Vêpres Siciliennes*. Si le complot avoit été formé, c'étoit dans le Royaume de Naples qu'il falloit principalement l'exécuter; & cependant aucun François n'y fut tué. Maleipina raconte qu'un François, nommé Droguet, violoit une femme dans Palerme le jour de Pâques, dans le tems que le peuple alloit à Vê-

1282.

I 3   pres.

1282. pres. La femme cria, le peuple accourut, on tua le François. Ce premier mouvement d'une vengeance particuliére anima la haine générale. Les Siciliens excités par Jean de Procida & par leur fureur, s'écriérent qu'il falloit maſſacrer les ennemis. On fit main baſſe à Palerme ſur tout ce qu'on trouva de François. La même rage qui étoit dans tous les cœurs, produiſit enſuite le même maſſacre dans le reſte de l'Ile. On dit qu'on éventroit les femmes groſſes pour en arracher les enfans à demi formés, & que les Religieux mêmes maſſacroient leurs pénitentes Françoiſes. Il n'y eut, dit-on, qu'un Gentilhomme Provençal, nommé des Porcellets, qui échappa. Cependant il eſt certain que le Gouverneur de Meſline avec ſa garniſon ſe retira de l'Ile dans le Royaume de Naples.

Le ſang de Conradin fut ainſi ven-

vengé, mais sur d'autres que sur celui qui l'avoit répandu. Les Vêpres Siciliennes attirérent encore de nouveaux malheurs à ces Peuples, qui nés dans le climat le plus fortuné de la Terre, n'en étoient que plus méchans & plus misérables. Il est tems de retourner sur mes pas, & de voir quels nouveaux desastres furent produits par l'abus des Croisades & par celui de la Religion.

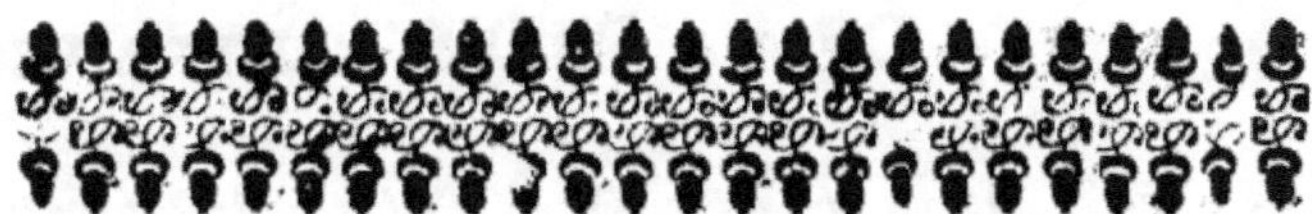

DE LA CROISADE

CONTRE LES

ALBIGEOIS.

LEs abus de la puiſſance du Pape ſur le Clergé & ceux du pouvoir du Clergé ſur les Peuples, devoient tôt ou tard révolter les eſprits des hommes qui haïſſent toujours les maîtres. Arnoud de Breſſe avoit oſé exciter les peuples juſque dans Rome à ſecouer le joug. On raiſonna beaucoup en Europe vers le XII. Siécle ſur la Religion. Il ſe trouva des hommes qui ne voulurent de loi que l'Evangile, & qui prêcheroient à peu près les mêmes dogmes que tiennent aujourd'hui les Proteſtans. On les nommoit *Vaudois*, parce qu'il y en avoit beaucoup dans les Vallées du Piémont; *Albigeois*, à cauſe de
la

la Ville d'Alby ; *bons hommes*, par la régularité dont ils se piquoient ; enfin *Manichéens*, du nom qu'on donnoit alors en général aux hérétiques. On fut étonné vers la fin du XII. Siécle que le Languedoc en parût tout rempli.

Dès l'an 1198 le Pape Innocent III. délégua deux simples Moines de Citeaux pour juger les hérétiques : ,, Nous mandons, dit-il, ,, aux Princes, aux Comtes, & à ,, tous les Seigneurs de votre Pro,, vince, de les assister puissamment ,, contre les hérétiques par la puis,, se qu'ils ont reçue pour la puni,, tion des méchans, en sorte qu'a,, près que Frére Rainier au,, ra prononcé l'excommunication ,, contre eux, les Seigneurs consis,, quent leurs biens, les bannissent ,, de leurs Terres, & les punissent ,, plus sévérement, s'ils osent y ,, résister. Or nous avons donné ,, pouvoir à Frére Rainier d'y con,, traindre les Seigneurs par ex

I 5

,, com

„ communication & par interdit
„ sur leurs biens, &c". Ce fut le
premier fondement de l'Inquisition.

Un Abbé de Citeaux fut nommé ensuite avec d'autres Moines
pour aller faire à Toulouse ce que
l'Evêque devoit y faire. Ce procédé indigna le Comte de Toulouse, le Comte de Foix & tous les
Princes du Pays, déjà séduits par
les Réformateurs, & irrités contre la Cour de Rome.

La Secte étoit en grande partie
composée d'une Bourgeoisie réduite à l'indigence, par le long esclavage dont on sortoit à peine, & encore par les croisades. L'Abbé de
Citeaux paroissoit avec l'équipage
d'un Prince. Il voulut en vain parler en Apôtre. Le Peuple lui crioit,
Quittez le luxe ou le sermon. Un
Espagnol Evêque d'Osma, très
homme de bien, qui étoit alors à
Toulouse, conseilla aux Inquisiteurs de renoncer à leurs équipa-
ges

ges somptueux, de marcher à pied,
de vivre austérement, & d'imiter
les Albigeois pour les convertir.
Saint Dominique qui avoit accompagné cet Evêque, donna l'exemple avec lui de cette vie Apostoli-
que, & parut souhaiter alors qu'on
n'employât jamais d'autres armes
contre les erreurs. Mais Pierre de
Castelnau, l'un des Inquisiteurs,
fut accusé de se servir des armes
qui lui étoient propres, en soule-
vant secrétement quelques Seigneurs voisins contre le Comte de   1207.
Toulouse, & en suscitant une guerre civile. Cet Inquisiteur fut assassiné. Le soupçon tomba sur le
Comte de Toulouse.

Le Pape Innocent III. ne balan-
ça pas à délier les sujets du Comte de Toulouse de leur serment de
fidélité. C'est ainsi qu'on traitoit
les descendans de ce Raimond de
Toulouse, qui avoit le premier
servi la Chrétienté dans les croisades.

I 6   Le

Le Comte qui favoit ce que pouvoit quelquefois une Bulle, fe foumit à la fatisfaction qu'on exigea de lui. Un des Légats du Pape, nommé Milon, lui commande de
1209. le venir trouver à Valence, de lui livrer fept châteaux qu'il poffédoit en Provence, de fe croifer lui-même contre les Albigeois fes fujets, de faire amende honorable. Le Comte obéit à tout.

On voyoit d'un côté le Duc de Bourgogne, le Comte de Nevers, Simon Comte de Montfort, les Evêques de Sens, d'Autun, de Nevers à la tête de leurs troupes, & le malheureux Comte de Touloufe au milieu d'eux comme leur ôtage. De l'autre côté des Peuples qui avoient le fanatifme de la perfuafion. La Ville de Béziers voulut tenir contre les Croifés. On égorgea tous les habitans réfugiés dans une Eglife. La Ville fut réduite en cendres. Les habitans de Carcaffone effrayés de cet exemple,

ple, implorérent la miséricorde des
Croisés. On leur laissa la vie. On
leur permit de sortir presque nuds
de leur Ville, & on s'empara de
tous leurs biens.

On donnoit au Comte Simon de
Montfort le nom de *Macabée*, de
Défenseur de l'Eglise. Il se rendit
maître d'une grande partie du Pays,
s'assurant des châteaux des Seigneurs suspects, attaquant ceux qui
ne se mettoient pas entre ses mains,
poursuivant les hérétiques qui o-
soient se défendre. Les Ecrivains
Ecclésiastiques racontent eux-mêmes, que Simon de Montfort ayant
allumé un bucher pour ces malheureux, il y en eut cent quarante qui
coururent en chantant des Pseau-
mes se précipiter dans les flammes.
En dépeuplant ainsi le Languedoc,
on dépouilloit le Comte de Toulouse. Il ne s'étoit défendu que
par les négociations. Il alla trouver dans Saint Gilles les Légats,
les Evêques, les Abbés qui étoient

1210. à la tête de cette croisade. Il pleura devant eux: On lui répondit que ses larmes venoient de fureur. Le Légat lui laissa le choix, ou de céder à Simon de Montfort tout ce que ce Comte avoit usurpé, ou d'être excommunié. Le Comte de Toulouse eut du-moins le courage de choisir l'excommunication. Il se réfugia chez Pierre II. Roi d'Arragon son beau-frére, qui prit sa défense, & qui avoit presqu'autant à se plaindre du Chef des Croisés que le Comte de Toulouse.

Cependant l'ardeur de gagner des indulgences & des richesses multiplioit les Croisés. Les Evêques de Paris, de Lisieux, de Bayeux accourent au siége de Lavaur. On y prit prisonniers quatre-vingt Chevaliers avec le Seigneur de cette Ville, que l'on condamna tous à être pendus ; mais les fourches patibulaires étant rompues, on les abandonna aux Croisés, qui les

1211. massacrérent. On jetta dans un puits

puits la sœur du Seigneur de Lavaur, & on brula autour du puits
trois cens habitans qui ne voulurent pas renoncer à leurs opinions.

Le Prince Louis, qui fut depuis
le Roi Louis VIII. se joignit à-la-
vérité aux Croisés pour avoir part
aux dépouilles ; mais Simon de
Montfort écarta bientôt un compagnon qui eût été son maître.

C'étoit l'intérêt des Papes de
donner ces Pays à Montfort, & le
projet en étoit si bien formé que
le Roi d'Arragon ne put jamais
par sa médiation obtenir la moindre grace. Il paroît qu'il n'arma
que quand il ne put s'en dispen-
ser.

La bataille qu'il donna aux Croisés auprès de Toulouse, dans laquelle il fut tué, passa pour une
des plus extraordinaires de ce monde. Une foule d'Ecrivains répéte
que Simon de Montfort avec huit
cens hommes de cheval seulement
& mille fantassins attaqua l'armée

1213.

du

du Roi d'Arragon & du Comte de Touloufe, qui faifoient le fiége de Muret. Ils difent que le Roi d'Arragon avoit 100000 combattans, & que jamais il n'y eut une déroute plus complette. Ils difent que Simon de Montfort, l'Evêque de Touloufe & l'Evêque de Cominge diviférent leur armée en trois corps, en l'honneur de la Sainte Trinité.

Mais quand on a 100000 ennemis en tête, va-t-on les attaquer avec 1800 hommes en pleine campagne, & divife-t-on ces 1800 en trois corps? C'eft un miracle, difent quelques Ecrivains ; mais les gens de guerre qui lifent de telles avantures, les appellent des abfurdités.

Après cette victoire, le Pape tint un Concile Général à Rome. Le Comte de Touloufe vint y demander grace. Je ne puis découvrir fur quel fondement il efpéroit qu'on lui rendroit fes Etats. Il fut trop heureux de ne pas perdre fa li-

liberté. Le Concile même porta la miséricorde jusqu'à statuer qu'il jouiroit d'une pension de quatre-cens marcs d'argent.

Quand Innocent III. fut mort, Raimond de Toulouse ne fut pas mieux traité. Il fut assiégé dans sa Capitale par Simon de Montfort, mais il trouva le terme de ses succès & de sa vie. Un coup de pierre écrasa cet homme, qui en faisant tant de mal avoit acquis tant de gloire.

Il avoit un fils à qui le Pape donna tous les droits du pére, mais le Pape ne put lui donner le même crédit. La croisade contre le Languedoc ne fut plus que languissante. Le fils du vieux Raimond qui avoit succédé à son pére, étoit excommunié comme lui. Alors le Roi de France Louis VIII. se fit céder par le jeune Montfort tous ces Pays que Montfort ne pouvoit garder; mais la mort arrêta Louis VIII. au milieu de ses conquêtes,

&

& cet Etat ne fut au pouvoir des Rois de France que sous Philippe le Hardi.

1234.   Pendant le régne de Saint Louis le Pape envoya dans le Pays des Albigeois, qui étoient alors fort tranquiles, deux Dominicains & un Cordelier avec le titre d'Inquisiteurs. Les deux Dominicains s'y rendirent si odieux, que le peuple les chassa de la Ville. Rome fut même obligée de suspendre longtems l'Inquisition, mais elle fut enfin rétablie. Cependant la Secte subsista toujours, mais foible, peu nombreuse, & cachée dans l'obscurité.

Ce fut cette Secte qui attira sur l'Europe le fleau de l'Inquisition. Le Pape Innocent IV. l'établit dans 1251. toute l'Italie, excepté Naples, comme un nouveau tribunal qui affermiroit l'autorité du Saint Siége. Nous verrons dans la suite quelles cruautés ce Tribunal a exercé dans l'Espagne & dans le Portugal.

ETAT

ETAT

DE

L'EUROPE

Après les Croisades d'Orient.

IL parut bientôt que les Pélérinages & les armemens qui a-
voient dépeuplé une partie de l'Europe, l'avoient appauvrie. Nous
voyons que les Espéces d'or ou
d'argent manquérent si sensible-
ment, que les Princes Européans
altérérent presque partout la Monnoie.

Les Anglois se plaignirent les
premiers de ces altérations, & on
en fit porter la peine aux Juifs. Ils
s'étoient enrichis dans cette Ile
par l'usure. On les dépouilla, on
les chassa, & on reprit ainsi sur

ce

ce Peuple errant un peu d'argent qu'on avoit perdu en attaquant leur ancienne patrie.

En France les Espéces manquérent tellement sous le fils & le petit-fils de Saint Louis, que Philippe le Bel fut obligé d'affoiblir tellement le titre & le poids des Espéces, que le sol & le denier ne valoient plus que les deux tiers de ce qu'ils avoient valu sous Saint Louis. On les donnoit cependant pour la même valeur.

On sacrifia aussi les Juifs en France aux plaintes des Peuples. Ces usuriers publics furent punis de ce que le Roi avoit fait de la fausse monnoie. On les pilla, on les chassa en 1306.

Cette malversation sur les monnoies gagna comme une contagion l'Allemagne & l'Espagne. L'Italie en fut préservée. Les Génois, les Pisans, & surtout les Vénitiens qui faisoient le grand Commerce de l'Europe & de l'Asie, savoient
bien

bien qu'il ne faut pas toucher aux Espéces, & n'avoient pas besoin de cette fraude.

Lorsqu'en 1274 les Evêques & les Princes d'Allemagne, fatigués d'être sans Chefs, élurent Rodolphe de Habsbourg, foible tige de la puissante Maison d'Autriche, non seulement les Villes Impériales & celles d'Italie affermirent cette liberté heureuse, mais les Papes y gagnérent au moins pour un tems la confirmation de leur Principauté temporelle.

Rodolphe de Habsbourg étoit un Seigneur Suisse dans le voisinage du Canton de Bâle. Il avoit été d'abord Domestiqne d'Ottocare Roi de Bohême, son Maréchal de la Cour ou son Grand-Maître-d'Hôtel. Un de ses fréres étoit Chanoine à Bâle, & un autre étoit au service des Milanois. Pour lui il s'étoit fait redouter comme un de ces Chefs qu'on appelloit en Italie *condottieri*. Rodolphe fut long-

tems

tems champion de l'Abbé de Saint Gal & de l'Evêque de Bâle. Ces deux Prélats se faisoient une guerre opiniâtre pour quelques tonneaux de vin que l'Evêque avoit enlevé à l'Abbé. Rodolphe brula Bâle, & prit quelques Forteresses. Il secourut aussi la Ville de Strasbourg contre son Evêque. Toutes ces petites guerres avoient augmenté ses petits domaines & sa réputation. Cette réputation lui avoit fait épouser l'héritiére d'une partie de l'Alsace, & alors il avoit figuré en Prince.

Enfin cette même renommée, secondée des intrigues de son ami l'Archevêque de Mayence, le fit élire Empereur. Il eut le plaisir de vaincre en bataille rangée & de recevoir ensuite à foi & hommage ce même Roi de Bohême qui avoit été son Maître, & lui enleva l'Autriche, qui n'appartenoit ni à Ottocare ni à lui, mais qu'Ottocare avoit enlevé à la Maison de Baviére.

viére. Rodolphe inveftit fon fils de cette Province, dont le nom & la propriété demeura depuis à fa Maifon. Mais cette acquifition ne le rendit pas affez puiffant pour qu'il allât prendre la couronne d'Italie. Il fe contenta de tirer quelque argent de la plupart des Villes qui voulurent bien acheter de lui ce dont elles s'étoient mifes en poffeffion. C'eft à quoi fe réduifoit alors l'Empire Romain. Les Papes reprirent pour un tems la Romagne & quelques Villes du patrimoine de Saint Pierre.

Cependant vers la fin de ce XIII. Siécle & dans le commencement du XIV. on commençoit en Italie, malgré tant de diffentions à fortir de cette groffiéreté dont la rouille avoit couvert l'Europe depuis la chute de l'Empire Romain. Les Génois, les Pifans, furtout les Vénitiens ramenérent l'abondance, & avec elle l'art de rendre la vie plus douce & plus commode.

Il

Il s'en falloit beaucoup que le reste de l'Europe eût des Villes telles que Venise, Génes, Boulogne, Sienne, Pise, Florence. Le Tiers-état en France commençoit à s'appeller libre, mais cette liberté étoit d'une autre espéce. Elle consistoit à ne plus être esclaves des Barons. Les Communautés des Villes commencérent sous Philippe le Bel à être admises dans les Etats-Généraux. Elles devenoient insensiblement, comme elles devoient l'être, un objet très-considérable. C'étoit peut-être la honte de l'humanité, qu'on ne reconnût que deux ordres dans l'Etat. L'un la Noblesse, l'autre le Clergé. Le Corps de la Nation avoit été compté pour rien. C'étoit la véritable raison qui avoit fait languir le Royaume de France.

Philippe le Bel, qui avoit fait beaucoup de mal par ses extorsions, fit beaucoup de bien en appellant le Tiers-état aux Assemblées générales

rales de la France, & en établissant
sous le nom de Parlement une
Cour de Judicature sédentaire. Ce
nouveau Parlement s'assembloit d'a-
bord quatre fois l'an. On changeoit souvent les membres de cette
Cour de Justice, & le Roi les payoit de son trésor pour chacune de
leurs séances. Bientôt après cette
Compagnie fut rendue perpétuelle. Si les Prélats avoient conservé
leur droit d'assister aux séances de
cette Compagnie, sa puissance seroit devenue trop redoutable. Ils
en furent exclus sous Philippe le
Long en 1320. Avant cette ex-
clusion ils présidoient au Parlement.
Le premier Laïc qui présida en cette Compagnie, fut un Comte de
Boulogne. Tous les Hommes de
Loi ne prirent que le titre de Conseillers jusque vers l'an 1350. Ensuite ces Jurisconsultes étant devenus Présidens ; ils portérent le
manteau de cérémonie de Cheva-

liers , ils eurent les priviléges de la Noblesse. Mais les Nobles de nom & d'armes affectérent toujours de méprifer cette Noblesse paifible. Les defcendans des Hommes de Loi ne font point encore reçus dans les Chapitres d'Allemagne. C'eft encore un refte de l'ancienne barbarie , d'attacher de l'aviliffement à la plus belle fonction de l'Humanité , celle de rendre juftice.

Ces établiffemens des Parlemens furent en France le premier coup porté au Gouvernement Féodal. Mais les Rois n'étoient pas encore affez puiffans pour tenir toujours comme aujourd'hui fous le drapeau des troupes foudoyées, & pour fe paffer des fervices de Fief. Le Corps de la Nobleffe étoit diminué par les guerres des croifades, & par l'extinction de plufieurs familles. Il fallut de néceffité créer de nouveaux Nobles. Philippe le Bel

Bel fut le premier qui annoblit les Roturiers. On employa la même ressource en Angleterre, enfin en Allemagne même. Si les Empereurs n'avoient pas fait de nouveaux Princes & de nouveaux Gentilshommes, s'il n'y avoit de Nobles que ceux qui prouveroient la possession de leurs châteaux du tems de Frédéric Barberousse, croit-on qu'on en trouvât beaucoup?

 DE

DE LA PAPAUTÉ

AU

XIII. & XIV. SIECLES,

Et particuliérement de Boni-
face VIII.

LA Papauté resta vers le XIV. Siécle dans le même état où elle étoit depuis si longtems. Les Papes mal affermis dans Rome & n'ayant qu'une autorité chancelante en Italie, donnoient toujours des Royaumes & jugeoient les Rois.

En 1289 le Pape Nicolas jugea solemnellement à Rome les démêlés du Roi de Portugal & de son Clergé. Nous avons vu qu'en 1283 le Pape Martin IV. déposa le Roi d'Arragon, & donna ses Etats au Roi de France, qui ne put mettre la Bulle du Pape à exécution. Boniface VIII. donna la Sardaigne

&

& la Corfe à un autre Roi d'Arragon, Jaques furnommé le Jufte.

Vers l'an 1300, lorfque la fucceffion au Royaume d'Ecoffe étoit conteftée, le Pape Boniface VIII. ne manqua pas d'écrire au Roi Edouard „Vous devez favoir que „ c'eft à nous à donner un Roi à „ l'Ecoffe, qui a toujours de plein „ droit appartenu & appartient en- „ core à l'Eglife Romaine ; que fi „ vous y prétendez avoir quelque „ droit, envoyez-nous vos Pro- „ cureurs, & nous vous rendrons „ juftice ; car nous réfervons cet- „ te affaire à nous".

Lorfque vers la fin du XIII. Siécle quelques Princes dépoférent Adolphe de Naffau fucceffeur du premier Prince de la Maifon d'Autriche , & qu'ils élurent Albert d'Autriche, fils de Rodolphe, ils fuppoférent une Bulle du Pape pour dépofer Naffau. Ils attribuoient au Pape leur propre pouvoir. Ce même Boniface apprenant

 l'é-

l'élection d'Albert, écrit aux E-
lecteurs, ,, Nous vous ordonnons
,, de dénoncer qu'Albert qui se dit
,, Roi des Romains, comparoisse
,, devant nous pour se purger du
,, crime de Léze-Majesté & de
,, l'excommunication encourue.

On sait qu'Albert d'Autriche, au
lieu de comparoître, vainquit Nas-
sau, le tua dans la bataille auprès de
Spire, & força le Pape à se taire.

Mais d'autres Têtes couronnées
se soumettoient à la Jurisdiction Papale. Marie Reine de Naples,
qui prétendoit au Royaume de
Hongrie, fit plaider sa cause devant le Pape & ses Cardinaux, &
le Pape lui ajugea le Royaume
par défaut. Il ne manquoit à la
sentence qu'une armée.

Il se repentit d'avoir voulu exercer sur la France une telle autorité. Ce Pape Boniface étoit un Pape très-savant dans le Droit Public
de ces tems-là, qui consistoit principalement à soumettre toutes les
Puis-

Puissances à l'Eglise & toute l'Eglise au Saint Siége. Il fut accusé juridiquement après sa mort par un de ses domestiques, nommé Maffrédo & par treize autres témoins, d'avoir insulté la Religion qui le rendoit si puissant, & d'avoir dit plus d'une fois, *ah que de bien nous a fait cette fable de* Jesus-Christ!

La maniére dont il avoit traité le Pape Célestin son prédécesseur, prouve autant que ces témoins que son intérêt étoit sa seule Religion. Il avoit persuadé à Célestin à se démettre, c'est le seul Pontife peut-être qui ait été imbécile, & le seul qui ait jamais quitté le Trône Pontifical. Boniface s'étant fait élire, tint le Pontife déposé dans une prison, où il le laissa mourir de chagrin.

Philippe le Bel, qui vouloit dépenser beaucoup d'argent, & qui en avoit peu, prétendoit que le Clergé, comme l'Ordre de l'Etat le plus riche, devoit contribuer aux besoins de la France sans la permission de Rome. Le Pape vouloit avoir l'argent d'une décime accordé pour le secours de la Terre Sainte, qui n'étoit plus secourable; le Roi prenoit cet argent pour faire la guerre à l'Angleterre. Ce fut le premier sujet de la querelle. L'audace d'un Evêque de la Ville de Pamiers aigrit les esprits. Cet homme avoit cabalé contre le Roi dans son pays, qui ressortissoit alors de la Couronne, & le Pape aussitôt le fit son Légat à la Cour de Philippe. Ce sujet revêtu d'une dignité qui selon la Cour Romaine le rendoit au moins égal au Roi même, vint à Paris braver son Souverain, & le menacer de mettre son Royaume en interdit. Un Séculier qui se fût conduit ainsi, auroit été puni de mort. Il fallut user de grandes précautions pour s'assurer seulement de la personne de l'Evêque. Encore fallut-

il

il le remettre entre les mains de son Métropolitain l'Archevêque de Narbonne.

Aussitôt arrive cette Bulle du Pape, dans laquelle il est dit que le Vicaire de JESUS-CHRIST est établi sur les Rois & les Royaumes de la Terre avec un plein pouvoir. L'ordre du Pape est intimé à tous les Evêques de France de se rendre à Rome. Un Nonce, simple Archidiacre de Narbonne, vient présenter au Roi cette Bulle & ces ordres, & lui dénoncer qu'il ait à reconnoître, ainsi que tous les autres Princes, qu'il tient sa couronne du Pape. On répondit à cet outrage par une modération qui paroissoit n'être pas du caractére de Philippe. On se contenta de jetter la Bulle au feu, de renvoyer le Nonce dans son Pays, & de défendre aux Evêques de sortir de France. Il y en eut pourtant au moins quarante, & plusieurs Chefs d'ordre qui allérent à Rome.

K 5

Le

Le Roi fut donc obligé de convoquer les Etats-Généraux pour faire décider en effet que l'Evêque de Rome n'étoit pas Roi de France.

Le Cardinal le Moine, François de naissance, qui n'avoit plus d'autre patrie que Rome, vint à Paris pour négocier; & s'il ne pouvoit réussir pour excommunier le Royaume, ce nouveau Légat avoit ordre de mener à Rome le Confesseur du Roi, qui étoit Dominicain, afin qu'il y rendît compte de sa conduite & de celle du Roi. Tout ce que l'esprit humain peut inventer pour élever la puissance du Pape, étoit épuisé; les Evêques soumis à lui; de nouveaux ordres de Religieux relevant immédiatement du St. Siége, portant par-tout son étendart; un Roi qui confesse ses plus secrétes pensées, ou du moins qui passe pour les confesser à un de ces Moines; & enfin ce Confesseur sommé

mé

mé par le Pape son Maître d'aller
rendre compte à Rome de la conscience du Roi son pénitent. Cependant Philippe ne plia point.
Il fait saisir le temporel de tous
les Prélats absens. Les Etats-Généraux appellent au futur Concile & au futur Pape. Ce reméde
même tenoit de la foiblesse. Car
appeller au Pape, c'étoit reconnoître son autorité; & quel besoin
les hommes ont-ils d'un Concile
& d'un Pape pour savoir que chaque Gouvernement est indépendant, & qu'on ne doit obéir qu'-
aux Loix de sa patrie?

Alors le Pape ôte à tous les
Corps Ecclésiastiques de France le
droit des élections, aux Universités les grades, le droit d'ensei-
gner, comme s'il révoquoit une
grace qu'il eût donnée. Ces armes étoient foibles, il voulut envain y joindre celles de l'Empire
d'Allemagne. Albert d'Autriche
n'étoit pas assez puissant.

K 6

Le

Le Roi de France eut toute la liberté de traiter le Pape en Prince ennemi. Il se joignit à la Maison des Colonnes. Guillaume de Nogaret passe en Italie sous des prétextes plausibles, léve secrétement quelques cavaliers, donne rendez-vous à Sciarra Colonna. On surprend le Pape dans Anagnie, on crie, *meure le Pape & vivent les François.* Le Pontife ne perdit point courage. Il revêtit la chape, mit sa thiare en tête, & portant les clefs dans une main & la croix dans l'autre, il se présenta avec majesté devant Colonna & Nogaret. Il est fort douteux que Colonna ait eu la brutalité de le frapper. Les contemporains disent qu'il lui crioit, *Tiran, renonce à la Papauté que tu deshonores, comme tu as fait renoncer Célestin.* Boniface répondit fiérement, *Je suis Pape & je mourrai Pape.* Les François pillérent sa maison & ses trésors. Mais après ces violen-

ces

ces qui tenoient plus du brigandage que de la juſtice d'un grand
Roi, les habitans d'Anagnie ayant
reconnu le petit nombre des François, furent honteux d'avoir laiſſé
leur compatriote & leur Pontife
dans les mains des étrangers. Ils
les chaſſérent. Boniface alla à Rome, méditant ſa vengeance, mais 1303.
il mourut en arrivant.

Philippe le Bel pourſuivoit ſon
ennemi juſque dans le tombeau. Il
voulut faire condamner ſa mémoire dans un Concile. Il exigea de
Clément V. né ſon ſujet, & qui
ſiégeoit dans Avignon, que le procès contre le Pape ſon prédéceſ-
ſeur fût commencé dans les formes. Mais Clément V. fut aſſez
ſage pour faire évanouir dans les
délais une entrepriſe fort flétriſſan-
te pour l'Egliſe.

Quelque tems après un événement qui eut encore ſa ſource dans
cet eſprit vindicatif de Philippe le
Bel, étonna l'Europe & l'Aſie.

K 7

DU

DU SUPPLICE

DES

TEMPLIERS,

Et de l'extinction de cet Ordre.

PArmi les contradictions qui entrent dans le gouvernement de ce Monde, ce n'en est pas une petite que cette institution de Moines armés qui font vœu de vivre à la fois en anachorétes & en soldats.

On accusoit les Templiers de réunir tout ce qu'on reprochoit à ces deux professions. Les débauches & la cruauté du guerrier, & l'insatiable passion d'acquérir qu'on impute à ces grands Ordres qui ont fait vœu de pauvreté.

Tandis qu'ils goûtoient le fruit
de

de leurs travaux ainſi que les Chevaliers hoſpitaliers de St. Jean, l'Ordre Teutonique formé comme eux dans la Paleſtine, s'emparoit au XIII. Siécle de la Pruſſe, de la Livonie, de la Courlande, de la Samogitie. Ces Chevaliers Teutons étoient accuſés de réduire les Eccléſiaſtiques comme les Payens à l'eſclavage, de piller leurs biens, d'uſurper les droits des Evêques, d'exercer un brigandage horrible; mais on ne fait point le procès à des Conquérans. Les Templiers excitérent l'envie, parce qu'ils vivoient chez leurs compatriotes avec tout l'orgueil que donne l'opulence, & dans les plaiſirs effrenés que prennent des gens de guerre qui ne ſont point retenus par le frein du mariage.

La rigueur des Impôts & la malverſation du Conſeil du Roi Philippe le Bel dans les Monnoies excita une ſédition dans Paris. Les Templiers furent accuſés d'avoir

1306.

eu

eu part à la mutinerie, & on a vu déjà que Philippe le Bel étoit implacable dans ses vengeances.

Les premiers accusateurs de cet Ordre furent un Bourgeois de Béziers, nommé *Squin de Florian* & *Noffo dei Florentin*, Templier apostat, détenus tous deux en prison pour leurs crimes. Ils demandérent à être conduits devant le Roi, à qui seul ils vouloient révéler des choses importantes. Ils furent écoutés. Le Roi sur leur déposition ordonne à tous les Baillis du Royaume, à tous les Officiers de prendre main forte, leur envoya un ordre cacheté avec défense sous peine de la vie de l'ouvrir avant le 13. Octobre. Ce 1309. jour venu chacun ouvre son ordre, il portoit de mettre en prison tous les Templiers. Tous sont arrêtés. Le Roi aussitôt fait saisir en son nom tous les biens des Chevaliers jusqu'à ce qu'on en dispose.

Il me paroît évident que leur perte

perte étoit résolue très-longtems avant cet éclat. L'accusation & l'emprisonnement sont de 1309; mais on a retrouvé des Lettres de Philippe le Bel au Comte de Flandres datées de Melun 1306, par lesquelles il prioit de se joindre à lui pour extirper les Templiers.

Il falloit juger ce prodigieux nombre d'accusés. Le Pape Clément V. créature de Philippe, & qui demeuroit alors à Poitiers, se joint à lui après quelques disputes sur le droit que l'Eglise avoit d'exterminer les Religieux, & le droit du Roi de punir des Sujets. Le Pape interrogea lui-même 72 Chevaliers, des Inquisiteurs, des Commissaires délégués procédent partout contre les autres. Les Bulles sont envoyées chez tous les Potentats de l'Europe pour les exciter à imiter la France. On s'y conforme en Castille, en Arragon, en Sicile, en Angleterre; mais ce ne fut qu'en France qu'on fit périr ces

mal-

malheureux. Deux cens & un témoins les accusérent de renier Jé-
sus-Christ en entrant dans
l'Ordre, de cracher sur la Croix,
d'adorer une tête dorée montée sur
quatre pieds. Le Novice baisoit le
Profez, qui le recevoit à la bou-
che, au nombril & au derriére. Il
juroit de s'abandonner à ses confréres. Voilà, disent les informa-
tions conservées jusqu'à nos jours,
ce qu'avouérent 72 Templiers au
Pape même, & 141 de ces accusés à Frére Guillaume Cordelier
Inquisiteur dans Paris en présence
de témoins. On ajoûte que le
Grand-Maître de l'Ordre même,
le Grand-Maître de Chipre, les
Maîtres de France, de Poitou, de
Vienne, de Normandie, firent les
mêmes aveus à trois Cardinaux
délégués par le Pape.

Ce qui est indubitable, c'est
qu'on fit subir les tortures les plus
cruelles à plus de cent Chevaliers,
qu'on en brula vifs 59 en un jour

près

près de l'Abbaïe St. Antoine de
Paris, & que le Grand-Maître Jean 1312.
de Molay & Gui Frére du Dau-
phin d'Auvergne, deux des principaux Seigneurs de l'Europe, l'un
par sa dignité, l'autre par sa naiss-
sance, furent aussi jettés vifs dans
les flammes à l'endroit où est à
présent la Statue équestre du Roi
Henri IV.

Il faut joindre un événement
qui fait plus d'honneur aux hommes, c'est la naissance de la République Suisse.

DE LA SUISSE

ET DE

SA REVOLUTION

Au commencement du XIV.
Siécle.

SI la Suisse n'étoit pas libre, elle n'attireroit pas notre attention. Elle seroit confondue dans le dernier rang de mille Provinces qui obéissent à des Maîtres qu'elles ne voient jamais. Un ciel triste, un terrain pierreux & ingrat, des montagnes, des précipices, des habitans pauvres, & longtems plus grossiers que leurs voisins, c'est-là tout ce que la Nature a fait pour cette Contrée. Cependant on se disputoit la Souveraineté de ces rochers avec la même fureur qu'on s'és'égorgeoit pour avoir le Royaume de Naples ou l'Asie Mineure.

Dans ces dix-huit ans d'anarchie où l'Allemagne fut sans Empereur, des Seigneurs de Châteaux & des Prélats combattoient à qui auroit une petite portion de la Suisse. Leurs petites Villes vouloient être libres, comme les Villes d'Italie sous la protection de l'Empire.

Quand Rodolphe fut Empereur, quelques Seigneurs de Châteaux accusérent juridiquement les Cantons de Schweitz, d'Ury & d'Underwald de s'être soustraits à leur domination féodale. Rodolphe qui avoit autrefois combattu ces petits tyrans, jugea en faveur des Citoyens.

Albert d'Autriche son fils étant parvenu à l'Empire, voulut faire de la Suisse une Principauté pour un de ses enfans. Une partie des Terres du Pays étoit de son domaine, comme Lucerne, Zurich & Glaris. Des Gouverneurs sévé-
res

res furent envoyés, qui abuférent de leur pouvoir.

Les Fondateurs de la Liberté Helvétienne fe nommoient Meletald, Stauffacher & Waltherfurft. La difficulté de prononcer des noms fi refpectables, nuit à leur célébrité. Ces trois Payfans furent les premiers conjurés, chacun d'eux en attira trois autres. Ces neuf gagnérent les trois Cantons de Schweitz, d'Ury & d'Underwald.

Tous les Hiftoriens prétendent que tandis que cette confpiration fe tramoit, un Gouverneur d'Ury, nommé Grislen, s'avifa d'un genre de tyrannie ridicule & horrible. Il fit mettre, dit-on, un de fes bonnets au haut d'une perche dans la Place, & ordonna qu'on faluât le bonnet fous peine de la vie. Un des conjurés, nommé Guillaume Tell, ne falua point le bonnet. Le Gouverneur le condamna à être pendu, & ne lui
don-

donna sa grace qu'à condition que
le coupable qui passoit pour Ar-
cher très-adroit abattroit d'un
coup de fléche une pomme placée
sur la tête de son fils. Le pére
tremblant tira, & fut assez heureux pour abattre la pomme. Grislen appercevant une seconde fléche sous l'habit de Tell, demanda ce qu'il en prétendoit faire :
elle t'étoit destinée, dit le Suisse
en colére, *si j'avois blessé mon
fils*. On tient pour constant que
Tell ayant été mis aux fers, tua
ensuite le Gouverneur d'un coup
de fléche, que ce fut le signal des
conjurés, que les peuples démoli-
rent les forteresses.

Le Duc d'Autriche Léopold assembla contre eux 20000 hommes.
Les Citoyens Suisses se conduisirent comme les Lacédémoniens aux
Thermopiles. Ils attendirent à 4
ou 500 la plus grande partie de
l'Armée Autrichienne au Pas de
Mor-

§315. Morgate. Plus heureux que les Lacédémoniens, ils mirent en fuite leurs ennemis en roulant sur eux des pierres. Les autres corps de l'armée ennemie furent battus en même tems par un aussi petit nombre de Suisses.

Cette victoire ayant été gagnée dans le Canton de Schweitz, les deux autres Cantons donnérent ce nom à leur Alliance, laquelle devenant plus générale, fait encore souvenir par ce seul nom, de la victoire qui leur acquit la liberté.

Petit à petit les autres Cantons entrérent dans l'Alliance. Berne, qui est en Suisse ce qu'Amsterdam est en Hollande, ne se ligua qu'en 1352, & ce ne fut qu'en 1513 que le petit Pays d'Appenzel se joignit aux autres Cantons, & acheva le nombre de 13.

Jamais Peuple n'a plus longtems ni mieux combattu pour sa liberté que les Suisses. Ils l'ont gagnée

par

par plus de 60 combats contre les Autrichiens , & il eſt à croire qu'ils la conſerveront longtems. Tout Pays qui n'a pas une grande étendue , qui n'a pas trop de ri-cheſſes , & où les Loix ſont dou-ces , doit être libre.

L'égalité , le partage naturel des hommes ſubſiſte encore en Suiſſe autant qu'il eſt poſſible. Ce Pays enfin auroit mérité d'être ap-pellé heureux, ſi la Religion n'a-voit dans la ſuite diviſé ſes cito-yens, que l'amour du Bien public réuniſſoit.

SUITE DE L'ETAT

OÙ ETOIENT

L'EMPIRE, L'ITALIE,

Et la Papauté au XIV. Siécle.

DEpuis Frédéric II. mort en 1248, les Empereurs qui se disoient Rois de Rome & Chefs de l'Occident, n'avoient pas mis le pied en Italie jusqu'à l'an 1312, ce qui fait un période de 74 années. Et les Papes en ces tems-là même, quoique Souverains de Rome, n'osoient pas aller dans leur Capitale. Clément V. rendoit le St. Siége ambulant à Lyon, à Vienne, à Avignon, menant publiquement avec lui sa Maîtresse, & amassant ce qu'il pouvoit de trésors.

Enfin on vit un Empereur à Rome. Henri VII. de la Maison de Lu-

Luxembourg, succeſſeur d'Albert d'Autriche, renouvella ſes droits ſur l'Italie. Il eſt évident qu'alors les Céſars Allemands n'avoient plus aucun droit dans toutes ces Villes Italiennes.

Rome qui ne vouloit ni d'Empereur ni de Pape, & qui ne put jamais ſecouer le joug de l'un & de l'autre, ferma ſes portes en vain. Les Urſins & le frére de Ro-1313.
bert Roi de Naples, ne purent empêcher que l'Empereur n'entrât l'épée à la main ſecondé du parti des Colonnes. On ſe battit long-tems dans les rues, & un Evêque de Liége fut tué à côté de l'Empereur. Il y eut beaucoup de ſang répandu pour cette cérémonie du Couronnement, que trois Cardinaux firent enfin au lieu du Pape. Il ne faut pas oublier que l'Empereur proteſta par-devant Notaire, que le ſerment par lui prêté à ſon Sacre, n'étoit point un ſerment de fidélité.

Maî-

Maître de Rome, il y établit un Gouverneur. Il ordonna que toutes les Villes, que tous les Princes d'Italie lui payaſſent un tribut annuel. Il comprit même dans cet ordre le Royaume de Naples ſéparé alors de celui de Sicile, & cita le Roi de Naples à comparoître.

Le Pape étoit Suzerain de Naples, & l'Empereur ſe diſoit Suzerain du Pape ; étranges droits de tous côtés.

1313. L'Empereur alloit ſoutenir ſa prétention ſur Naples par les armes, quand il mourut empoiſonné, comme on le prétend. Un Dominicain mêla, dit-on, du poiſon dans le vin conſacré.

De même qu'alors peu d'ordre régnoit dans les élections des Papes, celles des Empereurs étoient très-mal ordonnées. Les hommes n'avoient point encore ſu prévenir les ſchiſmes par de ſages Loix.

Louis de Baviére & Frédéric le Beau

Beau Duc d'Autriche, furent élus à la fois au milieu des plus funestes troubles. Il n'y avoit que la guerre qui pût décider ce qu'une Diéte réglée d'Electeurs auroit dû juger. Un combat dans lequel l'Autrichien fut vaincu & pris, donna la couronne au Bavarois.

1322.

On avoit alors pour Pape Jean XXII. élu à Lyon en 1315. Lyon se regardoit alors 'comme une Ville libre, mais l'Evêque en vouloit toujours être le maître, & les Rois de France n'avoient encore pu soumettre l'Evêque. Philippe le Long, à peine Roi de France, avoit assemblé les Cardinaux dans cette Ville libre, & après leur avoir juré qu'il ne leur feroit aucune violence, il les avoit enfermés tous, & ne les avoit relâché qu'après la nomination de Jean XXII.

Ce Pontife fit déclarer les Visconti qui étoient Gibelins, & qui s'emparoient d'une partie de ces Terres de la Comtesse Mathilde,

hé-

hérétiques par l'Inquifition. Comme il étoit en France, il pouvoit fans rien rifquer publier une de ces Bulles qui ôtent & qui donnent les Empires. Il dépofa Louis de Baviére en idée par une de fes Bulles, le privant, difoit-il, de tous biens meubles & immeubles.

1327.   L'Empereur ainfi dépofé, fe hâta de marcher vers l'Italie. Il vint à Rome, accompagné de Caftro Cani tyran de Luques, ce héros de Machiavel.

Louis de Baviére convoqua dans Rome une affemblée générale. Ce Parlement fe tint dans la Place même de St. Pierre. L'Empereur affis fur un trône au haut des degrés de l'Eglife, la couronne en tête & un fceptre d'or à la main, fit crier trois fois par un Moine Auguftin, „ Y a-t-il quelqu'un „ qui veuille défendre la caufe du „ Prêtre de Cahors qui fe nomme „ le Pape Jean"? Perfonne n'ayant comparu, Louis prononça la fen-

fentence par laquelle il privoit le Pape de tout Bénéfice, & le livroit au Bras féculier comme hérétique.

Quelques jours après, l'Empereur avec le même appareil créa Pape un Cordelier Napolitain, l'inveftit par l'anneau, lui mit lui-même la chape, & le fit affeoir fous le dais à fes côtés ; mais il fe garda bien de déférer à l'ufage de baifer les pieds du Pontife.

Parmi tous les Moines dont je parlerai à part, les Cordeliers faifoient alors le plus de bruit. Quelques-uns d'eux avoient prétendu que la perfection confiftoit à porter un capuchon plus pointu & un habit plus ferré. Ils ajoûtoient à cette réforme l'opinion que leur boire & leur manger ne leur appartenoient pas en propre. Le Pape avoit condamné ces propofitions. La condamnation avoit révolté les Réformateurs. Enfin la querelle s'étant échauffée, les Inquifiteurs de Marfeille avoient fait

L 4

bru-

1318.

bruler quatre de ces malheureux Moines.

Le Cordelier fait Pape par l'Empereur, étoit de leur parti, voilà pourquoi Jean XXII. étoit hérétique. Ce Pape étoit deftiné à être accufé d'héréfie ; car quelque tems après ayant prêché que les Saints ne jouiroient de la vifion béatifique qu'après le Jugement dernier, & qu'en attendant ils avoient une vifion imparfaite, ces deux vifions partagérent l'Eglife, & enfin Jean fe retracta.

Cependant ce grand appareil de Louis de Baviére à Rome, n'eut pas plus de fuite que les efforts des autres Céfars Allemands. Les troubles d'Allemagne les rappelloient toujours, & l'Italie leur échappoit.

Louis de Baviére au fond peu puiffant, ne put empêcher à fon retour que fon Pontife ne fût pris par le parti de Jean XXII. & ne fût conduit à Avignon, où il fut en-

enfermé. Enfin telle étoit alors la différence d'un Empereur & d'un Pape, que Louis de Baviére, tout sage qu'il étoit, mourut pauvre dans son Pays, & que le Pape éloigné de Rome & tirant peu de secours de l'Italie, laissa en mourant dans Avignon la valeur de vingt-cinq millions de florins d'or, si on croit Villani. Jamais la Papauté n'avoit tant valu à personne, mais aussi jamais Pontife ne vendit tant de Bénéfices & si chérement.

Les Papes ses successeurs restérent jusqu'en 1371 dans Avignon: cette Ville ne leur appartenoit pas, elle étoit aux Comtes de Provence, mais les Papes s'en étoient rendus insensiblement les maîtres.

L'Empire Allemand (car dans les dissensions qui accompagnérent les derniéres années de Louis de Baviére, il n'étoit plus d'Empire Romain) prit enfin une forme un peu plus stable sous Charle IV.

1344.

L 5   de

de Luxembourg. Il fit à Nuremberg cette fameuſe Conſtitution qu'on appelle *Bulle d'or*.

Cette célébre Loi de l'Empire fut faite en préſence & du conſentement de tous les Princes, Evêques, Abbés, & des Députés des Villes Impériales, qui pour la premiére fois aſſiſtérent à ces aſſemblées de la Nation Teutonique.

On ſait que les Electeurs furent alors fixés au nombre de ſept. Les Archevêques de Mayence, de Cologne & de Tréves en poſſeſſion depuis longtems d'élire des Empereurs, ne ſouffrirent pas que d'autres Evêques quoiqu'auſſi puiſſans partageaſſent cet honneur. Mais pourquoi le Duché de Baviére ne fut-il pas mis au rang des Electorats ? & pourquoi la Bohême, qui originairement étoit un Etat ſéparé de l'Allemagne, & qui par la Bulle d'or n'a point entrée aux délibérations de l'Empire, a pourtant droit de ſuffrage dans l'élection ? On

en

en voit la raison. Charles IV. étoit Roi de Bohême, & Louis de Baviére avoit été son ennemi.

Au reste la Dignité Impériale, qui par elle-même ne donne aucune puissance réelle, ne reçut jamais plus de cet éclat qui impose aux peuples. Les trois Electeurs Ecclésiastiques, tous trois Archichanceliers, y parurent avec les sceaux de l'Empire. Mayence portoit ceux d'Allemagne, Cologne ceux d'Italie, Tréves ceux des Gaules ; cependant l'Empire n'avoit dans les Gaules que la vaine mouvance des restes du Royaume d'Arles, la Provence, le Dauphiné bientôt après confondus dans le vaste Royaume de France, la Savoye qui étoit à la Maison de Morienne, la Franche-Comté qui étoit indépendante. On a vu ce que l'Empereur possédoit en Italie. Il n'étoit en Allemagne Souverain que de ses Etats héréditaires. Cependant il parle dans sa Bulle en

L 6   Roi

Roi defpotique, il y fait tout de *fa certaine fcience & pleine puif-fance.* Mots infoutenables à la Liberté Germanique, qui ne font plus foufferts dans les Diétes Impériales, où l'Empereur s'exprime ainfi, *Nous fommes demeurés d'accord avec les Etats & les Etats avec nous.*

Les Electeurs dont les droits avoient été affermis par la Bulle d'or de Charles IV. les firent bientôt valoir contre fon propre fils l'Empereur Venceflas Roi de Bohême.

La France & l'Allemagne furent affligées à la fois d'un fleau fans exemple. L'Empereur & le Roi de France avoient perdu prefqu'en même tems l'ufage de la raifon. D'un côté Charles VI. par le dérangement de fes organes, caufoit celui de la France. De l'autre Venceflas abruti par les débauches de table, laiffoit l'Empire dans l'anarchie. Charles VI. ne fut point dépofé.

poſé. Ses parens déſolérent la France en ſon nom, mais les Barons de Bohême enfermérent Venceslas, qui ſe ſauva un jour tout nud de ſa priſon, & les Electeurs le dépoſérent juridiquement par une ſentence publique. On dit que quand on lui annonça ſa dépoſition, il écrivit aux Villes Impériales qu'il n'exigeoit d'elles d'autres preuves de fidélité, que quelques tonneaux de leur meilleur vin.

1393.

1400.

L'état déplorable de l'Allemagne ſembloit laiſſer le champ libre en Italie ; mais les Républiques & les Principautés qui s'étoient élevées, avoient eu le tems de s'affermir. Depuis Clément V. Rome étoit étrangére aux Papes, & le Limouſin Gregoire XI. qui enfin transféra le ſiége à Rome, ne ſavoit pas un mot d'Italien.

Ce Pape avoit de grands démêlés avec la République de Florence. Elle s'étoit liguée avec Boulo-

gne;

gne ; & le Pape, qui par l'ancienne conceſſion de Mathilde étoit Seigneur immédiat de Boulogne, ne pouvoit ſe venger que par des cenſures. Les Florentins voulurent s'accommoder & mettre les Papes dans leurs intérêts. Ils crurent qu'il leur importoit que le Pape réſidât à Rome. Il fallut donc perſuader Grégoire de quitter Avignon. Apparemment qu'ils avoient une étrange idée du Saint Pére, puiſqu'ils lui députérent Sainte Catherine de Sienne, non ſeulement femme à révélations, mais qui prétendoit avoir épouſé JESUS-CHRIST ſolemnellement, & avoir reçu de lui à ſon mariage un anneau & un diamant. Telle étoit l'Ambaſſadrice que les Florentins députérent. On employa d'un autre côté les révélations de Sainte Brigitte. Tous les Papes n'ont pas été des hommes de génie. Grégoire étoit ſimple, il fut ému

par

par des machines proportionnées
à son entendement ; & ce qu'un
autre eût fait par politique, il le
fit par foiblesse. Le Saint Siége 1377.
fut transféré d'Avignon à Rome
au bout de 70 ans, mais ce ne
fut que pour plonger l'Europe dans
de nouvelles dissensions.

DU GRAND SCHISME

D'OCCIDENT.

Depuis l'an 1138 les Cardinaux s'étoient mis en possession d'exclure le Peuple & le reste du Clergé de l'élection des Pontifes Romains. Et depuis 1216 il falloit avoir les deux tiers des voix pour être canoniquement élu. Il n'y avoit à Rome au tems dont je parle que seize Cardinaux, onze François, un Espagnol, & quatre Italiens. Le Peuple Romain malgré son goût pour la liberté, malgré son aversion pour ses Maîtres, vouloit un Pape qui résidât à Rome, parce qu'il haïssoit beaucoup plus les François que les Papes, & que la présence d'un
Pon-

Pontife attiroit à Rome des richeſſes. Les Romains menacérent
les Cardinaux de les exterminer,
s'il leur donnoit un Pontife étranger. Les Electeurs épouvantés nom-
mérent pour Pape Brigano Evêque de Barri, Napolitain, qui prit
le nom d'Urbain II. C'étoit un
homme impétueux & farouche,
par cela même peu propre à une
telle place. A peine fut-il intro-
niſé, qu'il déclara dans un Con-
ſiſtoire qu'il feroit juſtice des Rois
de France & d'Angleterre, qui
troubloient, diſoit-il, la Chrétienté par leurs querelles. Ces Rois
étoient Charles le Sage & Edouard
III. Le Cardinal de la Grange,
non moins impétueux que le Pape,
le menaçant de la main lui dit
qu'il avoit menti, & ces trois paroles plongérent l'Europe dans une
diſcorde de quarante années. La
plupart des Cardinaux, les Italiens même choqués de l'humeur
féroce d'un homme ſi peu fait

pour

1378.

pour gouverner, se retirérent dans le Royaume de Naples. Là ils déclarent que l'élection du Pape faite avec violence, est nulle de plein droit. Ils procédent unanimement à l'élection d'un nouveau Pontife. Les Cardinaux François eurent alors la satisfaction assez rare de tromper les Cardinaux Italiens. On promit la tiare à chaque Italien en particulier, & ensuite on élut Amédée fils du Comte de Genéve, qui prit le nom de Clément VII. Alors l'Europe se partagea. L'Empereur Charles IV. l'Angleterre, la Flandre, la Hongrie, reconnurent Urbain à qui Rome & l'Italie obéissoient. La France, l'Ecosse, la Savoye, la Lorraine furent pour Clément. Tous les Ordres Religieux se divisérent, tous les Docteurs écrivirent, toutes les Universités donnérent des decrets. Les deux Papes se traitoient mutuellement d'Usurpateurs & d'Ante-Christs, s'excommunioient. Mais

ce

ce qui devint réellement funeste,
on se battit avec la double fureur
d'une guerre Civile & d'une guerre de Religion. Des troupes Gas- 1379.
connes & Bretonnes levées par le
neveu de Clément marchent en I-
talie, surprennent Rome; ils y
tuent dans leur premiére furie tout
ce qu'ils rencontrent. Mais bientôt le Peuple Romain se ralliant
contre eux, les extermine dans ses
murs, & on y égorge tout ce
qu'on trouve de Prêtres François.
Bientôt après une armée du Pape
Clément levée dans le Royaume
de Naples, se présente à quelques
lieues de Rome devant les troupes
d'Urbain.

Chacune des armées avoit les
Clefs de St. Pierre sur ses drapeaux.
Les Clémentins furent vaincus. Il
ne s'agissoit pas seulement de l'intérêt de ces deux Pontifes. Urbain vainqueur qui destinoit le Royaume de Naples à son neveu, en
voulut d'abord déposséder la Reine

ne Jeanne protectrice de Clément, laquelle régnoit depuis longtems dans Naples avec des succès divers, & une gloire souillée, dit-on, de quelques crimes. La Reine pour se défendre, adopta Louis d'Anjou. Le frére de Charles le Sage le déclara son successeur au Royaume de Naples & au Comté de Provence. C'étoit pour la troisiéme fois qu'un Prince d'Anjou parvenoit à cette couronne, que nous avons vu de nos jours tomber encore à un autre Duc d'Anjou, petit-fils de Louis XIV. & Roi d'Espagne.

Le Pape Urbain donne alors les Etats de Naples à Charles de Duras, neveu & ennemi de la Reine Jeanne, mais à condition que le tiers du Royaume sera pour le neveu de Sa Sainteté. Il falloit une armée à Charles de Duras ; le Pape Urbain y employa l'or & l'argent des Eglises, taxa tout le Clergé, emprunta des Génois & des Véni-

nitiens. Duras eut ainſi des troupes. Il marche juſqu'à Naples ſans
que Louis d'Anjou qui s'étoit em-
paré des tréſors de la France pour
défendre ſon héritage, penſât encore à s'embarquer. Naples ouvre ſes
portes à Duras & au Cardinal San-
gri Légat du Pape, tous deux é-
galement cruels. On mit aux fers
tous les Cardinaux & les Évêques
du parti de Clément, qui étoit
bienheureux alors de s'être retiré
dans Avignon. La Reine Jeanne
fut jettée dans un cachot. Elle a-
voit eu quatre maris ; on l'avoit
accuſée d'avoir fait étrangler le
premier, qui étoit André de Hongrie. Louis d'Anjou partit trop
tard pour aller défendre cette malheureuſe Reine. Il n'entra dans le
Royaume de Naples que pour s'y
mal conduire, & y mourir de ma-   1382.
ladie, ſans avoir rien fait pour ſa
cauſe & pour ſon honneur. Charles de Duras, maître du Royaume
de Naples, n'avoit plus pour ennemi

nemi que le Pape même, à qui il devoit sa couronne. Urbain vouloit toujours le tiers de ce Royaume pour son neveu. C'étoit une convention que le vainqueur n'avoit garde de tenir. Le Pape, plus ardent que politique, eut l'imprudence d'aller trouver son vassal sans être le plus fort & mal accompagné. L'ancien cérémonial obligeoit le Roi de baiser les pieds du Pape & de tenir la bride de son cheval. Duras ne fit qu'une de ses deux fonctions; il prit la bride, mais ce fut pour conduire lui-même le Pape en 1383. prison. Urbain fut gardé quelque tems prisonnier à Naples, négociant continuellement avec son vassal, & traité tantôt avec respect, tantôt avec mépris. Le Pape s'enfuit de la prison, & se retira dans la petite Ville de Nocéra. Là il assembla bientôt les débris de sa Cour. Ses Cardinaux & quelques Evêques lassés de son humeur farouche, & plus encore de ses infortunes, prirent

rent

rent dans Nocéra des mesures pour le quitter , & aller élire à Rome un Pape plus digne de l'être. Urbain informé de leur dessein , les fit tous appliquer en sa présence à la torture. Bientôt obligé de s'enfuir de Naples & de se retirer dans la Ville de Génes, qui lui envoya quelques galéres, il traîna à sa suite ces Cardinaux & ces Evêques estropiés & enchaînés. Un des Evêques demi-mort de la question qu'il avoit soufferte , ne pouvant gagner le rivage assez-tôt au gré du Pape , il le fit égorger sur le chemin. Arrivé à Génes, il se délivra par divers supplices de cinq de ces Cardinaux prisonniers. Les Caligula & les Nérons avoient fait des actions à peu près semblables, mais ils furent punis , & Urbain mourut paisiblement à Rome. Sa créature & son persécuteur, Charles de Duras, fut plus malheureux; car étant allé en Hongrie pour envahir

1389.

1386. vahir la couronne qui ne lui appartenoit point, il y fut assassiné.

Après la mort d'Urbain, cette guerre Civile paroissoit devoir s'éteindre, mais les Romains étoient bien loin de reconnoître Clément. Le Schisme se perpétua des deux côtés. Les Cardinaux Urbanistes élurent Perin Tomasel, & ce Perin Tomasel étant mort, ils prirent le Cardinal Méliorati. Les Clémentins firent succéder à Clément, mort en 1390, Pierre Luna Arragonois. Jamais Pape n'eut moins de pouvoir à Rome que Méliorati, & Pierre Luna ne fut bientôt dans Avignon qu'un fantôme. Les Romains qui voulurent encore rétablir leur gouvernement municipal, chassérent Méliorati, après bien du sang répandu, quoiqu'ils le reconnussent pour Pape; & les François qui avoient recon-

1348. nu Pierre Luna, l'assiégérent dans Avignon même, & l'y tinrent prisonnier.   Les

Les Etats-Généraux de France avoient pris dans ces tems funestes une résolution si sensée, qu'il est surprenant que toutes les autres Nations ne l'imitassent pas. Ils ne reconnurent aucun Pape. Chaque Diocése se gouverna par son Evêque. On ne passa point d'annates, on ne reconnut ni réserves, ni exemptions ; & Rome alors dut craindre que cette administration qui dura quelques années, ne subsistât toujours.

Luna avant son élection avoit promis de se démettre pour le bien de la paix, & n'en vouloit rien faire. Un Noble Vénitien, nommé Corario, qu'on élut à Rome, fit le même serment, qu'il ne garda pas mieux. Les Cardinaux de l'un & de l'autre parti, fatigués des querelles générales & particuliéres que la dispute de la Thiare traînoit après elle, convinrent enfin d'assembler à Pise un Concile général : 24 Cardinaux, 26 Archevêques, 182 Evêques,

1406.

289 Abbés, les Députés de toutes les Univerſités, ceux des Chapitres de 102 Métropoles, 300
Docteurs de Théologie, le Grand-
Maître de Malthe, & les Ambaſſadeurs de tous les Rois aſſiſtérent à
1409. cette Aſſemblée. On y créa un nouveau Pape, nommé Pierre Philar-
gi, Alexandre V. Le fruit de ce
grand Concile fut d'avoir trois Papes ou Antipapes au lieu de deux.
L'Empereur Robert ne voulut point
reconnoître ce Concile, & tout fut
plus brouillé qu'auparavant. On ne
peut s'empêcher de plaindre le ſort
de Rome. On lui donnoit un E-
vêque & un Prince malgré elle.
Des troupes Françoiſes, ſous le commandement de Tanegui du Cha-
tel, vinrent encore la ravager pour
lui faire accepter ſon troiſiéme Pape. Le Vénitien Corario porta ſa
thiare à Gayette, ſous la protection du fils de Charles de Duras
que nous nommons Lancelot, qui
régnoit alors à Naples; & Pierre
Lu-

Luna transféra son siége à Perpignan. Rome fut saccagée, mais sans fruit pour le troisiéme Pape; il mourut en chemin, & la politique qui régnoit alors, fut cause que tout le monde le crut empoisonné. Les Cardinaux du Concile de Pise, qui l'avoient élu, s'étant rendus maîtres de Rome, mirent à sa place Balthazar Coza Napolitain. C'étoit un homme de guerre, qui subsistoit toujours au moyen de celle qu'il y avoit entre le fils de Charles de Duras & le fils du Duc d'Anjou. S'étant signalé dans ces Cours en faveur du successeur d'Urbain, il avoit été fait Légat en Allemagne. Il s'étoit enrichi en vendant des indulgences. Il avoit ensuite acheté assez cher le chapeau de Cardinal, & n'avoit point acheté moins chérement sa concubine Cathérine, qu'il avoit enlevée à son mari. Dans les conjonctures où étoit Rome, il lui falloit peut-être un tel Pape.

M 2 Elle

Elle avoit plus befoin d'un Conquérant que d'un Théologien.

Depuis Urbain V. les Papes rivaux négocioient, excommunioient, & bornoient leur politique à tirer quelque argent. Celui-ci fit la guerre. Il étoit reconnu de la France & de la plus grande partie de l'Europe fous le nom de Jean XXIII. Le Pape de Perpignan n'étoit pas à craindre, celui de Gayette l'étoit, parce que le Roi de Naples le protégeoit. Jean XXIII. affemble des troupes, publie une croifade contre Lancelot, arme le Prince Louis d'Anjou, auquel il donne l'inveftiture de Naples. On fe bat auprès de Garifilion. Le parti du Pape eft victorieux, mais la reconnoiffance n'étant pas une vertu de Souverain, & la raifon d'Etat étant plus forte que tout le refte, le Pape ôte l'inveftiture à fon bienfaiteur & à fon vengeur, Louis d'Anjou. Il reconnoit Lancelot fon ennemi pour Roi,

Roi, à condition qu'on lui livrera le Vénitien Corario.

Lancelot qui ne vouloit pas que Jean XXIII. fût trop puissant, laissa échapper le Pape Corario. Ce Pontife errant se retira dans le Château de Rimini chez Malatesta, l'un des petits tyrans d'Italie. C'est-là que ne subsistant que des aumônes de ce Seigneur, & n'étant reconnu que du Duc de Baviére, il excommunioit tous les Rois, & parloit en Maître de la Terre.

Jean XXIII. seul Pape de droit, puisqu'il avoit été créé, reconnu à Rome par les Cardinaux du Concile de Pise, & qu'il avoit succédé au Pontife élu par le même Concile, étoit encore le seul Pape en effet. Mais comme il avoit trahi son bienfaiteur Louis d'Anjou, le Roi de Naples, Lancelot dont il étoit le bienfaiteur, le trahit de même.

Lancelot victorieux voulut ré-

gner

gner à Rome. Il furprit cette malheureuſe Ville. Jean XXIII. eut à peine le tems de ſe ſauver. Il fut heureux qu'il y eût alors en Italie des Villes libres. Se mettre comme Corario entre les mains d'un des tirans, c'étoit ſe rendre eſclave. Il ſe jetta entre les bras des Florentins, qui combattirent à la fois contre Lancelot pour leur liberté & pour le Pape.

Lancelot alloit prévaloir. Le Pape ſe voyoit aſſiégé dans Boulogne. Il eut recours alors à l'Empereur Sigiſmond, qui étoit deſcendu en Italie pour conclure un Traité avec les Vénitiens. Sigiſmond comme Empereur devoit s'agrandir ſur l'abaiſſement des Papes, & étoit l'ennemi naturel de Lancelot tyran de l'Italie. Jean XXIII. propoſe à l'Empereur une Ligue & un Concile, la Ligue pour chaſſer l'ennemi commun, le Concile pour affermir ſon droit au Pontificat. Ce Concile étoit même devenu néceſſaire.

faire. Celui de Pife l'avoit indiqué au bout de trois ans. Sigifmond & Jean XXIII. le convoquent dans la petite Ville de Conftance, mais Lancelot oppofoit fes armes victorieufes à toutes ces négociations. Il n'y avoit qu'un coup extraordinaire qui en pût délivrer le Pape & l'Empereur. Lancelot mourut à l'âge de 40 ans dans des douleurs aigues & fubites, & les poifons étoient fort fréquens.

Jean XXIII. défait de fon ennemi, n'avoit plus alors que l'Empereur & le Concile à craindre. Il eût voulu éloigner ce Sénat de l'Europe, qui peut juger les Pontifes. La convocation étoit annoncée, l'Empereur la preffoit, & tous ceux qui avoient droit d'y affifter, fe hâtoient d'y venir pour jouïr du titre d'Arbitres de la Chrétienté.

1414.

CON-

CONCILE

DE

CONSTANCE.

SUr le bord occidental de Constance, la Ville de ce nom fut
bâtie, dit-on, par Conſtantin. Sigiſmond la choiſit pour être le
théatre où cette ſcéne devoit ſe
paſſer. Jamais Aſſemblée n'avoit été
plus nombreuſe que celle de Piſe.
Le Concile de Conſtance le fut
davantage.

Avant de voir ce qui ſe paſſa
dans ces Etats de la Chrétienté, je
dois me rappeller en peu de mots
quels étoient alors les principaux
Princes de l'Europe, & en quels
termes étoient leurs dominations.

Sigiſmond joignoit le Royaume
de Hongrie à la Dignité d'Empereur.

reur. Il avoit été malheureux con- 1393.
tre le fameux Bajazet Sultan des
Turcs. La Hongrie épuisée & l'Allemagne divisée étoient menacées
du joug Mahométan. Il avoit encore eu plus à souffrir de ses Sujets que des Turcs. Les Hongrois
l'avoient mis en prison, & avoient
offert la couronne à Lancelot Roi
de Naples. Echappé de sa prison, 1410.
il s'étoit rétabli en Hongrie, &
enfin avoit été choisi pour Chef de
l'Empire.

En France le malheureux Charles VI. tombé en frénésie, avoit le
nom de Roi; ses parens occupés à
déchirer la France, en étoient
moins attentifs au Concile, mais
ils avoient intérêt que l'Empereur
ne parût pas le maître de l'Europe.

Ferdinand régnoit en Arragon,
& s'intéressoit pour son Pape Pierre Luna.

Jean II. Roi de Castille, n'a-
voit aucune influence dans les affaires de l'Europe, mais il suivoit
M 5 en-

encore le parti de Luna, & la Navarre s'étoit rangée à son obédience.

Henri V. Roi d'Angleterre, occupé, comme nous le verrons, de la conquête de la France, souhaitoit que le Pontificat déchiré & avili, ne pût jamais ni rançonner l'Angleterre, ni se mêler des droits des Couronnes.

Rome délivrée des troupes Françoises, maîtresses pourtant encore du Château St. Ange, & retournée sous l'obéissance de Jean XXIII. n'aimoit point son Pape, & craignoit l'Empereur.

Les Villes d'Italie divisées ne mettoient presque point de poids dans la balance. Venise qui aspiroit à la domination de l'Italie, profitoit de ses troubles & de ceux de l'Eglise.

Le Duc de Baviére pour jouer un rôle, protégeoit le Pape Corario réfugié à Rimini ; & Frédéric Duc d'Autriche, ennemi secret de l'Eml'Empereur, ne fongeoit qu'à le traverfer.

Sigifmond fe rendit maître du Concile, en mettant des foldats autour de Conftance pour la fureté des Péres. Jean XXIII. eût bien mieux fait de retourner à Rome, où il pouvoit être le maître, que de s'aller mettre entre les mains d'un Empereur qui pouvoit le perdre. Il fe ligua avec le Duc d'Autriche, l'Archevêque de Mayence & le Duc de Bourgogne, & ce fut ce qui le perdit. L'Empereur devint fon ennemi. Tout Pape légitime qu'il étoit, on exigea de lui qu'il cédât la thiare auffi-bien que Luna & Corario. Il le promit folemnellement, & s'en repentit le moment d'après. Il fe trouvoit prifonnier au milieu du Concile même, auquel il préfidoit. Il n'avoit plus de reffource que dans la fuite. L'Empereur le faifoit obferver de près. Le Duc d'Autriche ne trouva pas de meilleur moyen

1415.

M 6

pour

pour favoriser l'évasion du Pape,
que de donner au Concile le spectacle d'un Tournois. Le Pape au
milieu du tumulte de la fête, s'enfuit déguisé en postillon. Le Duc
d'Autriche part un moment après
lui. Tous deux se retirent dans
une partie de la Suisse qui appartenoit encore à la Maison Autrichienne. Le Pape devoit être protégé par le Duc de Bourgogne,
puissant par ses Etats & par l'autorité qu'il avoit en France. Un
nouveau Schisme alloit recommencer. Les Chefs d'Ordre attachés
au Pape, se retiroient déjà de
Constance, & le Concile par le
sort des événemens pouvoit devenir une assemblée de rebelles. Sigismond malheureux en tant d'oc-
casions, réussit en celle-ci. Il avoit
des troupes prêtes. Il se saisit des
Terres du Duc d'Autriche en Alsace, dans le Tirol, en Suisse.
Ce Prince retourné au Concile, y
demande à genoux sa grace à l'Em-
pe-

pereur. Il lui promet, en joignant les mains, de ne rien entreprendre jamais contre son secours. Il lui remet tous ses Etats pour que l'Empereur en dispose en cas d'infidélité. L'Empereur tendit enfin la main au Duc d'Autriche, & lui pardonna à condition qu'il lui livreroit la personne du Pape.

Le Pontife fugitif est saisi dans Fribourg, & transféré dans un Château voisin. Cependant le Concile instruit son procès.

On l'accusa d'avoir vendu les Bénéfices & des Reliques, d'avoir empoisonné le Pape son prédécesseur, d'avoir fait massacrer plusieurs personnes ; l'impiété la plus licentieuse, la débauche la plus outrée, la sodomie, le blasphême, lui furent imputés ; mais on supprima cinquante articles du procès verbal trop injurieux au Pontificat. Enfin, en présence de l'Empereur, on lut la sentence de déposition.

M 7

Cet-

Cette sentence porte que le Concile se réserve le droit de punir le Pape pour ses crimes suivant la justice ou la miséricorde.

Le Pape qui avoit eu tant de courage, quand il s'étoit battu autrefois sur mer & sur terre, n'eut que de la résignation quand on lui vint lire son arrêt dans sa prison. L'Empereur le garda trois ans prisonnier dans Manheim, avec une rigueur qui attira plus de compassion sur ce Pontife, que ses crimes n'avoient soulevé contre lui de haine.

On avoit déposé le vrai Pape. On voulut avoir les renonciations de ceux qui prétendoient l'être. Corario envoya la sienne, mais le fier Espagnol Luna ne voulut jamais plier.

Sa déposition dans le Concile n'étoit pas une affaire, mais c'en étoit une de choisir un Pape. Les Cardinaux reclamoient le droit d'é-
lec-

lection, & le Concile repréfentant
la Chrétienté inftituée par JESUS-
CHRIST, vouloit jouir de ce droit.
Il falloit donner un Chef à l'E-
glife & un Souverain à Rome. Il
étoit jufte que les Cardinaux qui
font le confeil du Prince de Rome, & les Péres du Concile qui
avec eux repréfentent l'Eglife,
euffent tous leurs fuffrages.   Tren- 1417.
te Députés du Concile joints aux
Cardinaux, élurent d'une commune voix Otton Colomne, de cette même Maifon de Colomne ex-
communiée par Boniface VIII.
jufqu'à la cinquiéme génération.
Ce Pape qui changea fon beau nom
contre celui de Martin, avoit les
qualités d'un Prince & les vertus
d'un Evêque.

Jamais Pontife ne fut inauguré
plus pompeufement.   Il marcha
vers l'Eglife, monté fur un cheval
blanc dont l'Empereur & l'Electeur
Palatin à pied tenoient les rênes.
Une

Une foule de Princes & un Concile entier fermoient la marche. On le couronna de la triple couronne, que les Papes portoient depuis deux siécles, & que Bénoit XII. avoit portée le premier.

Les Péres du Concile ne s'étoient pas d'abord assemblés pour détrôner un Pontife, mais leur principal objet avoit paru être de réformer toute l'Eglise. C'étoit surtout le but du fameux Gerson, & des autres Députés de l'Université de Paris.

On avoit crié pendant deux ans dans le Concile contre les annates, les exemptions, les réserves, les impôts des Papes sur le Clergé au profit de la Cour de Rome, contre tous les vices dont l'Eglise étoit inondée. Quelle fut la réforme tant attendue? Le Pape Martin déclara 1. qu'il ne falloit pas donner d'exemptions sans connoissance de cause. 2. Qu'on examineneroit les Bénéfices réunis. 3. Qu'on devoit difposer felon le Droit Public des revenus des Eglifes vacantes. 4. Il défendit inutilement la fimonie. 5. Il voulut que ceux qui auroient des Bénéfices, fuffent tonfurés. 6. Il défendit qu'on dît la meffe en habit féculier. Ce font-là les loix qui furent promulguées par l'Affemblée la plus folemnelle du Monde.

Gerfon eut même beaucoup de peine à obtenir la condamnation de ces propofitions, qu'il y a des cas où l'affaffinat eft une action vertueufe, beaucoup plus méritoire dans un Chevalier que dans un Ecuyer, & beaucoup plus dans un Prince que dans un Chevalier. Cette doctrine de l'Affaffinat avoit été foutenue publiquement par un Cordelier nommé Jean Petit, à l'occafion du meurtre du propre frére du Roi. Le Concile éluda long-tems la requête de Gerfon. Enfin

il

il fallut condamner cette doctrine du Meurtre, mais ce fut fans nommer le Cordelier Jean Petit.

Voilà l'idée que j'ai cru me devoir faire de tous les objets politiques qui occupérent le Concile de Conftance. Les buchers que le zéle de la Religion alluma, font d'une autre efpéce.

D E

DE JEAN HUS

ET DE

JEROME DE PRAGUE.

LA barbarie & l'ignorance nées des ruines de l'Empire Romain, avoient soumis longtems l'Occident aux Religieux & au Clergé, seuls dépositaires pendant six ou sept siécles du peu de science qu'on avoit conservé. Ils établirent leur domination sur la stupidité universelle. Il n'y eut point d'Evêque en Allemagne & dans le Nord qni ne fût Souverain. Nul en Espagne, en France, en Angleterre, qui n'eût ou ne disputât les droits régaliens. Presque tout Abbé devint Prince; & les Papes, quoique persécutés, étoient les Rois de tous ces Souverains. Les vices attachés à l'opulence, & les de-

desaftres qui fuivent l'ambition, ramenérent enfin la plupart des Evêques & des Abbés à l'ignorance des Laïques. Les Univerfités de Boulogne, de Paris, d'Oxford, fondées au XIV. Siécle, cultivérent cette fcience qu'un Clergé trop riche abandonnoit.

Les Docteurs de ces Univerfités qui n'étoient que Docteurs, éclatérent bientôt contre les fcandales du refte du Clergé; & l'envie de fe fignaler, les porta à examiner des myftéres, qui pour le bien de la paix devoient être toujours derriére un voile.

Celui qui déchira le voile avec le plus d'emportement, fut Jean Wiclef, Docteur de l'Univerfité d'Oxford. Il prêcha, il écrivit, tandis qu'Urbain V. & Clément défoloient l'Eglife par leur fchifme. Il prétendit qu'on devoit faire pour toujours ce que la France avoit fait un tems.

Wiclef fut moins protégé dans
fa

sa théologie que dans sa politique.
Il renouvella ces anciens sentimens
proscrits dans Bérenger.   Il soutint qu'il ne faut rien croire d'impossible & de contradictoire, qu'un
accident ne peut subsister sans sujet, qu'en un mot le pain & le
vin de l'Eucharistie demeurent du
pain & du vin.   Il voulut détruire la Confession, les Indulgences,
la Hiérarchie Ecclésiastique.

Sa doctrine fut reprimée par
l'Université d'Oxford, par les E-
vêques & le Clergé, mais non é-
touffée.   Ses Livres mal écrits &
obscurs étant tombés entre les mains
de Jean Hus, Bachelier de l'Université de Prague & Confesseur de
la Reine Sophie de Baviére, femme de Venceslas, il rejetta con-
stamment la doctrine de ces Ouvrages ; mais il en adopta tout
ce que la bile de cet Anglois avoit
répandu contre les scandales des
Papes & des Evêques, contre celui des excommunications lancées

avec

avec tant de légéreté & de fureur; enfin contre la Puiſſance Eccléſiaſtique, dont Wiclef ni lui ne diſtinguérent pas aſſez les droits & les uſurpations On l'accuſa devant le Pape Jean XXIII. & on le cita à comparoître vers l'an 1411. Il ne comparut point. On aſſembla cependant le Concile de Conſtance, qui devoit juger les Papes & les opinions des hommes. Il y fut cité. L'Empereur lui-même écrivit à la Cour de Bohême, qu'on le fît partir pour y rendre compte de ſa doctrine.

Jean Hus plein de confiance alla au Concile, où ni lui ni le Pape n'auroient dû aller. Il y arriva accompagné de quelques Gentilshommes Bohémiens & de pluſieurs de ſes diſciples; & ce qui eſt très-eſſentiel, il ne s'y rendit que muni d'un ſauf-conduit de l'Empereur daté du 18 Octobre 1414; ſauf-conduit le plus favorable & le plus ample

ple qu'on puisse donner. A peine fut-il arrivé qu'on l'emprisonna, & on instruisit son procès en même tems que celui du Pape. Il s'enfuit comme ce Pontife, & fut arrêté comme lui. L'un & l'autre furent gardés quelque tems dans la même prison.

Enfin il comparut plusieurs fois chargé de chaînes. On l'interrogea sur quelques passages de ses écrits. Il faut l'avouer, il n'y a personne qu'on ne puisse perdre en interprétant ses paroles. Quel Docteur, quel Ecrivain est en sureté de sa vie, si on condamne au bucher quiconque dit qu'il n'y a qu'une Eglise Catholique, qui renferme dans son sein tous les prédestinés ; qu'un Reprouvé n'est pas de cette Eglise ; que les Seigneurs temporels doivent obliger les Prêtres à observer la Loi ; qu'un mauvais Pape n'est pas le Vicaire de JESUS-CHRIST ?

Voilà quelles étoient les propositions

fitions de Jean Hus. Il les expliqua toutes d'une maniére qui pouvoit obtenir fa grace, mais on les entendoit de la maniére qu'il falloit pour le condamner. Un Pére du Concile lui dit, ,, Si vous ne ,, croyez pas l'Univerfel *à parte* ,, *rei*, vous ne croyez pas la Pré- ,, fence réelle ''. Quel raifonnement, & de quoi dépendoit alors la vie des hommes!

Jean Huff n'adoptoit aucune de ces propofitions de Wiclef, qui féparent aujourd'hui les Proteftans de l'Eglife Romaine. Cependant il fut condamné à expirer dans les flammes. En cherchant la caufe d'une telle exécution, je n'ai jamais pu en trouver d'autre que cet efprit d'opiniâtreté qu'on puife dans les Ecoles. Les Péres du Concile vouloient abfolument que Jean Huff fe retractât; & Jean Huff, perfuadé qu'il avoit raifon, ne vouloit point avouer qu'il s'étoit trompé. L'Empereur touché de

com-

compassion, lui dit „ Que vous
„ coute-t-il d’abjurer des erreurs qui
„ vous sont faussement attribuées?
„ Je suis prêt d’abjurer à l’instant
„ toutes sortes d’erreurs, s’ensuit-
„ il que je les aye tenues ”. Jean
Huss fut inflexible. Il fit voir la
différence entre abjurer des erreurs
en général & se retracter d’une erreur. Il aima mieux être brulé,
que de convenir qu’il avoit eu
tort.

Le Concile fut aussi inflexible
que lui, mais l’opiniâtreté de courir à la mort avoit quelque chose
d’héroïque; celle de l’y condamner étoit bien plus cruelle. L’Empereur, malgré la foi du sauf-conduit, ordonna à l’Electeur Palatin
de le faire traîner au suplice. Il
fut brulé vif en présence de l’Electeur même, & loua Dieu jusqu’à
ce que la flamme étouffa sa voix.

Quelques mois après le Concile excerça encore la même sévérité contre Hiéronime disciple &

ami de Jean Huff, que nous appellons Jérôme de Prague. C'étoit
un homme bien supérieur à Jean
Huff en esprit & en éloquence.
Il avoit d'abord souscrit à la condamnation de la doctrine de son
Maître, mais ayant appris avec
quelle grandeur d'ame Jean Huff
étoit mort, il eut honte de vivre.
Il se retracta publiquement, & fut
envoyé au bucher. Pogge Florentin, Sécretaire de Jean XXIII.
& l'un des premiers Restaurateurs
des Lettres, présent à ses inter-
rogatoires & à son suplice, dit
qu'il n'avoit jamais rien entendu
qui approchât autant de l'éloquence des Grecs & des Romains,
que les discours de Jérôme à ses
Juges. ,, Il parla, dit-il, comme
,, Socrate, & marcha au bucher
,, avec autant d'allegresse que So-
,, crate avoit bu la coupe de ci-
,, gue ''.

Puis-je encore observer que
dans ce Concile un homme accusé

sé de tous les crimes, ne perdit
que des honneurs ; & que deux
hommes accusés d'avoir fait de
faux argumens, furent livrés aux
flammes.

Tel fut ce fameux Concile de
Constance, qui dura depuis le 1
Novembre 1413 jusqu'au 20 Mai
1418.

Ni l'Empereur ni les Péres du
Concile n'avoient prévu les suites
du suplice de Jean Huss & d'Hiéronime. Il sortit de leurs cendres
une guerre civile. Les Bohémiens
crurent leur Nation outragée. Ils
imputérent la mort de leurs compatriotes à la vengeance des Allemands retirés de l'Université de
Prague. Ils reprochérent à l'Empereur la violation du Droit des
Gens. Enfin, peu de tems après, 1419.
quand Sigismond voulut succéder
en Bohême à Venceslas son frére,
il trouva que tout Empereur, tout
Roi de Hongrie qu'il étoit, le bucher de deux citoyens lui fermoit

 le

le chemin du Trône de Prague. Les vengeurs de Jean Huss étoient au nombre de 40000. C'étoient des animaux que la sévérité du Concile avoit effarouchés & déchaînés.

Les Prêtres qu'ils rencontroient, payoient de leur sang la cruauté des Péres de Constance. Jean surnommé *Ziska*, qui veut dire *Borgne*, Chef barbare de ces Barbares, battit Sigismond plus d'une fois. Ce Jean Ziska ayant perdu dans une bataille l'œil qui lui restoit, marchoit encore à la tête de ses troupes, donnoit ses conseils aux Généraux, & assistoit aux victoires. Il ordonna qu'après sa mort on fît un tambour de sa peau. On lui obéit. Ce reste de lui-même fut encore longtems fatal à Sigismond, qui put à peine en seize années réduire la Bohême.

D E

DE L'ETAT

DE

L'EUROPE.

EN réfléchiffant fur ce Concile même, tenu fous les yeux
d'un Empereur, de tant de Princes & de tant d'Ambaffadeurs, fur
la dépofition du Souverain Pontife, fur celle de Wenceslas, on
voit que l'Europe Catholique étoit
en effet une immenfe République dont les Chefs étoient le Pape
& l'Empereur, & dont les membres defunis font des Royaumes,
des Provinces, des Villes libres
fous vingt Gouvernemens différens. Il n'y avoit aucune affaire
dans laquelle l'Empereur & le Pape n'entraffent. Toutes les par-

 ties

ties de la Chrétienté se correspondoient même au milieu des discordes. L'Europe étoit en grand, ce qu'avoit été la Gréce à la politesse près.

Je vois dans le XIV. Siécle, & au commencement du XV. l'Italie agitée, mais florissante ; Venise maîtresse du quart de l'Empire des Grecs. Génes rivale de Venise & victorieuse des Pisans, perdit sa puissance à la fin du XIV. Siécle. Elle se donna à la France sous Charles VI. & n'y resta pas long-tems.

1416.   La Maison de Savoye s'agrandissoit. L'Empereur Sigismond, qui donnoit au-moins des Titres, ne pouvant guéres alors donner des Etats, érigea la Savoye en Duché.

Les Rois d'Arragon possédoient toujours l'Ile de Sicile & celles de Corse & de Sardaigne. La fille de Charles de Duras, Jeanne II. régna dans Naples jusqu'en 1435. Elle

Elle avoit époufé un Prince de la branche de Bourbon, qui laffé d'être le témoin de fes débauches & l'objet de fes mépris, fe fit Cordelier à Befançon. N'ayant point d'enfans, elle adopta Alphonfe V. Roi d'Arragon, & enfuite Louis Duc d'Anjou. Cette double adoption fut un double flambeau de difcorde entre la France & l'Efpagne.

La Caftille faifoit avec fuccès la guerre aux Maures de Grenade. Je vais me mettre à préfent fous les yeux ce que furent la France & l'Angleterre vers le XIV. & le XV. Siécles.

DE LA FRANCE

ET DE

L'ANGLETERRE.

L'Angleterre reprit sa force sous Edouard I. vers la fin du XIII. Siécle. Edouard I. successeur de Henri III. son pére, fut obligé à-la-vérité de renoncer à la Normandie, à l'Anjou, à la Touraine, patrimoines de ses ancêtres ; mais il conserva la Guyenne, il s'empara du Pays de Galles, il sut contenir l'humeur des Anglois & les animer. Il fit fleurir leur Commerce, & par-là se fit aimer. La Maison d'Ecosse étant éteinte en 1291, il eut la gloire d'être choisi pour arbitre entre les prétendans. Il obligea d'abord le Parlement d'Ecosse à reconnoître que la Couronne de

ce

1283.

ce Pays relevoit de celle d'Angleterre ; ensuite il nomma pour
Roi Bayol , qu'il fit son vassal.
Edouard prit enfin pour lui ce
Royaume d'Ecosse & le conquit
après plusieurs batailles , mais il ne
put le garder. Ce fut alors que
commença cette antipathie entre
les Anglois & les Ecossois , qui
aujourd'hui , malgré la réunion des
deux Peuples , n'est pas encore
tout-à-fait éteinte.

Sous ce Prince on commençoit
à s'appercevoir que les Anglois ne
seroient pas longtems tributaires
de Rome , on se servoit de prétexte pour mal payer , & on élu-
doit une autorité qu'on n'osoit attaquer de front.

Le Parlement d'Angleterre prit
vers l'an 1300 une nouvelle forme , telle qu'elle est à peu près de
nos jours. Le titre de Barons &
de Pairs ne fut affecté qu'à ceux
qui entroient dans la Chambre
Haute. La Chambre des Com-

mu-

munes commença à régler les Subsides. Edouard I. donna du poids à la
Chambre des Communes pour pouvoir balancer le pouvoir des Barons.
Ce Prince, assez ferme & assez habile pour les ménager & ne les point
craindre, forma cette espéce de
Gouvernement qui rassemble tous
les avantages de la Royauté, de
l'Aristocratie & de la Démocratie ;
mais qui a aussi les inconvéniens
de tous les trois, & qui ne peut
subsister que sous un Roi sage.
Son fils ne le fut pas, & l'Angleterre fut déchirée.

Edouard I. mourut lorsqu'il alloit conquérir l'Ecosse, trois fois
subjuguée & trois fois soulevée.
Son fils âgé de 23 ans à la tête
d'une nombreuse armée, abandonna les projets du pére, pour se livrer à des plaisirs qui paroissent
plus indignes d'un Roi en Angleterre qu'ailleurs. Ses Favoris irri-
térent la Nation, & surtout la femme du Roi, fille de Philippe le Bel,

fem-

femme galante & impérieuse, jalouse de son mari qu'elle trahissoit. Ce ne fut plus dans l'administration publique, que fureur, confusion & foiblesse. Une partie du Parlement fait trancher la tête à un Favori du Monarque, nommé Gaveston. Les Ecossois profitent de ces troubles. Ils battent les Anglois, & Robert Bruss devenu Roi d'Ecosse, la rétablit par la foiblesse de l'Angleterre. 1312.

On ne peut se conduire avec plus d'imprudence, & par conséquent avec plus de malheur, qu'Edouard II. Il souffre que sa femme Isabelle irritée contre lui passe en France avec son fils, qui fut depuis l'heureux & le célébre Edouard III. 1326.

Charles le Bel, frére d'Isabelle, régnoit en France. Il suivoit cette politique de tous les Rois, de semer la discorde chez ses voisins, il encouragea sa sœur Isabelle à lever l'étendart contre son mari.

Ain-

Ainsi donc, sous prétexte qu'un jeune Favori nommé Spenser gouvernoit indignement le Roi d'Angleterre, sa femme se prépare à faire la guerre. Elle marie son fils à la fille du Comte de Hainaut & de Hollande. Elle engage ce Comte à lui donner des troupes. Elle repasse enfin en Angleterre, & se joint à main armée aux ennemis de son époux. Son Amant Mortimer étoit avec elle à la tête de ses troupes, tandis que le Roi fuyoit avec son Favori Spenser.

La Reine fait pendre à Bristol le père du Favori, âgé de 90 ans. Elle punit ensuite du même suplice dans Héreford le Favori lui-même, tombé dans ses mains. On lui arrache sur la potence les parties dont on prétendoit qu'il avoit fait un usage coupable avec le Monarque.

Enfin le Roi abandonné, fugitif dans son Royaume, est pris, conduit à Londres, insulté par le Peuple, enfermé dans la Tour, jugé par
le

le Parlement, & déposé par un jugement solemnel. On donne la Couronne à son fils âgé de 14 ans, & la Régence à la mére assistée d'un Conseil. Une pension d'environ 60000 livres de notre monnoie fut assignée au Roi pour vivre.

Edouard II. survécut à peine une année à sa disgrace. On ne trouva sur son corps aucune marque de mort violente. On dit 1327. qu'on lui avoit enfoncé un fer brulant dans les entrailles à travers un tuyau de corne.

Le fils punit bientôt la mére. Edouard III. mineur encore, mais impatient & capable de régner, saisit un jour aux yeux de sa mére son Amant Mortimer, Comte de la Marche. Le Parlement 1331. juge ce Favori sans l'entendre, comme les Spensers l'avoient été. Il périt par le suplice de la potence, non pour avoir deshonoré le lit de son Roi, l'avoir détrôné & l'avoir fait assassiner, mais pour les

N 7

con-

concuſſions, les malverſations dont ſont toujours accuſés ceux qui gouvernent. La Reine enfermée dans le Château de Riſin avec 500 livres ſterling de penſion, différemment malheureuſe, pleura dans la ſolitude ſes infortunes plus que ſes fautes.

1332. Edouard III. maître, & bientôt maître abſolu, commence par conquérir l'Ecoſſe, mais alors une nouvelle ſcéne s'ouvroit en France. L'Europe en ſuspens ne ſavoit ſi Edouard auroit ce Royaume par les droits du ſang & par ceux des armes.

La France qui ne comprenoit ni la Provence, ni le Dauphiné, ni la Franche-Comté, étoit pourtant un Royaume puiſſant, mais ſon Roi ne l'étoit pas encore. De grands Etats, tels que la Bourgogne, l'Artois, la Flandre, la Bretagne, la Guyenne relevant de la Couronne, faiſoient toujours l'inquiétude du Prince beaucoup plus que

que sa grandeur. Les domaines de Philippe le Bel avec les impôts sur ses Sujets immédiats, avoient monté à quatre-vingt mille marcs.

Quand Philippe le Bel fit la guerre aux Flamands en 1302, & que presque tous les Vassaux de la France contribuérent à cette guerre, on fut obligé de payer le cinquiéme des revenus de tous ceux qui ne feroient point la campagne. Les Peuples étoient malheureux, & la Famille Royale l'étoit davantage. Rien n'est plus connu que l'opprobre dont les trois enfans de Philippe le Bel se couvrirent à la fois, en accusant leurs femmes d'adultére en plein Parlement. Toutes trois furent condamnées à être enfermées. Louis Hutin l'aîné fit périr la sienne, Marguerite de Bourgogne, par le cordeau. Les Amans de ces Princesses furent condamnés à un nouveau genre de suplice, on les écorcha vifs.

Après la mort de Louis Hutin, 1316.

qui

qui avoit joint la Navarre à la France comme son pére, la question de la Loi Salique émut tous les esprits. Ce Roi ne laissoit qu'une fille. On n'avoit encore jamais examiné en France, si les filles devoient hériter la Couronne? Les Loix ne s'étoient jamais faites que selon le besoin présent. Les anciennes Loix Saliques étoient ignorées, l'usage en tenoit lieu, & cet usage varioit toujours en France. Le Parlement sous Philippe le Bel avoit ajugé l'Artois à une fille au préjudice du plus prochain mâle. La succession de la Champagne avoit tantôt été donnée aux filles, & tantôt elle leur avoit été ravie. Philippe le Bel n'eut la Champagne que par sa femme, qui en avoit exclu les Princes. On voit par-là que le droit changeoit comme la fortune, & qu'il s'en falloit beaucoup que ce fût une Loi fondamentale de l'Etat d'exclure une fille du Trône de son pére. Dire, comme tant

d'Aud'Auteurs, *que la Couronne de France est si noble qu'elle ne peut admettre de femmes*, c'est, me semble, une puérilité. Dire avec Mézéray *que l'imbécilité du sexe ne permet pas aux femmes de régner*, c'est être doublement injuste. D'ailleurs l'article de cette ancienne Loi qui ôte toute hérédité aux filles en Terre Salique, semble ne là leur ravir que parce que tout Seigneur Salien étoit obligé de se trouver en armes aux assemblées de la Nation. Or une Reine n'est point obligée de porter les armes, la Nation les porte pour elle. Ainsi l'on pourroit dire que la Loi Salique, d'ailleurs si peu connue, regardoit les autres Fiefs & non la Couronne. De plus il est indubitable que plusieurs Fiefs n'étoient pas soumis à cette Loi, à plus forte raison pouvoit-on alléguer que la Couronne n'y devoit pas être sujette. Ces raisons furent quelque

tems

tems soutenues par le Duc de Bourgogne, oncle de la Princesse fille de Hutin, & par plusieurs Princesses du Sang. Louis Hutin avoit deux fréres, qui en peu de tems lui succédérent, comme on sait, l'un après l'autre. L'aîné Philippe le Long, & Charles le Bel le cadet. Charles alors ne croyant pas qu'il touchoit à la Couronne, combattit la Loi Salique, par jalousie contre son frére.

Philippe le Long ne manqua pas de faire déclarer dans une assemblée de quelques Barons, de Prélats & Bourgeois de Paris, que les filles devoient être exclues de la Couronne de France. Mais si le parti opposé avoit prévalu, on eût bientôt fait une Loi fondamentale toute contraire.

Philippe le Long, qui n'est guéres connu que pour avoir interdit l'entrée du Parlement aux Evêques, étant mort après un régne fort court, ne laissa encore que

des

des filles. La Loi Salique fut confirmée alors pour une seconde fois. Charles le Bel, qui s'y étoit opposé, prit incontestablement la Couronne, & exclut les filles de son frére.

Charles le Bel en mourant laissa encore le même procès à décider. Sa femme étoit grosse. Il falloit un Régent au Royaume. Edouard III. prétendit la Régence en qualité de petit-fils de Philippe le Bel par sa mére, & Philippe de Valois s'en saisit en qualité du premier Prince du Sang. Cette Régence lui fut solemnellement déférée, & la Reine Douairiére ayant accouché d'une fille, il prit la Couronne du consentement de la Nation.

Les Peuples donnérent alors à Philippe de Valois le nom de *fortuné*. Il put y joindre quelque tems celui de *victorieux* & de *juste*; car le Comte de Flandres son Vassal ayant maltraité ses Sujets, & les Su-

Sujets s'étant foulevés, il marcha au fecours de ce Prince ; & ayant tout pacifié, il dit au Comte de Flandres „ Ne vous attirez plus „ tant de révoltes par une mau- „ vaife conduite ".

On pouvoit le nommer *fortuné* encore, lorfqu'il reçut dans A- miens l'hommage folemnel que lui vint rendre Edouard III. Mais bientôt cet hommage fût fuivi de la guerre. Edouard difputa la Cou- ronne à celui dont il s'étoit décla- ré le Vaffal.

Un Braffeur de biére de la Vil- le de Gand fut le grand moteur de cette guerre fameufe, & celui qui détermina Edouard à prendre le titre de Roi de France. Ce Braf- feur, nommé Jaques d'Artevelt, étoit un de ces citoyens que les Souverains doivent perdre ou mé- nager. Le prodigieux crédit qu'il avoit, le rendit néceffaire à E- douard ; mais il ne voulut emplo- yer ce crédit en faveur du Roi An-

Anglois, qu'à condition qu'E-douard prendroit le titre de Roi de France, afin de rendre les deux Rois irréconciliables. Le Roi d'Angleterre & le Brasseur signé-rent le Traité à Gand, longtems après avoir commencé les hostilités contre la France. J'observe qu'E-douard défia Philippe de Valois dans un combat singulier. Le Roi de France le refusa, disant qu'un Vassal ne s'abaissoit pas à se battre contre son Vassal.

Cependant un nouvel événe-ment sembloit renverser encore la Loi Salique. La Bretagne, Fief de France, venoit d'être ajugée par la Cour des Pairs à Charles de Blois, qui avoit épousé la fille du dernier Duc ; & le Comte de Montfort, oncle de ce Duc, avoit été deshérité. Le Roi de France, qui sembloit devoir soutenir la Loi Salique dans la cause du Comte de Montfort, prenoit le parti de Charles de Blois, & le Roi d'An-gle-

gleterre qui devoit maintenir le droit des femmes dans Charles de Blois, se déclaroit pour le Comte de Montfort.

La guerre recommence à cette occasion entre la France & l'Angleterre. On surprend d'abord Montfort dans Nantes, & on l'améne prisonnier à Paris dans la Tour du Louvre. Sa femme, la fille du Comte de Flandre, se montra l'épée à la main, le casque en tête, aux troupes de son mari, portant son fils entre ses bras. Elle soutint le siége de Hennebon, & enfin à l'aide de la Flotte Angloise, qui vint à son secours, elle fit lever le siége. Cependant la Faction Angloise & le Parti François se battent en Guyenne, en Bretagne, en Normandie. Enfin près de la Riviére de Somme se donne cette sanglante bataille de Crecy entre Edouard & Philippe de Valois. Edouard avoit auprès de lui son fils le Prince de Galles,

1346.

qu'on

qu'on nommoit le Prince *Noir*, à cause de sa cuirasse brune & de l'aigrette noire de son casque. Ce jeune Prince eut presque tout l'honneur de cette journée. On peut entre autre attribuer la défaite des François à quelques petites piéces de canon dont les Anglois étoient munis. Il y avoit dix ou douze années que l'Artillerie commençoit à être en usage., sans qu'on sache d'où est venue cette nouvelle invention de détruire les Hommes & les Villes.

On prétend qu'à la journée de Crecy les Anglois n'avoient que 2500 hommes de gendarmerie & 30000 fantassins, & que les François avoient 40000 fantassins & près de 30000 gens d'armes. Ceux qui diminuent le plus la perte des François, disent qu'elle ne monta qu'à 20000 hommes. Le Comte de Blois, qui étoit l'une des causes apparentes de la guerre, y fut tué, & le lendemain les troupes

des

des Communes du Royaume furent encore défaites. Edouard, après deux victoires remportées en deux jours, prit Calais, qui resta aux Anglois 210 années.

Cette guerre qui se faisoit à la fois en Guyenne, en Bretagne, en Normandie, en Picardie, épuisoit la France & l'Angleterre d'hommes & d'argent. Ce n'étoit pas pourtant alors le tems de se détruire pour l'intérêt de l'ambition. Il eût fallu se réunir contre le fléau d'une autre espéce. Une peste mortelle, qui avoit fait le tour du Monde, & qui avoit dépeuplé l'Asie & l'Afrique, vint alors ravager l'Europe, & particuliérement la France & l'Angleterre.

Philippe de Valois mourut dans ces circonstances, bien éloigné de porter au tombeau le titre de *fortuné*. Cependant il venoit de réunir le Dauphiné à la France. Le dernier Prince de ce Pays ayant perdu ses enfans, lassé des guerres qu'il qu'il avoit soutenues contre la Savoye, donna le Dauphiné au Roi de France, & se fit Dominicain à Paris. Tout le monde sait assez que c'est depuis ce tems que les Fils aînés des Rois de France portent le nom de *Dauphin*; mais on ne sait pas assez que les Rois de France sembloient devenir par cette acquisition Feudataires des Empereurs à cause du Royaume d'Arles. Philippe avoit joint à son domaine Montpelier, le Roussillon & la Cerdagne, qu'il avoit acheté des Rois d'Arragon.

DE LA FRANCE

SOUS LE

ROI JEAN.

JEan son fils eut à faire aux mêmes ennemis, & fut beaucoup
plus malheureux encore, ayant
commencé son régne par faire assassiner dans son Palais le Connétable de France, qui étoit le Comte d'Eu. Bientôt après le Roi de
Navarre son cousin fait assassiner
le nouveau Connétable. Ce Roi
de Navarre, Charles Petit, fils de
Lous Hutin, & Roi de Navarre
par sa mére, Prince du Sang du
côté de son pére, fut ainsi que le
Roi Jean, un des fléaux de la
France.

Jean, sur des soupçons, fait
mettre en prison le Roi de Navarre,

varre, & sans aucune forme de procès, fait trancher la tête à quatre de ses amis.

Des exécutions si cruelles sont la preuve d'un Gouvernement foible. Celui de Jean l'étoit. Il avoit commencé par renouveller la fausse monnoie de son pére, & avoit menacé de mort les Officiers chargés de ce secret. Sous lui les Etats assemblés firent des Loix semblables à celles du Parlement des Anglois sous leur Roi Jean sans terre. Le Parlement de Paris n'y eut point de part, & il ne faut pas confondre cette Cour supérieure de Judicature avec les Assemblées qui représentent la Nation. Mais ce qui avoit été chez les Anglois une forme durable de Gouvernement, ne fut chez les François qu'un réglement passager, & avec les secours que donnérent ces Etats, le Roi eut de quoi soudoyer une armée de 30000 gens-d'armes, qui avec les Communes du Royaume devoient

1355.

O 2　　　　voient

voient compoſer une armée capable de chaſſer à jamais les Anglois de la France.

Mais enfin le Prince Noir avec une armée redoutable quoique petite, s'avançoit juſqu'à Poitiers, & ravageoit ces Terres qui étoient autrefois du domaine de ſa Maiſon. Le Roi Jean accourut à la tête de près de 100000 hommes. Perſonne n'ignore qu'il pouvoit en temporiſant, prendre toute l'armée Angloiſe par famine.

Si le Prince Noir avoit fait une grande faute de s'être engagé ſi avant, le Roi Jean en fit une plus grande de l'attaquer. Cette bataille de Maupertuis ou de Poitiers reſſembla beaucoup à celle que Philippe de Valois avoit perdue. Il y eut de l'ordre dans l'armée du Prince Noir. Il n'y eut que de la bravoure chez les François, mais la bravoure des Anglois l'emporta. Les principaux Chevaliers de France périrent. Le reſte s'enfuit. Le Roi

Roi blessé au visage, fut fait prisonnier avec un de ses fils. Le Prince Noir mena ses deux prisonniers à Bordeaux, & ensuite à Londres. On sait avec quelle politesse, avec quel respect il traita le Roi captif. Il augmenta sa gloire par sa modération. Il entra dans Londres sur un petit cheval noir, marchant à la gauche de son prisonnier monté sur un cheval remarquable par sa beauté & par son harnois.

La prison du Roi fut dans Paris le signal d'une guerre civile. Chacun pense alors à se faire un parti. On ne voit que factions sous prétexte de réforme. Charles Dauphin de France, qui fut depuis le sage Roi Charles V. n'est déclaré Régent du Royaume, que pour le voir presque révolté contre lui.

Paris commençoit à être une Ville redoutable, il y avoit 50000 hommes capables de porter les armes. On invente alors l'usage des chaînes dans les rues, & on les

fait

fait fervir de retranchement contre les féditieux. Le Dauphin Charles eft obligé de rappeller le Roi de Navarre, que le Roi fon pére avoit fait emprifonner. C'étoit déchaîner fon ennemi. Le Roi de Navarre arrive à Paris pour attifer le feu de la difcorde. Marcel, Prévôt des Marchands de Paris, entre au Louvre, fuivi des féditieux. Il fait maffacrer Robert de Clermont Maréchal de France, & le Maréchal de Champagne aux yeux du Dauphin. Cependant les Payfans s'attroupent de tous côtés, & dans cette confufion ils fe jettent fur tous les Gentilshommes qu'ils rencontrent. Ils les traitent comme des efclaves révoltés, qui ont entre leurs mains des Maîtres trop durs & trop farouches. Ils fe vengent par mille fuplices de leurs baffeffes & de leurs miféres. Ils portent leur fureur jufqu'à faire rôtir un Seigneur dans fon Château, & à contraindre fa femme

&

& ses filles de manger la chair de leur époux & de leur pére.

Dans ces convulsions de l'Etat, Charles de Navarre aspire à la Couronne. Le Dauphin & lui se font la guerre, qui ne finit que par une paix simulée. La France est ainsi bouleversée pendant quatre ans depuis la bataille de Poitiers. Comment Edouard & le Prince de Galles ne profitoient-ils pas de la victoire & des malheurs des vaincus ? Il semble que les Anglois redoutassent la grandeur de leurs Maîtres, & ils leur fournissoient peu de secours ; & Edouard traitoit de la rançon de son prisonnier, tandis que le Prince Noir faisoit une trêve.

Il paroît que de tous côtés on faisoit des fautes. Enfin Edouard demande pour la rançon du Roi de France le Poitou, la Saintonge, l'Agénois, le Périgord, le Limousin, le Quercy, l'Angoumois, le Rouergue, & tout ce

qu'il

qu'il a pris autour de Calais, le tout en Souveraineté. Je m'étonne qu'il ne demandât pas la Normandie & l'Anjou son ancien patrimoine. Il voulut encore trois millions d'écus d'or.

Edouard cédoit par ce Traité à Jean le titre de Roi de France, & ses droits sur la Normandie, la Touraine & l'Anjou. Il est vrai que les anciens domaines du Roi d'Angleterre en France, étoient beaucoup plus considérables que ce qu'on lui cédoit par cette paix; & cependant ce qu'on cédoit, étoit un quart de la France. Jean sortit enfin de la Tour de Londres après quatre ans, en donnant en ôtage son frére & deux de ses fils. Une des plus grandes difficultés étoit de payer la rançon. Il falloit donner comptant 600000 écus d'or pour le premier payement. La France s'épuisa, & ne put fournir la somme. On fut obligé de rappeller les Juifs, & de leur vendre le droit

de

de vivre & de commercer. Le Roi même fut réduit à payer ce qu'il achetoit pour sa Maison, en une monnoie de cuir, qui avoit au milieu un petit clou d'argent. Sa pauvreté & ses malheurs le privérent de toute autorité, & le Royaume de toute police.

Les Soldats licentiés, & les Paysans devenus guerriers, se joignirent par-tout, mais principalement par-delà la Loire. Un de leurs Chefs se fit nommer l'*ami de Dieu* & *l'ennemi de tout le monde*. Un nommé Jean de Goûge, Bourgeois de Sens, se fit reconnoître Roi par ces brigands, & fit presqu'autant de mal par ses ravages que le véritable Roi avoit fait par ses malheurs. Enfin ce qui n'est pas moins étrange, c'est que le Roi dans cette désolation générale alla renouveller dans Avignon, où étoient les Papes, les anciens projets des Croisades.

Un Roi de Chipre étoit venu

solfolliciter cette entreprife contre les Turcs répandus déjà dans l'Europe. Apparemment le Roi Jean ne fongeoit qu'à quitter fa patrie, mais au-lieu d'aller faire ce voyage chimérique contre les Turcs, n'ayant pas de quoi payer le refte de fa rançon aux Anglois, il retourna fe mettre en ôtage à Londres à la place de fon frére & de fes enfans.

1363. Il y mourut, & fa rançon ne fut pas payée. On difoit pour comble d'humiliation, qu'il n'étoit retourné en Angleterre que pour y voir une femme dont il étoit amoureux à l'âge de 56 ans.

La Bretagne qui avoit été la caufe de cette guerre, fut abandonnée à fon fort. Le Comte de Blois & le Comte de Montfort fe difputérent cette Province. Montfort forti de la prifon de Paris, &

1364. Blois forti de celle de Londres, décidérent la querelle près d'Avray en bataille rangée. Les Anglois

glois prévalurent encore. Le Comte de Blois fut tué.

Quand Charles V. surnommé
le Sage , vint à la Couronne, il
trouva la France dans la désolation & dans l'épuisement. Il fallut réparer par la patience , par
les intrigues , par les négociations , les malheurs de son pére.
Mais le Prince Noir , maître absolu de la Guyenne que son pére E-
douard lui avoit donnée en Souveraineté pour prix de son courage,
ajoûtoit une nouvelle gloire à celle que lui avoient données les victoires de Crecy & de Poitiers.

DU PRINCE NOIR,

DU ROI DE

CASTILLE

DON PEDRE LE CRUEL,

Et du Connétable du Guesclin.

L A Castille étoit presqu'aussi dé-
solée que la France. Pierre ou
Don Pédre, qu'on nomme le Cruel,
y régnoit. On nous le représente comme un tigre altéré de sang
humain, & qui sentoit de la joie
à le répandre. J'ose dire qu'un tel
caractére n'est pas dans la nature.
Les hommes sanguinaires ne le
sont que dans la fureur de la vengeance, ou dans les sévérités de
cette politique atroce, qui fait croire la cruauté nécessaire ; mais per-

sonfonne ne répand le fang pour fon plaifir.

Il monta fur le Trône de Caftille étant encore mineur, & dans des circonftances fâcheufes. Son pére Alphonfe XI. avoit eu fept bâtards de fa Maîtreffe nommée Eléonore de Gufman. Ces fept bâtards puiffamment établis, bravoient l'Autorité Royale, & leur mére encore plus puiffante qu'eux infultoit à la mére du Roi. La Caftille étoit partagée entre le parti de la Reine mére & celui d'Eléonore. A peine le Roi eut-il atteint l'âge de 21 ans, qu'il lui fallut foutenir contre la faction des bâtards une guerre civile. Il combattit, fut vainqueur, & accorda la mort d'Eléonore à la vengeance de fa mére. On peut le nommer jufques-là courageux & trop févére. Il époufe Blanche de Bourbon, & la premiére nouvelle qu'il apprend de fa femme, quand elle eft arrivée à

 Val-

Valladolid, c'est qu'elle est amoureuse du Grand-Maître de St. Jaques, l'un de ces mêmes bâtards qui lui avoient fait la guerre. Je sais que de telles intrigues sont rarement prouvées, qu'un Roi sage doit plutôt les ignorer que s'en venger; mais enfin le Roi fut excusable, puisqu'il y a encore une famille en Espagne, qui se vante d'être issue de ce commerce.

Blanche de Bourbon eut au moins l'imprudence d'être trop unie avec la faction des bâtards, ennemis de son mari. Faut-il après cela s'étonner que le Roi la laissât dans un Château, & se consolât dans d'autres amours?

Don Pédre eut donc à la fois à combattre & les Arragonois & ses fréres rebelles. Il fut encore vainqueur, & rendit sa victoire inhumaine. Il ne pardonna guéres. Ses proches qui avoient pris parti contre lui, furent immolés à ses refsen-

fentimens. Enfin ce Grand-Maître de St. Jaques fut tué par fes
ordres. Voilà ce qui lui mérita le
nom de cruel, tandis que Jean Roi
de France, qui avoit affaffiné fon
Connétable & quatre Seigneurs de
Normandie, étoit nommé Jean le
bon.

Dans ces troubles la femme de
Don Pédre mourut. Elle avoit été
coupable, il falloit bien qu'on dît
qu'elle mourut empoifonnée. Mais
encore une fois, on ne doit point
intenter cette action de poifon fans
preuve.

C'étoit fans-doute l'intérêt des
ennemis de Don Pédre de répandre dans l'Europe qu'il avoit empoifonné fa femme. L'un de ces
fept bâtards, qui avoit d'ailleurs
fon frére & fa mére à venger, &
fur-tout fes intérêts à foutenir,
profita de la conjonfure. La France étoit infeftée par ces brigands
réunis, nommés *Malandrins* ; ils
fai-

faifoient tout le mal qu'Edouard n'avoit pu faire. Henri de Tranftamare négocia avec le Roi de France Charles V. pour délivrer la France de ces brigands, & les avoir à fon fervice. L'Arragonois, toujours ennemi du Caftillan, promit de livrer paffage. Bertrand du Guefclin, Chevalier d'une grande réputation, qui ne cherchoit qu'à fe fignaler, engagea les Malandrins à le reconnoître pour Chef, & à le fuivre en Caftille. On a regardé cette entreprife de Bertrand du Guefclin comme une action fainte, & qu'il faifoit, ditil, pour le bien de fon ame. Cette action fainte confiftoit à conduire des brigands au fecours d'un rebelle contre un Roi cruel, mais légitime.

On fait qu'en paffant près d'Avignon, du Guefclin manquant d'argent pour payer fes troupes, rançonna le Pape & fa Cour. Cet te extorsion étoit nécessaire, mais je n'ose prononcer le nom qu'on lui donneroit, si elle n'eût pas été faite à la tête d'une troupe qui pouvoit passer pour une armée.

Le bâtard Henri secondé de ses troupes grossies dans leur marche, & appuyé de l'Arragon, commença par se faire déclarer Roi dans Burgos. Don Pédre attaqué ainsi par les François, eut recours au Prince Noir leur vainqueur. Ce Prince Souverain de la Guyenne, qui devoit voir d'un œil jaloux le succès des armes Françoises en Espagne, prit par intérêt & par honneur le parti le plus juste. Il marcha en Espagne avec ses Gascons & quelques Anglois. Bientôt sur les bords de l'Ebre & près du Village de Navarette, Don Pédre & le Prince Noir d'un côté, de l'autre Henri de Transtamare & du Guesclin, donnérent la sanglante bataille qu'on nomme de

Na-

1366.

Navarette. Elle fut plus glorieufe au Prince Noir que celle de Crecy & de Poitiers , parce qu'elle fut plus difputée. Sa victoire fut complette ; il prit Bertrand du Guefclin & le Maréchal d'Andrehen , qui ne fe rendirent qu'à lui. Henri de Tranftamare fut obligé de fúir en Arragon , & le Prince Noir rétablit Don Pédre fur le trône. Ce Roi traita plufieurs rebelles avec une cruauté que les Loix de tous les Etats autorifent du nom de juftice. Don Pédre ufoit dans toute fon étendue du malheureux droit de fe venger. Le Prince Noir qui avoit eu la gloire de le rétablir, eut encore celle d'arrêter le cours de fes cruautés. Il eft après Alfred celui de tous les héros que l'Angleterre a le plus en vénération.

1366.

Quand celui qui foutenoit Don Pédre fe fut retiré, & que Bertrand du Guefclin fe fut racheté,

alors

alors le bâtard de Tranſtamare réveilla le parti des mécontens, & Bertrand du Gueſclin que le Roi Charles V. employoit ſecrettement, leva de nouvelles troupes.

Tranſtamare avoit pour lui l'Arragon, les révoltés de Caſtille & les ſecours de la France. Don Pédre avoit la meilleure partie des Caſtillans, le Portugal, & enfin les Muſulmans d'Eſpagne : ce nouveau ſecours le rendit plus odieux, & le défendit mal. Tranſtamare & du Gueſclin n'ayant plus à combattre le génie & l'aſcendant du Prince Noir, vainquirent enfin Don Pédre auprès de Toléde. 1368. Retiré & aſſiégé dans un Château après ſa défaite, il eſt pris en voulant s'échapper, par un Gentilhomme François, qu'on appelloit le *Begue de Vilaines*. Conduit dans la tente de ce Chevalier, le premier objet qu'il y apperçoit, eſt le Comte de Tranſtamare. A-

ni-

nimé de fureur, il se jetta quoique desarmé sur son frére, qui lui arracha la vie d'un coup de poignard.

Ainsi périt Don Pédre à l'âge de 34 ans, & avec lui s'éteignit la race de Castille. Son ennemi parvint à la couronne sans autre droit que celui des armes : c'est de lui que sont descendus les Rois de Castille, qui ont régné en Espagne jusqu'à *l'exstinction de la Maison d'Autriche.*

DE LA FRANCE

ET DE

L'ANGLETERRE,

Du tems de Charles V. VI. & VII. au XIV. & XV. Siécles.

LA dextérité de Charles V. sauvoit peu à peu la France du naufrage. La nécessité d'affoiblir les vainqueurs, Edouard III. & le Prince Noir, lui tint lieu de justice. Il profita de la vieillesse du pére & de la maladie du fils attaqué d'une hydropisie, dont il mourut en 1371. Il sut d'abord semer la division entre le Prince Souverain de Guyenne & ses Vassaux ; éluder les Traités, refuser le reste du payement de la rançon de son pére sur des prétextes plausibles, s'attacher le nouveau Roi

Roi de Castille, & même ce Roi de Navarre, Charles surnommé le Mauvais, qui avoit tant de terres en France ; susciter le nouveau Roi d'Ecosse, Robert Stuart, contre les Anglois ; remettre l'ordre dans les Finances, faire contribuer les peuples sans murmures ; & réussir enfin sans sortir de son cabinet, autant que le Roi Edouard qui avoit passé la mer & gagné des batailles.

Quand il vit toutes ces machines bien affermies, il envoya un Chevalier & un Juge de Toulouse citer le Prince Noir à comparoître devant lui dans la Cour des Pairs, & rendre compte de sa conduite. Non seulement on le cite comme un Sujet, mais on fait rendre un Arrêt du Parlement, par lequel on confisque la Guyenne, & tout ce qui appartient en France à la Maison d'Angleterre.

La valeur & l'habileté de Bertrand du Guesclin, devenu Connénétable de France, & furtout le bon ordre que Charles V. avoit mis à tout, annoblirent l'irrégularité de ces procédés, & firent voir que dans les affaires publiques où est le profit là est la gloire.

Le Prince Noir mourant ne pouvoit plus paroître en campagne. Edoudard fon pére ne lui envoya que d'affez foibles fecours. Les Anglois auparavant victorieux dans tous les combats, furent battus par-tout. Bertrand du Guefclin, fans remporter de ces grandes victoires telles que celles de Crecy & de Poitiers, fit une campagne entiérement femblable à celle qui dans les derniers tems a fait paffer le Vicomte de Turenne pour le plus grand Général de l'Europe. Il tomba dans le Maine & dans l'Anjou fur les quartiers des troupes Angloifes, les défit toutes les unes après les autres, & prit de fa main leur Général Grandfon.

Charles qui vingt ans auparavant

1370.

1378.

vant

vant n'avoit pas eu de quoi entretenir une garde pour sa personne, eut à la fois cinq armées & une flotte. Ses vaisseaux portérent la guerre jusqu'en Angleterre, dont on ravagea les côtes, tandis qu'après la mort d'Edouard III. l'Angleterre ne prenoit aucunes mesures pour se venger.

Ce fut alors que la France perdit Bertrand du Guesclin. On sait quel honneur son Roi rendit à sa mémoire. *1380.* Il fut, je crois, le premier dont on fit l'oraison funébre, & il n'y a que lui & le Vicomte de Turenne qui ayent été enterrés dans l'Eglise destinée aux Tombeaux des Rois de France. Charles le suivit bientôt. On le fait encore mourir de poison lent, qui lui avoit été donné il y avoit plus de dix années, & le consuma à l'âge de 44 ans, comme s'il y avoit dans la Nature des alimens qui pussent donner la mort au bout d'un certain tems. Il est bien vrai qu'un qu'un poiſon qui n'a pu donner une mort prompte, laiſſe une langueur dans le corps, ainſi que toute maladie violente ; mais il n'eſt point vrai qu'il faſſe de ces effets lents, que le Vulgaire croit inévitables. Le véritable poiſon qui tua Charles V. étoit une mauvaiſe conſtitution.

Perſonne n'ignore que la minorité des Rois de France fut fixée par lui à l'âge de 14 ans. Il avoit voulu déraciner l'ancien abus des guerres particuliéres des Seigneurs, abus qui paſſoit pour une Loi de l'Etat. Elles furent défendues ſous ſon régne, quand il fut le maître. Il interdit même juſqu'au port d'armes.   1375.

On fait monter les tréſors qu'il amaſſa juſqu'à la ſomme incroyable de 17 millions de livres. Il eſt certain qu'il avoit accumulé, & que tout le fruit de ſon œconomie fut ravi & diſſipé par ſon frére le Duc d'Anjou dans sa malheureuse expédition de Naples.

Le fils du Prince Noir, Richard II. succéda à son grand-pére Edouard III. à l'âge d'onze ans, & quelque tems après Charles VI. fut Roi de France à l'âge de douze. Ces deux minorités ne furent pas heureuses, mais l'Angleterre fut d'abord la plus à plaindre.

On a vu quel esprit de vertige & de fureur avoit saisi en France les habitans de la Campagne du tems du Roi Jean. La même furie saisit les Anglois. Un Couvreur de tuiles & un Prêtre firent autant de mal à l'Angleterre que les querelles des Rois & des Parlemens peuvent faire. Ils assemblérent les Peuples des trois Provinces, & leur persuadérent aisément que les riches avoient joui assez longtems de la terre, & qu'il étoit tems que les pauvres se vengeassent. Ils les menérent droit à Londres, pil-

pillérent une partie de la Ville, &
firent couper la tête à l'Archevêque de Cantorbery & au Grand-
Tréforier du Royaume. Il eft vrai
que cette fureur finit par la mort
des Chefs & par la difperfion des
révoltés. Mais de telles tempêtes
affez communes en Europe, font
voir fous quel malheureux Gouvernement on vivoit alors.

On peut dire que les Anglois ne
favoient pas mieux jufques où s'é-
tendoient les prérogatives des Rois
& celles des Parlemens. Richard
II. à l'âge de 18 ans voulut être
defpotique, & les Anglois trop libres. Bientôt il y eut une guerre
civile. Richard après avoir difpu-
té dix ans fon autorité contre des
Sujets, fut enfin abandonné de
fon propre parti.

Un Parlement affemblé le dépofa juridiquement. Richard enfermé
dans la Tour, remit au Duc de
Lancaftre les marques de la Royau- 1399
té avec un écrit figné de fa main,

P 2

par

par lequel il se reconnoissoit indigne de régner.

Le Parlement d'Angleterre ayant enfermé son Roi, décreta que si quelqu'un entreprenoit de le délivrer, dès lors Richard II. seroit digne de mort. Au premier mouvement qui se fit en sa faveur, huit scélérats vinrent assassiner le Roi dans sa prison. Il défendit sa vie mieux qu'il n'avoit défendu son trône. Il arracha la hache d'armes à un des meurtriers. Il en tua quatre avant de succomber. Le Duc de Lancastre régna cependant sous le nom d'Henri IV. L'Angleterre ne fut ni tranquile ni en état de rien entreprendre alors contre la France, mais son fils Henri V. contribua à la plus grande révolution qui fût arrivée depuis Charlemagne.

1400.

DE L'INVASION

DES

ANGLOIS

EN

FRANCE.

UNe partie des soins que le Roi Charles V. avoit pris pour rétablir la France, furent précisément ce qui précipita sa subversion. Le Duc d'Anjou, l'un des oncles de Charles VI. non content d'avoir ravi le trésor de son pupile, chargeoit le peuple d'exactions. Paris, Rouen, la plûpart des Villes se soulévent. Les punitions publiques & secrétes furent aussi cruelles que le soulévement avoit été orageux. On espéroit que le Roi majeur répare-

roit

roit tant de maux par un Gouvernement plus heureux.

Enfin on respiroit, lorsque le Roi allant en Bretagne châtier le Duc, dont la France avoit à se plaindre, fut attaqué d'une frénésie horrible. Cette maladie commença par des assoupissemens suivis d'aliénation d'esprit, & enfin d'accès de fureur. Il tua quatre hommes dans son premier accès, continua de frapper tout ce qui étoit autour de lui, jusqu'à ce qu'épuisé de ces mouvemens convulsifs, il tomba dans une létargie profonde.

Je ne m'étonne point que toute la France le crut empoisonné & ensorceié. Nous avons été témoins dans notre siécle, tout éclairé qu'il est, de préjugés populaires aussi injustes. Son frére, le Duc d'Orléans, avoit épousé Valentine de Milan. On accusa Valentine de cet accident.

Le soupçon redoubla quelque
tems

tems après dans une avanture digne de la rufticité de ce tems. On
fit à la Cour une mafcarade, dans
laquelle le Roi déguifé en Satire
traînoit quatre autres Satires enchaînés. Ils étoient vêtus d'une
toile enduite de poix-raifine, à laquelle on avoit attaché des étou-
pes. Le Duc d'Orléans eut le mal- 1393.
heur d'aprocher un flambeau d'un
de ces habits, qui en furent en-
flammés en un moment. Les quatre Seigneurs furent brulés, & à
peine put-on fauver la vie au Roi
par la préfence d'efprit de fa bel-
le-fœur la Ducheffe de Berri, qui
l'enveloppa dans fon manteau. Cet
accident hâta une de ces rechutes. On eût pu le guérir peut-être par des faignées, par des
bains, & par du régime; mais on
fit venir un Magicien de Mont-
pellier. Le Magicien vint. Le Roi
avoit quelques relâches, qu'on ne
manqua pas d'attribuer au pouvoir de la Magie. Les fréquentes

P 4

re-

rechutes fortifiérent bientôt le mal, qui devint incurable. Pour comble de malheur, le Roi reprenoit quelquefois sa raison. S'il eût été malade sans retour, on auroit pu pourvoir au gouvernement du Royaume. Le peu de raison qui resta au Roi, fut plus fatal que ses accès. On n'assembla point les Etats. On ne régla rien. Le Roi restoit Roi, & confioit son autorité méprisée & sa tutéle tantôt à son frére, tantôt à ses oncles.

1407. Il n'y a personne qui ignore que Jean Duc de Bourgogne fit assassiner son neveu le Duc d'Orléans. Le Roi n'étoit ni assez maître de son esprit, ni assez puissant pour faire justice du coupable. Le Duc de Bourgogne daigna cependant prendre des Lettres d'abolition. Ensuite il vint à la Cour

1408. faire trophée de son crime. Il assembla tout ce qu'il y avoit de Princes & de Grands, & en leur pré-

préfence le Docteur Jean Petit, non feulement juftifia la mort du Duc d'Orléans, mais il établit la doctrine de l'*Homicide*, qui fut condamnée, comme on a vu, au Concile de Conftance, & qui n'a pas moins été renouvellée depuis.

La femme du Roi, Ifabelle de Baviére, avoit un parti dans Paris, le Duc de Bourgogne avoit le fien, celui des enfans du Duc d'Orléans étoit puiffant. Il n'y avoit que le Roi qui n'en avoit point. La faction du Duc de Bourgogne s'appelloit celle des Bourguignons, celle d'Orléans étoit nommée des Armagnacs. Celle des deux qui dominoit, faifoit tour à tour conduire au gibet, affaffiner, bruler ceux de la faction contraire. On fe battoit dans les rues, dans les Eglifes, dans les maifons, à la campagne.

C'étoit une occafion bien favorable pour l'Angleterre de re-

cou-

couvrer ses patrimoines de France , & ce que les Traités lui a-
voient donné. Henri V. Prince
rempli de prudence & de courage , négocie & arme à la fois.
Il descend en Normandie avec une
armée de près de 50000 hom-
1415. mes. Il prend Harfleur , & s'a-
vance dans un Pays désolé par les
factions, mais une dissenterie con-
tagieuse fait périr les trois quarts
de son armée. Cette grande invasion réunit cependant contre
l'Anglois tous les partis. Le Bour-
guignon même , quoiqu'il traitât
déjà secrétement avec le Roi d'Angleterre , envoye 500 hommes
d'armes & quelques arbaletriers au
secours de sa patrie. Toute la
Noblesse monte à cheval , les
Communes marchent sous leurs
banniéres. Le Connétable d'Al-
bret se trouve bientôt à la tête de
plus de 60000 combattans. Ce
qui étoit arrivé à Edouard III.
arrivoit à Henri V. mais la prin-
ci-

cipale ressemblance fut dans la bataille d'Azincourt, qui fut telle que celle de Crecy. Les Anglois la gagnérent. Ils n'avoient ni canons ni fusils. Peut-être que leurs grands arcs font une arme plus formidable, j'en ai vu qui portoient plus loin que les fusils. Il arriva dans cette journée une chose qui est horrible, même dans la guerre. Tandis qu'on se battoit encore, quelques milices de Picardie vinrent par derriére piller le camp des Anglois. Henri ordonna qu'on tuât tous les prisonniers qu'on avoit fait. On les passa au fil de l'épée, & après ce carnage on en prit encore 14000, à qui on laissa la vie. Sept Princes de France périrent dans cette journée avec le Connétable. Cinq Princes furent pris, plus de 10000 François restérent sur le champ de bataille. Il semble qu'après une victoire si entiére, il n'y avoit plus qu'à mar-

P 6

cher

cher à Paris & à subjuguer un Royaume divisé, épuisé, qui n'étoit qu'une vaste ruine. Mais ces ruines mêmes étoient un peu fortifiées. Enfin il est constant que cette bataille d'Azincourt, qui mit la France en deuil, & qui ne coutoit pas trois hommes de marque aux Anglois, ne produisit aux victorieux que de la gloire. Henri V. fut obligé de repasser en Angleterre pour amasser de l'argent & de nouvelles troupes.

L'esprit de vertige qui troubloit les François au-moins autant que leur Roi, fit ce que la défaite d'Azincourt n'avoit pu faire. Deux Dauphins étoient morts, le troisiéme, qui fut depuis le Roi Charles VII. qui n'avoit que seize ans, tâchoit déjà de ramasser les débris de ce grand naufrage. La Reine sa mére avoit arraché de son mari des Lettres patentes, qui lui laissoient les rênes du Royaume. Elle avoit à la fois la passion de s'enri-

richir, de gouverner, & d'avoir
des amans. Ce qu'elle avoit pris
à l'Etat & à son mari, étoit en dé-
pôt en plusieurs endroits, & surtout dans les Eglises. Le Dauphin
& les Armagnacs qui déterrérent ces
trésors, s'en servirent dans le pres-
sant besoin où l'on étoit. A cet
affront qu'elle reçut de son fils, le
Roi en joignit un plus cruel. Un
soir en rentrant chez la Reine, il
trouva le Seigneur de Boisbour-
don qui en revenoit. Il le fait prendre sur le champ. On lui donne la
question , & cousu dans un sac
on le jette dans la Seine. On envoie incontinent la Reine prisonniére à Blois, de-là à Tours, sans
qu'elle puisse voir son mari. Ce fut
cet accident , & non la bataille
d'Azincourt, qui mit la couronne
de France sur la tête du Roi d'Angleterre. La Reine implore le secours du Duc de Bourgogne. Ce
Prince saisit cette occasion d'éta-

P 7

blir

blir son autorité sur de nouveaux
desastres.

Il enléve la Reine à Tours, ra-
vage tout sur son passage, & conclut enfin sa ligue avec le Roi d'Angleterre.   Sans cette ligue il n'y
eut point eu de révolution. Henri V. assemble enfin 25000 hommes, & débarque une seconde fois
en Normandie.   Il avance du côté de Paris, tandis que le Duc
Jean de Bourgogne est aux portes
de cette Ville, dans laquelle un
Roi insensé est en proie à toutes
1417. les séditions.   La faction du Duc
de Bourgogne y massacre en un
jour le Connétable d'Armagnac,
les Archevêques de Rheims & de
Tours, cinq Evêques, l'Abbé de
St. Denis, & quarante Magistats.
La Reine & le Duc de Bourgogne
font à Paris une entrée triomphante au milieu du carnage. Le Dauphin fuit au-delà de la Loire, &
Henri V. est déjà maître de toute

la

la Normandie. Le parti qui te- 1418.
noit pour le Roi, la Reine, le
Duc de Bourgogne, le Dauphin,
tous négocient avec l'Angleterre à
la fois, & la fourberie est égale de
tous côtés.

Le jeune Dauphin, gouverné 1419.
alors par Tangui du Chastel, mé-
nage enfin cette funeste entrevue
avec le Duc de Bourgogne sur le
pont de Monteraux. Chacun d'eux
arrive avec dix Chevaliers. Tangui du Chastel y assassine le Duc
de Bourgogne aux yeux du Dauphin. Ainsi le meurtre du Duc
d'Orléans est vengé enfin par un
autre meurtre.

Philippe le Bon, nouveau Duc
de Bourgogne, successeur de son
pére, devint un ennemi nécessaire
du Dauphin par devoir & par politique. Sa mére outragée devint
une marâtre implacable, & le Roi
Anglois profitant de tant d'horreurs, disoit que Dieu l'amenoit
par la main pour punir les François.

çois. Isabelle de Baviére & le nouveau Duc Philippe conclurent alors à Troye une paix plus funes-te que toutes les guerres précéden-tes, par laquelle on donna Cathe-rine fille de Charles VI. pour épou-se au Roi d'Angleterre avec la France en dot.

Il fut stipulé dès lors même que Henri V. seroit reconnu pour Roi, mais qu'il ne prendroit que le nom de Régent pendant le reste de la vie malheureuse du Roi de France devenu entiérement imbécile. Enfin le contract portoit qu'on poursui-vroit sans relâche celui qui se di-soit Dauphin de France. Isabel-le de Baviére conduisit son mal-heureux mari & sa fille à Troye, où le mariage s'accomplit. Hen-ri devenu Roi de France, entra dans Paris paisiblement, & y régna sans contradiction, tandis que Char-les VI. étoit enfermé avec ses do-mestiques à l'Hôtel de St. Paul, & que la Reine Isabelle de Baviére commençoit déjà à se repentir.

Philippe Duc de Bourgogne demanda solemnellement justice du meurtre de son pére aux deux Rois à l'Hôtel de St. Paul dans une assemblée de tout ce qui restoit de Grands. L'Avocat-Général du Parlement, nommé Marigny, parla contre le Dauphin, non comme contre l'héritier présomptif & le défenseur de la Couronne, mais comme on prend des conclusions contre un assassin ordinaire.

Le Parlement de Paris fit ensuite citer le Dauphin à comparoître, le condamna unanimement au bannissement perpétuel, en le déclarant incapable de succéder à la Couronne.

S'il y avoit eu des loix reconnues, si les attentats de Jean de Bourgogne n'avoient pas rendu en quelque sorte excusable l'assassinat par lequel il périt, s'il avoit fallu punir le Dauphin, c'étoit aux Etats-Généraux, représentant

la

la Nation, qu'appartenoit ce jugement. Ce n'étoit pas surtout au Parlement, à une Cour de Judicature, de renverser la Loi Salique, devenue incontestable, & de donner la couronne à un étranger & à l'ennemi de la France. Cet arrêt n'eût pas rendu le Parlement plus considérable auprès des Anglois, s'ils eussent gardé le Royaume, & le rendit odieux aux François qui le reprirent. Les Parisiens commencérent par payer à l'Usurpateur des impôts qu'ils avoient refusé à leur Roi légitime.

Le Dauphin retiré dans l'Anjou, ne paroissoit qu'un exilé. Henri V. Roi de France & d'Angleterre, fit voile vers Londres, pour avoir encore de nouveaux subsides & de nouvelles troupes. Ce n'étoit pas l'intérêt du Peuple Anglois, amoureux de sa liberté, que son Roi fût maître de la France. L'Angleterre étoit en danger de devenir une Province d'un Royaume étranger.

ger. Cependant Henri V. retourna bientôt à Paris plus maître que jamais. Il avoit des tréfors & des armées, il étoit jeune encore. Tout faifoit croire que le Trône de France paffoit pour toujours à la Maifon de Lancaftre. La deftinée renversa tant de profpérités & d'efpérances. Henri V. fut attaqué d'une fiftule, dont il mourut au Château de Vincennes à l'âge de 34 ans. Son corps fut expofé à St. Denis, comme celui d'un Roi de France, & enfuite porté à Weftminfter parmi ceux d'Angleterre.

Charles VI. à qui on avoit encore laiffé par pitié le vain titre de Roi, finit bientôt après fa trifte vie. Il mourut le plus malheureux des Rois, & le Roi du Peuple le plus malheureux de l'Europe.

Le frére de Henri V. le Duc de Betford, fut le feul qui affifta à fes funerailles. On n'y vit aucun Prince du Sang. Les uns étoient morts à la bataille d'Azincourt,

les

les autres captifs en Angleterre.
Et le Duc de Bourgogne ne vouloit pas céder le pas au Duc de
Betford. Il falloit bien pourtant
lui céder tout. Betford fut déclaré Régent de France, & on pro-
clama Roi à Paris & à Londres
Henri VI. fils de Henri V. enfant
de neuf mois. La Ville de Paris
envoya même jufqu'à Londres des
Députés pour prêter ferment de fidélité à cet enfant.

DE LA FRANCE

DU TEMS DE

CHARLES VII.

CE débordement de l'Angleterre en France fut enfin femblable à celui qui avoit inondé
l'Angleterre du tems de Louis VIII.
mais il fut plus long & plus orageux. Il fallut que Charles VII.
regagnât pied à pied fon Royaume. Il avoit à combattre le Régent Betford auffi abfolu que Henri V. & le Duc de Bourgogne devenu l'un des plus puiffans Prince de l'Europe. Les amis de Charles VII. étoient pour lui auffi dangereux que fes ennemis. La plupart
abufoient de fes malheurs au point
que le Comte de Richemont fon
Connétable frére du Duc de Bretagne,

tagne, fit étrangler deux de fes Favoris.

On peut juger de l'état déplorable où Charles étoit réduit par la nécessité où il fut de faire valoir dans les Pays de fon obéissance le prix du marc d'or jufqu'à 90 livres, au lieu d'une demi livre qu'il valoit du tems de Charlemagne. Il fallut bientôt recourir à un expédient plus étrange, à un miracle. Un Gentilhomme des frontiéres de Lorraine, nommé Baudricourt, crut trouver dans une jeune Servante de cabaret de Vaucouleurs, un perfonnage propre à jouer le rôle de guerriére & d'infpirée. Cette Jeanne d'Arc, que le Vulgaire croit une Bergére, étoit en effet une jeune Servante d'hôtellerie, robufte, *montant chevaux à poil*, comme dit Monftrelet, *& faifant autres exercices que jeunes filles n'ont point coutume de faire.* On la fit paffer pour une Bergére de dix-huit ans. Il eft certain cependant par sa propre confession, qu'elle avoit alors vingt-sept années. Elle eut assez de courage & assez d'esprit pour se charger de cette entreprise délicate, qui devint héroïque. On la mena devant le Roi à Bourges. On la fit examiner par des femmes, qui ne manquérent pas de la trouver vierge, & par une partie des Docteurs de l'Université & quelques Conseillers du Parlement, qui ne balancérent pas à la déclarer inspirée. Le Vulgaire le crut, & ce fut assez. Les Anglois assiégeoient alors la Ville d'Orléans, la seule ressource de Charles, & étoient prêts de s'en rendre maîtres. Cette Fille guerriére vêtue en homme, conduite par d'habiles Capitaines, entreprend de jetter du secours dans la place. Elle parle aux soldats de la part de Dieu, & leur inspire ce courage d'enthousiasme qu'ont tous les hommes qui croient voir la Divinité combattre pour eux. Elle le marche à leur tête & délivre Orléans, bat les Anglois, prédit à Charles qu’elle le fera sacrer dans Rheims, & accomplit sa promesse l’épée à la main. Elle assista au Sacre, tenant l’étendart avec lequel elle avoit combattu.

Ces victoires rapides d’une fille, les apparences d’un miracle, le Sacre du Roi qui rendoit sa personne plus vénérable, alloient bientôt rétablir le Roi légitime & chasser l’étranger : mais l’instrument de ces merveilles, Jeanne d’Arc, fut blessée & prise en défendant Compiégne. Le Régent Betford crut qu’il étoit nécessaire de la flétrir pour ranimer ses Anglois.

Je ne sai par quelle superstition absurde, ou par quelle lâcheté non moins détestable, l’Université de Paris présenta requête contre elle, l’accusant de sortilége. Cette Héroïne digne du mi-

miracle qu'elle avoit feint, fut
jugée à Rouen, & qualifiée „de
„ superstitieuse devineresse du Dia-
„ ble, blasphémeresse en Dieu &
„ en ses Saints & Saintes, er-
„ rant par moult de sors en la
„ foi de Christ. Comme telle elle
„ fut condamnée à jeûner au pain
„ & eau dans une prison perpé-
„ tuelle ". Elle fit, me semble,
à ses Juges une réponse digne d'u-
ne mémoire éternelle. Interrogée
pourquoi elle avoit osé assister au
Sacre de Charles avec son étendart?
elle répondit, „il est juste que qui
„ a eu part au travail, en ait à
„ l'honneur.

Enfin accusée d'avoir repris une
fois l'habit d'homme, qu'on lui
avoit laissé exprès pour la tenter,
ces Juges qui n'étoient pas assurément en droit de la juger, puisqu'elle étoit prisonniére de guerre,
la déclarérent hérétique, relapse,
& firent mourir par le feu celle qui
ayant sauvé son Roi, auroit eu

Tom. II.   Q   des

des autels dans les tems héroïques, où les hommes en élevoient à leurs Libérateurs. Charles VII. rétablit depuis sa mémoire, assez honorée par son suplice même.

1431.

Pendant la guerre plus longue que décisive, un autre événement fut le salut de la France. Le Duc de Bourgogne, Philippe le Bon, mérita ce nom, en pardonnant enfin au Roi la mort de son pére, & en s'unissant avec le Chef de sa Maison contre l'étranger. Il poussa cette générosité jusqu'à délivrer de sa longue prison de Londres le Duc d'Orléans, le fils de celui qui avoit été assassiné dans Paris. C'est ce même Philippe qui avoit en 1330 institué la Toison d'or à l'honneur d'une de ses Maîtresses. La France lui dut enfin sa paix & sa grandeur. Charles VII. regagna son Royaume à peu près comme Henri IV. le conquit 150 ans après. Charles n'avoit pas à-la-vérité ce courage brillant, cet es-

prit

prit prompt & actif, & ce caractére héroïque de Henri IV ; mais
obligé comme lui de ménager souvent ses amis & ses ennemis, de
donner de petits combats, de surprendre des Villes & d'en acheter,
il entra dans Paris comme y entra
depuis Henri IV. par intrigue &
par force. Tous deux ont été
déclarés incapables de posséder
la couronne, & tous deux ont
pardonné. Ils avoient encore une
foiblesse commune, celle de négliger quelquefois leurs affaires
pour se livrer à leurs amours.

Charles ne fit son entrée dans
Paris qu'en 1437, & ce ne fut
que vers l'an 1450 que les Anglois furent entiérement chassés
de la France. Ils ne gardérent
que Calais, & perdirent pour jamais tous ces vastes domaines
que leurs Rois avoient eu par
les droits du sang, & que les
trois victoires de Crecy, de Poi-

Q 2

tiers

tiers & d'Azincourt ne purent leur conferver.

Charles VII. maître enfin paifible de la France, y établit un ordre qui n'y avoit jamais été depuis la décadence de la Famille de Charlemagne. Il conferva des Compagnies réglées de 1500 gens-d'armes. Chacun de ces gens-d'armes devoit fervir avec fix chevaux. Il établit auffi 4500 archers. Ces troupes en tems de paix lui coutoient cinq millions fix cens mille livres de notre monnoie.

Outre ces troupes tenues continuellement fous le drapeau, chaque Village entretenoit un Franc-archer exempt de taille; & c'eft par cette exemption attachée d'ailleurs à la Nobleffe, que tant de perfonnes s'attribuérent bientôt la qualité de Gentilhomme de nom & d'armes. Plufieurs s'étonnent qu'après tant de defaftres, la France ce eut tant de reſſources & d'argent. Mais un Pays riche par ſes denrées, ne ceſſe jamais de l'être, quand la culture n'eſt pas abandonnée.

Je ne puis omettre un jugement juſte & ſolemnel, qui fut rendu ſous ce régne. C'eſt la condamnation du Duc d'Alençon, Pair de France & Seigneur du Sang Royal, convaincu d'avoir trahi l'Etat, & d'avoir traité avec l'Anglois. Quoique je me ſois propoſé d'éviter les détails, il me paroît important de remarquer qu'il fut jugé par le Roi lui-même, aſſiſté des Pairs, des principaux Officiers de la Couronne, du Chancelier, de trois Préſidens & de dix-huit Conſeillers du Parlement. Un des Fils de France, âgé de douze ans, fut préſent au jugement. Le Chancelier pour la premiére fois précéda les Pairs Eccléſiaſtiques, & les trois Préſidens

Q 3

pré-

précédérent les Officiers de la Couronne, ce qui n'avoit point d'exemple.

Au-reste la fin du régne de Charles VII. fut assez heureuse pour la France, quoique très-malheureuse pour le Roi, dont les jours finirent avec amertume par les rebellions de son fils dénaturé, qui fut depuis le Roi Louis XI.

F I N.

www.ingramcontent.com/pod-product-compliance
Lightning Source LLC
Chambersburg PA
CBHW070706100726
47907CB00001B/72